Heinemann/Rauchfleisch/Grüttner
Gewalttätige Kinder

Evelyn Heinemann
Udo Rauchfleisch
Tilo Grüttner

Gewalttätige Kinder

Psychoanalyse und Pädagogik
in Schule, Heim und Therapie

Walter Verlag

Dieses Buch ist die stark überarbeitete und erweiterte Neuausgabe unter gleichem Titel des erstmals 1992 und in der Folge in mehreren Auflagen im S. Fischer Verlag erschienenen Taschenbuches.

Bibliografische Information der Deutschen Bibliothek

Die deutsche Bibliothek verzeichnet diese Publikation in der Deutschen Nationalbibliografie; detaillierte bibliografische Daten sind im Internet über http://dnb.ddb.de abrufbar.

© 2003 Patmos Verlag GmbH & Co. KG
Walter Verlag, Düsseldorf und Zürich
Alle Rechte vorbehalten.
Satz: KompetenzCenter, Mönchengladbach
Druck und Bindung: Bercker Graph. Betrieb, Kevelaer
ISBN 3-530-40144-7
www.patmos.de

INHALT

Einleitung
(Udo Rauchfleisch) 7

I. THEORETISCHE VORÜBERLEGUNGEN
(Evelyn Heinemann) 13

  1. Aggression: Von der Triebtheorie zur Selbst- und
     Objektbeziehungstheorie 13
  2. Aggression aus der Sicht der modernen Säuglings-
     und Kleinkindforschung (Udo Rauchfleisch) 28
  3. Geschlechtsspezifische Aspekte von Aggression
     und Dissozialität (mit einem Fallbeispiel von
     Hans Hopf) 35
  4. August Aichhorn und Fritz Redl:
     Pioniere einer psychoanalytischen Pädagogik
     mit aggressiven Kindern 52
  5. Die Bedeutung der Strafe bei aggressiven Kindern 64

**II. PSYCHOANALYSE UND PÄDAGOGIK IM
UNTERRICHT DER SONDERSCHULE**
(Evelyn Heinemann) 70

  1. Jürgen:
     Szenisches Verstehen und fördernder Dialog 70
  2. Sebastian:
     Spiel und Fantasie als Übergangsphänomene 89
  3. Interpersonale und institutionalisierte Abwehr
     in der Sonderschule 104

III. PSYCHOANALYSE UND PÄDAGOGIK IN EINER EINRICHTUNG FÜR ERZIEHUNGSHILFE
(Tilo Grüttner) 113

1. Therapeutisches und pädagogisches Zusammenwirken – das Modell 113
2. Die Aufnahmeanfrage – eine Situation zwischen irrealer Angst und extremer Verleugnung 117
3. Verwicklungen und die Gefahr des Scheiterns der Beziehung 125
4. Psychoanalyse – Hindernis oder Hilfe für die Pädagogen 135
5. Genutzte psychoanalytische Hilfe – ein Fallbeispiel: Tom 143

IV. PSYCHOTHERAPIE MIT AGGRESSIVEN, DISSOZIALEN KINDERN, JUGENDLICHEN UND ERWACHSENEN
(Udo Rauchfleisch) 168

1. Im »Vorfeld« der Behandlung 169
2. Das therapeutische Setting 183
3. Die Aggression 190
4. Die psychotherapeutische Arbeit am Ich 211
5. Das Über-Ich 221
6. Der Umgang mit der narzisstischen Störungskomponente 231
7. Psychotherapeutische Arbeit an und mit der sozialen Realität 238

Ergebnis und Ausblick
(Udo Rauchfleisch) 259

Literaturverzeichnis 261

EINLEITUNG
(Udo Rauchfleisch)

Aggressive Kinder, Jugendliche und Erwachsene sind nicht Menschen, die einfach »triebhaft« und lustvoll aggressive Impulse ausleben. Bei ihnen liegen vielmehr komplizierte Störungen der gesamten Persönlichkeit vor, die ihren Ursprung in frühkindlichen Entwicklungsbedingungen haben und ein spezifisches pädagogisches und psychotherapeutisches Vorgehen erfordern.

Betrachten wir die Lebensgeschichte aggressiver Menschen, so fällt auf, dass sie in der frühen Kindheit ebenso wie im weiteren Verlauf ihres Lebens – zum Teil schwerste – Traumatisierungen erfahren haben. Eine in diesem Zusammenhang im psychoanalytischen Schrifttum immer wieder aufgeworfene und kontrovers diskutierte Frage ist die, ob die vom Erwachsenen rückblickend als traumatisierend geschilderten Ereignisse in der Kindheit tatsächlich diese Qualität gehabt haben oder ob es, zumindest von der äußeren Realität her betrachtet, eher »harmlose«, alltägliche Ereignisse waren, die jedoch subjektiv als sehr belastend erlebt und womöglich aufgrund der früh einsetzenden psychopathologischen Entwicklung verzerrt wahrgenommen worden sind (Kernberg, 1978, 1989b; Klein, 1972; Waldinger, 1987). Im Hinblick auf viele aggressive Menschen ist diese Frage relativ klar dahingehend zu beantworten, dass die frühkindlichen Traumatisierungen zumeist der äußeren Realität entsprechende, schwer wiegende Beeinträchtigungen waren, die vor allem aus der sozialen Instabilität der Herkunftsfamilie (mit zum Teil gravierenden ökonomischen Problemen und intrafamilialen Spannungen) und aus den vielfältigen Beziehungsabbrüchen, denen diese Kinder ausgesetzt waren, resultieren (Rauchfleisch, 1981, 1999).

Diese Informationen erhalten wir nicht nur von den erwachsenen Klienten selbst oder – im Falle von Kindern und Jugendlichen – von ihren Angehörigen, sondern wir finden die entsprechenden

Angaben vor allem bei aggressiven Menschen mit dissozialen Fehlentwicklungen in einer Fülle von Akten, die über diese Familien – zum Teil sogar noch die Großelterngeneration betreffend – in den verschiedensten Institutionen (psychiatrischen Kliniken, Beratungsstellen, Vormundschaftsbehörden, Heimen, etc.) vorliegen. Daraus ergibt sich eine weitere Besonderheit dieser Familien: Sie sind oft nicht nur sozial benachteiligt und in ökonomischer Hinsicht großen Problemen ausgesetzt, sondern sie sind vielfach »sozial bekannt«, d.h. auch: stigmatisiert als Angehörige von Randgruppen, als Menschen, deren Familiengeschichte ein zum Teil großes Ausmaß an »Öffentlichkeit« aufweist und bei denen bekanntlich die sozialen Kontrollinstanzen ungleich schneller eingreifen als bei Angehörigen anderer Gruppierungen (Brusten et al., 1972; Kury et al., 1983).

Die in der frühen Kindheit erfahrenen Traumatisierungen sind von diesen Kindern vielfach als ihre psychophysische Ganzheit und den Kern ihrer Existenz bedrohend erfahren worden. Dies führt zu extremen – tief in ihrer Persönlichkeit verankerten, allerdings weitgehend abgewehrten – Ängsten und archaischen Abwehrmaßnahmen.

Die Folgen dieser Entwicklungsbedingungen sind eine große Instabilität in den sozialen Beziehungen und eine starke aggressive Besetzung der Bilder, welche die betroffenen Menschen von der eigenen Person und bedeutsamen anderen Menschen entwickelt haben. In alle ihre Beziehungen mischt sich stets auch eine erhebliche, aus frühkindlichen Quellen stammende Aggression, die sich – in eher indirekter Form – etwa in ungeheurer Gier manifestiert. Ganz unverhüllt treten diese Impulse jedoch hervor in den starken manipulativen Tendenzen dieser Menschen, in ihren Impulsdurchbrüchen und in den ausgesprochen heftigen Neidimpulsen allen gegenüber, die es tatsächlich oder vermeintlich besser haben als sie und die vor allem ihnen etwas zu geben vermögen.

Die frühen Traumatisierungen und die pathologischen verinnerlichten Beziehungserfahrungen der Kindheit führen nicht nur zu den beschriebenen psychodynamischen Konflikten, sondern schlagen sich auch in ich-strukturellen Störungen nieder. Betroffen sind insbesondere die Abwehrformationen sowie die Realitätsprüfung, die antizipierenden Funktionen und der Reizschutz. Bei den Abwehrmechanismen herrschen die archaischen Formen wie Spaltung, Projektion und projektive Identifizierung, Verleugnung, Idealisierung und Entwertung sowie die Verkehrung ins Gegenteil vor. Diese Mechanismen dienen zwar primär dem Schutz der Persönlichkeit vor dem Gewahrwerden der inneren Konflikte, vor der daran gebundenen unerträglichen Angst und vor dem Überflutetwerden durch Aggressivität. Sie sind insofern im Sinne Mahlers (1972) Erhaltungsmechanismen. Zugleich wirken sie sich aber auch unheilvoll aus, weil sie die weitere Entwicklung erheblich beeinträchtigen, indem sie beispielsweise Reifungsschritte stören, den Realitätsbezug behindern und dazu beitragen, dass diese Menschen viele für ihre soziale Integration wichtige Erfahrungen nicht bzw. in nur ungenügendem Maße machen (z. B. mangelnde Schul- und Berufsausbildung und Schwierigkeiten beim Erlangen sozialer Kompetenzen). Die Störung in den Abwehrformationen führt ferner auch zu der für aggressive Menschen charakteristischen Beeinträchtigung in ihrer Angst- und Spannungstoleranz.

Eine weitere Störungskomponente betrifft die Gewissensinstanz. Immer wieder wird das Fehlen eines Über-Ich gleichsam als »Kardinalsymptom« aggressiver Menschen, speziell solcher mit dissozialen Tendenzen, postuliert. Diese Annahme trifft nach meiner Erfahrung jedoch keineswegs zu. Diese Menschen haben sehr wohl eine Über-Ich-Instanz aufgebaut, nur weist sie in ihrer Entwicklung und Struktur spezifische Störungen auf: Die Teilstruktur des Über-Ich im engeren Sinne (d. h. die einschränkende, verbietende Instanz) setzt sich aus sadistischen Über-Ich-Kernen zusammen, die Niederschläge früher traumatischer Beziehungserfahrungen sind. Gegen die von diesen Kernen ausgehende Verurteilung und Selbstentwertung sucht sich ein solcher Mensch vor allem durch eine Projektion dieser sadistischen Impulse auf Über-Ich-Träger in der Außenwelt zu schützen. Auch die Substruktur des Ich-Ideals weist spezifische Störungen auf: Die Vorstellungen von dem, was der betreffende Mensch sich als Leitlinie und Idealentwurf vor Augen stellt, sind zum Teil extrem überhöht und so hoch geschraubt, dass sie in der Realität nie zu erreichen sind. Die Folge dieser Über-Ich-Störung sind einerseits extreme Selbstentwertungen und Selbstverurteilungen und andererseits so überhöhte Selbstentwürfe und Ansprüche an die eigene Person, dass ein Versagen von vornherein einprogrammiert ist. Außerdem kommt es auch in der Über-Ich-Instanz zu Spaltungen. Diese manifestieren sich in einem – oft ganz abrupten – Umschlagen von zentralen Selbstunsicherheitsgefühlen einerseits zu völlig unrealistischen Größenvorstellungen andererseits. Beide Reaktionsweisen sind Ursache vielfältiger sozialer Konflikte und verstärken nochmals die Störungen im Realitätsbezug.

Neben den Ich- und Über-Ich-Problemen finden sich schließlich auch starke narzisstische Störungsanteile. Viele aggressive Menschen haben aufgrund ihrer frühkindlichen Entwicklungsbedingungen eine pathologische Selbststruktur in Form eines »Größen-Selbst« aufgebaut, das ein pathologisches Verschmelzungsprodukt aus dem Real-Selbst (»jemand Besonderes« zu sein), dem Ideal-Selbst (Fantasien und Vorstellungen von Macht, Reichtum, Allwissenheit, die vom kleinen Kind kompensatorisch gegen Erfahrungen von schwerer oraler Frustration, Wut und Neid entwickelt worden sind) und den Ideal-Objekten darstellt (Fantasie von einer unablässig gebenden, grenzenlos liebenden und akzeptierenden Elternfigur, im Gegensatz zu den wirklichen Eltern, wie das Kind sie erlebt hat).

Die narzisstische Dimension prägt die Beziehungen dieser Menschen in starkem Maße. Partnerinnen und Partner sind für sie vor allem insofern von Bedeutung, als sie narzisstische Befriedigung garantieren und als idealisierte Objekte zur Aufwertung der eigenen (sich insuffizient fühlenden) Person benutzt werden können. Auch die starke Neigung aggressiver Menschen, sich durch Manipulation anderer das Gefühl eigener Macht zu verschaffen, sowie ihre erhöhte Kränkbarkeit und ihre geringe Frustrationstoleranz sind Ausdruck der narzisstischen Fehlentwicklung. Diese Störungskomponente ist bei ihnen insbesondere deshalb so verhängnisvoll, weil sie zum einen den ohnehin schon geringen Realitätsbezug immer noch weiter lockert und zum Ausweichen vor jeglicher Konfrontation mit irgendeiner unangenehmen, belastenden Situation führt. Zum anderen resultieren aus der narzisstischen Beeinträchtigung gerade bei diesen Menschen so große Probleme, weil sie durch ihre vielfältigen sozialen Einschränkungen und ihren Mangel an sozialen Kompetenzen dauernden Kränkungen ausgesetzt sind und kaum über realitätsgerechte Kompensationsmöglichkeiten verfügen.

Bei der Auseinandersetzung mit aggressiven Menschen ist, insbesondere wenn sich die Aggression im Rahmen dissozialer Fehlentwicklungen äußert, gerade der zuletzt erwähnten sozialen Komponente besondere Beachtung zu schenken. Wie dargestellt, spielen die sozialen Beeinträchtigungen in der Entwicklung dieser Menschen eine zentrale Rolle: Sie sind charakteristisch für das aktuelle Erscheinungsbild, und sie sind auch wichtig für die Behandlung und für die Prognose. Zu den »sozialen Beeinträchtigungen« gehören etwa die Probleme in der Schul- und Berufsausbildung, die aus der frühen Sozialisation und aus den Heim- und Strafanstalts»karrieren« resultierenden Schädigungen wichtiger sozialer Kompetenzen, die negativen Etikettierungen als »Verwahrloste«, »Delinquente« oder »Strafentlassene« sowie die vielen sekundären Folgeerscheinungen wie Verschuldung, Wohn- und Arbeitsprobleme und Partnerkonflikte.

Die Autorin und die Autoren dieses Bandes möchten aufzeigen, wie sie in den verschiedenen Praxisfeldern von Schule, Heim und Psychotherapie mit Hilfe der Erkenntnisse der Psychoanalyse mit aggressiven und teilweise dissozialen Kindern, Jugendlichen und Erwachsenen arbeiten. In Teil I wird Evelyn Heinemann in einem theoretischen Überblick die wichtigsten psychoanalytischen und pädagogischen Konzepte zur Theorie und Therapie von Menschen mit ausgeprägter Aggressivität darstellen und kritisch kommentieren sowie geschlechtsspezifische Aspekte diskutieren. Der II. Teil, ebenfalls von ihr verfasst, ist der psychoanalytischen Pädagogik im Unterricht der Sonderschule gewidmet. Hier stellt die Autorin am Beispiel von zwei Kindern ihr Vorgehen dar und diskutiert die Frage nach institutionalisierten Abwehrprozessen.

In Teil III beschreibt Tilo Grüttner zunächst die pädagogische und therapeutische Arbeit unter psychoanalytischen Aspekten in einer Heim-Einrichtung. Er stellt an einem ausführlichen Fallbeispiel das Zusammenwirken von Therapeuten und Pädagogen im Heim dar. Die psychotherapeutische Arbeit mit aggressiven und teilweise dissozialen Patienten beschreibt Udo Rauchfleisch in Teil IV des Buches. Ausgehend von der Schilderung eines Jugendlichen und anhand von Ausschnitten aus Psychotherapien erwachsener Patienten werden Behandlungsgrundsätze dargestellt und diskutiert.

I. THEORETISCHE VORÜBERLEGUNGEN
(Evelyn Heinemann)

1. Aggression: Von der Triebtheorie zur Selbst- und Objektbeziehungstheorie

Freud stellte im Laufe seiner Publikationen mehrere Triebtheorien auf. Zunächst sprach er (1905, 1915) vom Dualismus der Libido (Sexualtriebe zur Arterhaltung) und der Ichtriebe (Selbsterhaltungstriebe). Die Auseinandersetzung mit den Phänomenen des Narzissmus führte Freud (1914) schließlich dazu, die Ichtriebe als eine Unterform der Libido zu verstehen, also nur noch *einen* Trieb zu postulieren. In *Jenseits des Lustprinzips* sprach Freud (1920) dann erneut vom Triebdualismus, nämlich dem Lebenstrieb (Libido) und dem Todestrieb (Destrudo). Der Lebenstrieb umfasste hier die Sexualtriebe sowie die Selbst- und Arterhaltungstriebe, der Todestrieb dagegen beinhaltete den Aggressionstrieb. Beide Triebe können sich nach Freud mischen und entmischen. Die Triebe hielt er für Energien, die eine somatische Quelle und Ziele haben, auf Objekte gerichtet sind und im Es psychisch repräsentiert werden.

Aggression wurde in diesem letzten Modell als Äußerung eines selbstständigen Triebes verstanden. Trotzdem war aggressives Verhalten bei Freud nicht einfach nur der Ausdruck eines Triebes, sondern Aggression wurde in seiner Sicht von den inneren Instanzen des Ich und Über-Ich beeinflusst.

Bereits in den frühen Vorstellungen Freuds hatte das Ich mäßigende und verbietende Aufgaben. Die Triebe drängen nach sofortiger Entladung, im Es herrscht das Lustprinzip, so Freud. Das Ich bildet sich aus dem Es aufgrund von Enttäuschungen. Im Ich herrscht das Realitätsprinzip. Freud räumte den Forderungen des Realitätsprinzips eine Vorrangstellung ein: »Erst das Ausbleiben der erwarteten Befriedigung, die Enttäuschung, hatte zur Folge, dass dieser Versuch der Befriedigung auf halluzinatorischem Wege aufgegeben wurde. Anstatt seiner musste sich der psychische Apparat entschließen, die realen Verhältnisse der Außenwelt vorzustellen und die reale Veränderung anzustreben« (Freud 1911, 231).

Auf dem Hintergrund der Triebtheorie erschien aggressives Verhalten als triebbestimmtes Verhalten, welches durch ein Fehlen oder ein zu schwaches Ich und Über-Ich nicht gehemmt wurde. Freud schrieb in *Das Unbehagen in der Kultur*: »Beim Verwahrlosten, der ohne Liebe erzogen wurde, entfällt die Spannung zwischen Ich und Über-Ich, seine ganze Aggression kann sich nach außen richten« (Freud 1930, 490).

Selbst aus Sicht einer an der Triebtheorie Freuds orientierten Pädagogik ist aggressives Verhalten nicht einfach nur durch einen Trieb bedingt, sondern Resultat eines Verwahrlosungsprozesses, der zu einem schwachen Ich und Über-Ich führt. Folgerichtig waren die ersten psychoanalytisch-pädagogischen Versuche an einer Stärkung von Ich und Über-Ich orientiert.

Da der Ich-Begriff des Freudschen Strukturmodells und das damit verbundene Konfliktmodell viele psychischen Phänomene nicht erklären konnte, führte Hartmann 1950 im Rahmen der Entwicklung der Narzissmustheorie den Begriff des Selbst ein. Nach Hartmann bezeichnet das Selbst die Gesamtheit der leibseelischen Persönlichkeit bzw., psychoanalytisch gesprochen, die Gesamtheit der Selbstrepräsentanzen. Interaktionen schlagen sich innerseelisch in so genannten Selbst- und Objektrepräsentanzen (Vorstellungen vom Selbst und dem äußeren Objekt während der Interaktion) nieder. Das Ich definierte Hartmann als ein Teilgebiet der Persönlichkeit, das durch seine Funktionen bestimmt wird (vgl. Fetscher 1981, 616).

Fetscher (1981) sieht in Anlehnung an Hartmann das Ich als Organ des Selbst, dem wesentliche Funktionen der Wahrnehmung nach außen und innen zukommen. Das Ich ist ein System geordneter Funktionen. Der durch die Funktion erfasste Inhalt, das Gefühl, die Vorstellung, wird dem Selbst zugeordnet.

»Für die psychoanalytische Definition des Selbst ist entscheidend seine Vertretung durch Vorstellungsbilder im inneren Wahrnehmungsraum, in dem es die Gesamtheit der Selbstrepräsentanzen umfasst. Das Ich hingegen ist in unserem Sinne ein Organ des Selbst und im vorliegenden Zusammenhang insbesondere ein Organ der Wahrnehmung und Synthese, welchem im inneren Wahrnehmungsraum eine eigene Vorstellungsrepräsentanz nicht zukommt. Das Ich nimmt das Selbst und die Objekte, aber nicht sich selbst wahr. Damit ergibt sich eine klare Aufgliederung in das Selbst bzw. seine Repräsentanzen einerseits und das Ich andererseits. Von allen psychischen Gegebenheiten, die dem Selbst zugerechnet werden sollen, muss verlangt werden, dass sie durch vorstellungsmäßige (bewusste oder unbewusste) Repräsentanzen ausgezeichnet seien. Das Ich wird allein definiert durch seine Funktionen« (ebd., 632f.). Die Frage ist nun, in welchem Zusammenhang das Selbst, das Ich und die Aggression stehen.

Die Selbstpsychologie etablierte sich als relativ eigenständiges Theoriegebäude innerhalb der psychoanalytischen Theorie vor allem durch die Arbeiten von Kohut in den 70er Jahren.

Nach Kohut (1973) befindet sich der Säugling nach der Geburt im Stadium des primären Narzissmus, einer Art paradiesischem Primärzustand. Durch intensive Bemutterung erlebt sich der Säugling dann als mit der Mutter verschmolzen. Mit etwa vier Monaten beginnt die Wahrnehmung des von der Mutter Getrenntseins. Je instabiler das Kind Umwelt erfährt, desto größer sind Ängste, Gefühle von Hilflosigkeit und Ohnmacht beim Erleben der Getrenntheit. Das Kind hat nun zwei Möglichkeiten, die Angst, Hilflosigkeit und Ohnmacht zu überwinden. Der eine Weg ist die Entwicklung von Vorstellungen eigener Grandiosität (Größen-Selbst). Dabei ist wichtig, dass die Eltern diese Grandiosität widerspiegeln – Kohut spricht vom »Glanz im Auge der Mutter«, weil es die Ängste bewältigen hilft. Der andere Weg der Bewältigung ist die Idealisierung der Eltern (idealisierte Elternimago). Die Vorstellungen vom Selbst und von den Eltern müssen dann allmählich realistisch werden. Einfühlsame Versagungen durch die Umwelt fördern diesen Prozess.

Aggression als Trieb ist nach Kohut (1981, 108) nicht-destruktiv und dient der Unterscheidung von Selbst und Umwelt. Elementare nicht-destruktive Aggression steht im Dienste der Etablierung eines rudimentären Selbst. Nicht-destruktive Aggression ist Teil der Selbstbehauptung, sie wird mobilisiert, wenn optimale Frustrationen dazu führen, dass das Selbst sich von der Umgebung abgrenzen muss. Die Aufgabe dieser nicht-destruktiven Aggression ist auch, die Herrschaft über Selbst-Objekte zu sichern (1975, 243 f.). Selbst-Objekte sind bei Kohut äußere Personen, die vom Kind noch nicht als unabhängig von seinem Selbst wahrgenommen werden können und die Aufgabe haben, durch Spiegelung das Selbst des Kindes zu stärken. Diese nicht-destruktive Aggression hat nach Kohut eine eigene Entwicklungslinie. Sie entwickelt sich nicht aus primärer Zerstörungslust, die erzieherisch beeinflusst wird, sondern sie entwickelt sich aus primitiven Formen nicht-destruktiver Aggression zu reiferen Formen der Selbstbehauptung. Aggression ist hier der Erfüllung von Aufgaben zugeordnet (1981, 111 f.).

Wenn jedoch das phasengerechte Bedürfnis nach allmächtiger Kontrolle über das Selbst-Objekt in der Kindheit chronisch und traumatisch frustriert wurde, dann entsteht chronische narzisstische Wut mit all ihren verderblichen Folgen (ebd., 111). Unversöhnliche narzisstische Wut kommt auf, wenn die Kontrolle über das widerspiegelnde Selbst-Objekt verloren geht oder wenn das allmächtige Selbst-Objekt nicht verfügbar ist (1975, 234). Narzisstische Wut ist nach Kohut erbarmungslose, heftigste Aggression, die die Funktion hat, Spiegelung und die Kontrolle über den anderen zu sichern, weil er sich als unzuverlässig erwiesen hat.

Destruktivität ist nach Kohut (1981, 108) nicht die Manifestation eines primären Triebes, sondern ein Desintegrationsprodukt, das sekundär entsteht durch das Versagen der Selbst-Objekt-Umgebung, die dem Bedürfnis nach optimaler empathischer Reaktion nicht entspricht. Destruktive Wut (narzisstische Wut) ist immer durch eine Verletzung des Selbst motiviert, d. h. sekundär.

»Die Grundlinie des aggressiven Verhaltens ist nicht das wütend-destruktive Baby – es ist von Anfang an das sich selbst behauptende Baby, dessen Aggressionen ein Bestandteil der Festigkeit und Sicherheit sind, mit der es seine Forderungen an Selbstobjekte stellt, die ihm eine Umgebung (durchschnittlich) empathischen Widerhalls verschaffen. Obwohl traumatische Empathiebrüche (Verzögerungen) natürliche Erfahrungen sind, denen jedes Kleinkind unweigerlich ausgesetzt ist, ist die vom Baby gezeigte Wut nicht primär. Die primäre psychologische Konfiguration, so kurzlebig sie auch ist, enthält keine destruktive Wut, sondern unvermischte Selbstbehauptung; das darauf folgende Zerbrechen der größeren psychologischen Konfiguration isoliert die selbstbehauptende Komponente und verwandelt sie dabei sekundär in Wut« (ebd., 109f.).

Narzisstische Wut versklavt das Ich und erlaubt ihm nur, als Handwerkszeug und Rationalisierer tätig zu werden. Aggression hingegen steht unter der Kontrolle des Ich, und der Grad der Neutralisierung wird vom Ich in Übereinstimmung mit den Zwecken, für die sie eingesetzt wird, reguliert (1975, 235).

Nach Kohut (ebd., 240) geht es bei aggressiven Jugendlichen nicht darum, narzisstische Wut in konstruktive Aggression umzuformen oder Ich-Kontrollen zu errichten, sondern darum, die psychische Struktur zu verändern, aus der die narzisstische Wut entspringt.

Es geht beispielsweise nicht darum, Möglichkeiten sportlicher Betätigung anzubieten, um zielgehemmte Triebabfuhr zu ermöglichen, sondern das Selbstwertgefühl zu stärken und idealisierte Selbst-Objekte anzubieten. So können institutionalisierte Möglichkeiten sportlicher Betätigung die aggressiv-destruktive Neigung von Jugendlichen verringern, nicht weil ein Ventil für einen Trieb geliefert wurde, sondern aufgrund der Erhöhung des Selbstwertgefühls, die daher rührt, dass ein elterliches Selbst-Objekt (die Regierungsstelle) sich für junge Menschen interessiert, dass die Selbst-Kohärenz des Körpers durch sportliches Können gesteigert wird und dass idealisierte Figuren (Sport-Idole) angeboten werden. Es kommt zur Festigung des Selbst der Jugendlichen und damit sekundär zu einer Verringerung der diffusen narzisstischen Wut (1981, 119).

Aus der Sicht Kohuts muss eine an der Psychoanalyse orientierte Pädagogik nicht auf eine Stärkung des Ich, sondern auf eine Stärkung des Selbst zielen.

Das Konzept der narzisstischen Wut erklärt eine Form von Aggression. Es reicht aber als umfassendes Aggressionsmodell nicht aus. Einen weiteren Beitrag zum Verstehen aggressiven Verhaltens leistet die Objektbeziehungstheorie, die neben der Selbstpsychologie besteht und dieser in einigen Annahmen, speziell auch in der Aggressionstheorie, widerspricht.

Melanie Klein kann als die erste Vertreterin einer Objektbeziehungstheorie gesehen werden, weil sie schon in den 40er und 50er Jahren eine Theorie innerer Objekte aufgestellt hat (vgl. Kernberg 1988, 22). Sie ist jedoch – im Gegensatz zu Kernberg – betont trieborientiert und sieht in Anlehnung an Freud den Todestrieb als Grundlage der Aggression, obwohl das Todestriebkonzept Freuds von Anfang an sehr umstritten war und heute kaum noch Anhänger findet.

Lebens- und Todestriebe sind nach Klein von Geburt an wirksam und finden ihren Ausdruck in Fantasien. Orale Aggression drückt sich nach Klein zum Beispiel in sadistischen Fantasien aus. Oraler Sadismus hat das Ziel, sich den Inhalt des Mutterleibes – und die Dinge und Objekte der Außenwelt als Mutterleib im weiteren Sinne – anzueignen und mit Sadismus zu zerstören. Sadismus ist bei ihr eine wichtige Bedingung für die Fähigkeit zur Introjektion und damit Voraussetzung für den Aufbau innerer Objekte (1972, 31).

Innere Objekte entsprechen den wirklichen Erfahrungen und Eindrücken, die das Kind von Menschen und äußerer Welt gemacht hat, sind aber durch eigene Fantasien und Triebe des Kindes verändert (ebd., 75). Da aggressive und libidinöse Triebe und Fantasien auf das äußere Objekt projiziert werden und dieses dann wieder introjiziert, entstehen innere Bilder (Imagines), die stark durch die eigenen Triebe bestimmt sind. Obwohl Klein die realen Erfahrungen bei der Bildung der inneren Objekte beteiligt sieht, misst sie den triebbestimmten Fantasien jedoch größere Bedeutung bei. Äußere Objekte, die libidinös oder aggressiv besetzt sind, sind nach Klein zunächst primitive Objekte, Teilobjekte, die später zu Ganzobjekten werden. Teilobjekte sind einerseits Teilaspekte realer Personen, z.B. die Brust der Mutter, die vom Kleinkind so wahrgenommen werden, als ob sie das Objekt wären, andererseits sind Teilobjekte auch Personen, die unter dem Einfluss der Projektion reiner Aggression oder Libido verzerrt und unrealistisch wahrgenommen werden, so dass sie nur gut oder nur böse erscheinen.

Auf der frühesten Stufe – Klein spricht von der paranoid-schizoiden Position – besteht Angst vor dem Todestrieb, vor den verfolgenden Objekten, auf welche die eigene Aggression projiziert ist, werden Spaltungsmechanismen, Verleugnung und Omnipotenzgefühle, letztere ermöglichen Verleugnung, zur Abwehr eingesetzt (ebd., 80, 107).

Bei der Entwicklung von der Teilobjekt-Beziehung zur Ganzobjekt-Beziehung, bei fortschreitender Organisation des Ichs werden die Imagines immer realistischer (ebd., 48).

Die sich entwickelnden kognitiven Funktionen führen dazu, dass das Kind erkennen muss, dass die guten und bösen Objekte Aspekte ein und derselben Person sind. Das Kind erreicht die depressive Position. Kognitive Reifung, Abnahme der Angst vor eigenen Aggressionen sowie gute Erlebnisse mit der Mutter fördern die Auflösung der paranoid-schizoiden Position. Die Vorgänge der depressiven Position sind nach Klein: Wiedergutmachung, Ambivalenz und Dankbarkeit.

Aggression wandelt sich in Schuldgefühle, wenn die Fähigkeit zur Integration guter und böser innerer Bilder erreicht ist, das Ertragen des Ambivalenzkonfliktes möglich ist, denn nun richten sich Aggressionen gegen ganze Objekte und damit auch gegen die guten Anteile (ebd., 127). Aus dem Schuldgefühl entsteht der Drang, den Schaden wieder gut zu machen. Nach Klein ist es wahrscheinlich, dass depressive Angst, Schuldgefühle und die Wiedergutmachungstendenz nur dann erlebt werden, wenn Liebesgefühle für das Objekt die destruktiven Regungen überwiegen (ebd., 137f.). Vertrauen in das gute Objekt fördert die Integration des Ichs und die Synthese des Objekts (ebd., 150). Dankbarkeit verstärkt die Liebe zum äußeren Objekt. Dankbarkeit und

Wiedergutmachung verstärken sich gegenseitig und steigern die Fähigkeit, anderen zu vertrauen, und die Fähigkeit, Liebe zu geben und zu empfangen.

Die bessere Anpassung an die Realität, seine Beziehung zu den realen Eltern ist dem Kind eine große Hilfe gegenüber den fantasierten Imagines. Während in der frühen Entwicklungsstufe die aggressiven Fantasien gegen Eltern und Geschwister Angst hervorriefen – vor allem Angst, jene Objekte könnten sich gegen das Kind selbst wenden –, bilden nun diese Aggressionen die Grundlage für Schuldgefühle und den Wunsch nach Wiedergutmachung (1985, 103).

Aggressives Verhalten ist bei Klein Ausdruck übermäßiger Spaltung und besonders intensiver aggressiver Fantasien, die zur Vorherrschaft besonders grausamer innerer Objekte führen. Bei Klein sind die ersten Introjektionen bereits die ersten Über-Ich-Bildungen. Die Über-Ich-Bildung fällt bei Klein mit der ersten oralen Objektintrojektion zusammen (ebd., 92).

»Das kleine Kind hat zunächst aggressive Triebregungen und Fantasien gegenüber seinen Eltern, projiziert sie dann auf diese, wodurch es ein fantasiertes und verfälschtes Bild seiner familiären Umwelt entwickelt. Da der Mechanismus der Introjektion jedoch gleichzeitig arbeitet, werden diese fantasierten Imagines internalisiert mit dem Ergebnis, dass sich das Kind in seiner Fantasie von gefährlichen und grausamen Eltern beherrscht fühlt –: das eigene Über-Ich im Kind« (ebd., 103).

Diese aggressiven inneren Objekte führen dann zu einem Kreislauf von Angst und Aggression. »Ich habe beobachtet, dass der Zeitpunkt der kindlichen Über-Ich-Bildung mit der ersten oralen Objektintrojektion zusammenfällt. Das Kind wird von der Furcht beherrscht, sowohl von seinen realen Objekten wie auch von seinem Über-Ich in unvorstellbar grausamer Weise angegriffen zu werden, weil die auf solche Weise gebildeten Imagines mit allen Attributen eines dieser Entwicklungsstufe entsprechend starken Sadismus ausgestattet sind und weil sie noch einmal auf die Objekte der Außenwelt projiziert werden. Seine Angst bewirkt eine Zunahme seiner sadistischen Impulse, die es drängen, die feindlichen Objekte zu zerstören, um deren heftigen Angriffen zu entkommen. Damit beginnt ein Circulus vitiosus: Die Angst, welche das Kind zwingt, seine Objekte zu zerstören, führt zu verstärkter eigener Angst, die ihrerseits nun das Kind drängt, gegen seine Objekte vorzugehen; es setzt ein psychologischer Mechanismus ein, der meines Erachtens die Grundlage für asoziale und kriminelle Tendenzen im Individuum bildet. Daher müssen wir annehmen, dass die Verantwortung für das Verhalten asozialer und krimineller Personen in der außerordentlichen Strenge und übermächtigen Grausamkeit des Über-Ich liegt und nicht etwa in dessen Schwäche oder gar seinem Fehlen, wie man gewöhnlich annimmt« (ebd., 92 f.).

Aggressives Verhalten ist bei Klein somit Produkt aggressiver Impulse, die in Form von Reintrojektionen Angst erzeugen, was wiederum die Aggression erhöht. Die versagenden Umwelterfahrungen spielen bei Klein eine weit geringere Rolle als die Fantasien aufgrund der Triebe.

»In den Fällen natürlich, wo Kinder durch lieblose Eltern oder eine ungünstige Umgebung nicht nur in der Fantasie, sondern tatsächlich verfolgt werden, verstärken sich diese Fantasien in hohem Maße. Im allgemeinen aber misst man einer unzulänglichen Umgebung eine zu große Bedeutung bei und übersieht die intrapsychischen Schwierigkeiten, die nur zum Teil aus einer derartigen Umgebung herrühren« (ebd., 104 f.).

Extreme Aggression und Angst führen zum Beibehalten von Spaltungsmechanismen, was wiederum die Grausamkeit der inneren bösen Objekte nicht abschwächt. Erst die Entwicklung ganzer innerer Objekte führt zu Triebneutralisierung.

»In dem Maße, in dem der Wunsch und die Fähigkeit zur Wiedergutmachung, der Glaube und das Vertrauen des Kindes in seine Umwelt wachsen, wird die Strenge des Über-Ich gemildert und umgekehrt. Aber in all den Fällen, in denen wegen eines stark ausgeprägten Sadismus und aufgrund einer übermächtigen Angst ... der Circulus vitiosus von Hass, Angst und Zerstörung nicht durchbrochen werden kann, bleibt das Individuum unter dem Druck früher Angstsituationen und behält Abwehrmechanismen bei, die zu dieser frühen Stufe gehören« (ebd., 104).

Erzeugt das Über-Ich in erster Linie Angst, werden heftige Abwehrmechanismen wie Spaltungen im Ich hervorgerufen. Wenn das Über-Ich nicht mehr nur Angst, sondern Schuldgefühle erzeugt, werden jene Abwehrmechanismen tätig, die Grundlage moralischen Handelns sind. Das Kind beginnt Rücksicht zu nehmen.

Kernberg kritisiert an Melanie Kleins Position, dass sie die Entwicklung der inneren Objekte losgelöst von der realen Beziehung zur Mutter betrachtet. Er spricht von »freischwebenden« inneren Objekten bei Melanie Klein. Durch ihr Verhaftetsein am Triebmodell, noch dazu des spekulativen Todestriebes, weise sie eine pseudobiologische Orientierung auf und unterschätze Umweltfaktoren (Kernberg 1981, 95; 1989a, 118). Sie habe die Entwicklung der inneren Objekte nicht differenziert beschrieben, Selbst- und Objektkomponenten fehlen, und auch deren Bedeutung für das Strukturmodell von Es, Ich und Über-Ich habe sie nicht differenziert genug gesehen. Sie vernachlässige die strukturelle Differenzierung der inneren Objekte in Ich und Über-Ich. Introjektion ist nach Kernberg (1989a, 23) nicht die Konsequenz des oralen Sadismus, sondern durch Ich-Funktionen (Wahrnehmung und Gedächtnis) hervorgerufen. Zudem habe sie die intrapsychische Entwicklung zu stark auf die ersten sechs Monate des Lebens zusammengedrängt (1981, 45ff., 116).

Ihr Verdienst ist nach Kernberg, dass sie die Bedeutung früher innerer Objekte und die Rolle der Aggression in den Vordergrund gestellt hat. Mit der Betonung früher Abwehrvorgänge, wie Spaltung, Omnipotenz und Verleugnung, mit der Betonung von Projektion und Introjektion, der Entwicklung von der Teilobjektbeziehung zur Ganzobjektbeziehung sowie der Annahme von Über-Ich-Vorläufern hat sie wichtige Grundlagen für eine Objektbeziehungstheorie gelegt (ebd., 45).

Melanie Klein hat mit ihrer Theorie für die pädagogische Arbeit wichtige Grundlagen entwickelt. Stärkung des Selbst, des Ich und Über-Ich wird bei ihr differenziert mit den Konzepten der

Wiedergutmachung, der Dankbarkeit, der Überwindung von Spaltung und des Kreislaufes von Angst und Aggression durch projektive Verzerrungen der Außenwelt beschrieben.

In der Tradition Melanie Kleins entwickelte Winnicott seine Theorie der Aggression. Winnicott (1988, 176) betont den positiven Aspekt destruktiven Verhaltens. Eine zentrale Rolle nehmen die Schuldgefühle ein. Diese entwickeln sich, wenn die destruktiven Impulse, die zur primitiven Liebe gehören, ertragen werden können. Mit den Schuldgefühlen entsteht die Fähigkeit zur Besorgnis, die Grundlage für konstruktives Handeln ist. Um Verantwortung für seine destruktiven Triebe zu übernehmen, muss dem Kind Gelegenheit zur Wiedergutmachung gegeben werden. »Wenn Sie diese Wiedergutmachung irgendwie blockieren, dann wird der Betreffende mehr oder weniger unfähig, Verantwortung für seine destruktiven Triebe zu übernehmen. Klinisch gesehen wird er entweder depressiv, oder er erleichtert sich dadurch, dass er die Destruktivität irgendwo anders entdeckt, sie also projiziert« (ebd., 185).

Das Schuldgefühl markiert den Punkt, an dem sich Destruktivität in Konstruktivität wandelt. Winnicott betont jedoch, dass diese Art von Schuldgefühl nicht zu verwechseln ist mit einem sadistischen Schuldgefühl, das als Belastung erlebt wird. Das Schuldgefühl muss aus einem echten Gefühl der Zuneigung entstehen. »Selbst wenn die Destruktivität zwanghaft und unsinnig ist, ist sie doch ehrlicher als eine Konstruktivität, die sich nicht wirklich auf ein Schuldgefühl gründet, das als echtes Gefühl dann entsteht, wenn man die eigenen destruktiven Impulse dem guten Objekt gegenüber akzeptiert hat« (ebd., 186). Dies ist selbstverständlich eine Absage an pädagogische Rituale, die etwa Gelegenheit zur Wiedergutmachung als ein Programm einsetzen, ohne die affektive Beziehung zu reflektieren.

Während Melanie Klein die aggressiven und paranoiden Ängste in ihrer Arbeit in den Vordergrund stellt, sucht Winnicott die positiven Entwicklungsaspekte zu sehen und gibt damit dem therapeutischen Handeln eine andere Orientierung. Er sieht das destruktive Handeln des Kindes als antisoziale Tendenz, die die

Umwelt provoziere, Stellung zu beziehen. Der Therapeut hat die Aufgabe, sich darauf einzulassen. Hier kommt Winnicott dem Kohutschen Gedanken der Spiegelfunktion nahe.

Die antisoziale Tendenz sei ein Zeichen von Hoffnung. Hoffnungslosigkeit sei das Wesensmerkmal des deprivierten Kindes. In Phasen der Hoffnung handle das Kind antisozial. Ein depriviertes Kind leidet unter dem »Tod« des guten inneren Objekts. Das aggressive Kind dagegen habe noch Hoffnung. Wir können auch sagen, nach Winnicott ist das destruktive Verhalten die Abwehr einer Entwicklung in die Depression. Die antisoziale Tendenz besteht bei Winnicott aus zwei Tendenzen, dem Stehlen und dem zerstörerischen Verhalten. Mit dem destruktiven Verhalten sucht das Kind eine eindeutige Reaktion der Umwelt, eben nicht die Zerstörung, die es provoziert, sondern eine Reaktion, die ihren Ursprung im Körper der Mutter, in den Armen der Mutter, hat, also die haltende Beziehung. Der Ursprung der antisozialen Tendenz ist nach Winnicott die Objektsuche. Folgerichtig sieht er im Stehlen die Suche nach der Mutter, obwohl doch gerade die Mutter an der Deprivation schuld sei. »Die Gierigkeit gehört zu dem zwanghaften Versuch des Säuglings, die Mutter, die an der Deprivation schuld ist, zur Heilung zu bewegen. Diese Gierigkeit ist antisozial und der Vorläufer des Stehlens« (ebd., 166). Heilung heißt bei Winnicott, dass die Mutter auf die primären Liebesimpulse eingeht, was manchmal als Verwöhnung erscheint.

Für die Pädagogik ist Winnicott (ebd., 184) bedeutsam, weil er betont, dass dem Kind Gelegenheit zu kreativem Handeln, fantasievollem Spiel und konstruktiver Arbeit gegeben werden muss. Erst die konstruktiven und kreativen Erfahrungen ermöglichen es dem Kind, seine Destruktivität zu erleben. Problematisch erscheint die Betonung der deprivierenden Mutter, was Winnicott durch ein Versagen der Umwelt abzuschwächen sucht. Die pädagogische Umwelt muss die Funktion der Ich-Stützung übernehmen (ebd., 171). Mit Winnicott ist man versucht, lediglich die Umwelt haltend und positiv zu gestalten, Gelegenheit zur Wiedergutmachung zu geben.

Eine Unterscheidung zwischen destruktiver und nichtdestruktiver Aggression wird heute von Mentzos (1984, 24 ff.) aufgegriffen, führt dort allerdings zu einer Vernachlässigung der Triebtheorie und nicht wie bei Winnicott zu einem Umgang und einer Akzeptanz der triebhaften Aggression.

Einen anderen Weg beschreitet Kernberg. Er (1981, 122 ff.) geht von anfänglich neutraler Triebenergie aus. Da die früheste libidinöse Besetzung in einem Selbst und einem Objekt, die beide noch nicht voneinander differenziert sind, erfolgt, ist das Konzept des primären Narzissmus nach Kernberg nicht mehr begründet. Triebe strukturieren sich bei Kernberg aus spezifischen Affektdispositionen und den verinnerlichten Objektbeziehungen, d.h. den Selbst- und Objektrepräsentanzen. Angeborene Affektdispositionen färben als »gute« und »böse« Affekte Objektbeziehungen. Anfänglich sind Affekte aufgrund der Ich-Schwäche in gut und böse (lustvoll-unlustvoll) gespalten. Erst später wird Spaltung zu einem vom stärker gewordenen Ich aktiv benutzten Abwehrvorgang. Aus diesen Affektdispositionen und den realen Erfahrungen von Interaktionen, d.h. der Bildung von Selbst- und Objektrepräsentanzen verschiedener Valenz (gut–böse) strukturieren sich nach Kernberg Libido und Aggression. Kernberg gibt auf diese Weise den Erfahrungen des Kindes mehr Bedeutung. Da aber auch in der Freudschen Trieblehre Libido und Aggression durch Erfahrungen und die daraus folgenden Strukturierungen von Ich und Über-Ich geformt werden, scheint der Unterschied zumindest auf den zweiten Blick weniger relevant. Er verweist allerdings bereits stärker auf die frühen Erfahrungen des Säuglings, was von der modernen Säuglingsforschung (siehe nächstes Kapitel) aufgegriffen wird.

»Die Affekte repräsentieren angeborene Dispositionen für eine subjektive Erfahrung in der Dimension von Lust und Unlust. Sie werden gleichzeitig mit angeborenen Verhaltensmustern aktiviert, die reziproke (bemutternde) Reaktionen aus der Umgebung hervorrufen, und mit allgemeiner Erregung, welche die Wahrnehmung äußerer und innerer Reize verstärkt, die während dieser Interaktion auftreten. Dies alles führt zur Fixierung von Gedächtnisspuren in einer primitiven Konstellation oder Einheit von

›affektivem Gedächtnis‹, die Selbstkomponenten, Objektkomponenten und den Affektzustand selbst verkörpert ... Lustvolle und unlustvolle Affekte sind die hauptsächlichen Motivations- oder Triebsysteme, welche die intrapsychische Erfahrung organisieren. Libido und Aggression sind innerhalb dieser Entwicklung keine äußeren Gegebenheiten, sondern sie repräsentieren die Gesamtorganisation der Triebsysteme in der allgemeinen Polarität von ›gut‹ und ›böse‹. Affektzustände determinieren zunächst die Integration sowohl der internalisierten Objektbeziehungen als auch der gesamten Triebsysteme: Libido und Aggression repräsentieren die beiden umfassenden psychischen Triebe, welche die übrigen Triebkomponenten und die anderen, zuerst in Einheiten von internalisierten Objektbeziehungen konsolidierten, Bausteine integrieren« (1989a, 106f.).

Die Integration und Synthese konträrer Introjektionen ist nach Kernberg möglicherweise die wichtigste Quelle für Neutralisierung von Aggression. Beim Vorherrschen von Spaltungstendenzen misslingt die Neutralisierung in ausreichendem Maße, es entfällt die wichtige Energiequelle für die Ichentwicklung (ebd., 49).

Aggressives Verhalten ist bei Kernberg ein Ergebnis übermäßiger Aggressionstriebe, die durch unlustvolle Erlebnisse und Affektdispositionen bedingt sind und zu Fixierungen der auf Spaltung bezogenen Abwehrvorgänge führen, wie sie von Klein so drastisch beschrieben wurden (1981, 129). Selbst- und Objektrepräsentanzen können nicht ausreichend integriert werden und führen so zu einer Schwächung und pathologischen Entwicklung von Ich- und Über-Ich-Strukturen.

Im Gegensatz zur Selbstpsychologie haben nach Kernberg die von Kohut beschriebenen narzisstischen Phänomene Abwehrcharakter. Nach Kernberg (1978, 326) vernachlässigt Kohut die enge Beziehung zwischen Narzissmus und objektbezogenen Konflikten sowie die entscheidene Rolle aggressiver Konflikte in der Psychopathologie narzisstischer Persönlichkeitsstörungen. Das Größen-Selbst hat nach Kernberg Abwehrfunktion gegen Aggression, die in Form oraler Wut und Neidgefühlen vorhanden ist und zur Angst vor Vergeltung (Projektion aggressiver Anteile) führt.

Das integrierte Selbst bildet sich unter der Vorherrschaft der libidinösen Selbstrepräsentanzen. Beim pathologischen Narzissmus ist die normale Repräsentanzenwelt durch eine pathologische Konstellation verinnerlichter Objektbeziehungen ersetzt. Aggressive Repräsentanzen spielen dabei eine bedeutende Rolle. Über-Ich-Störungen sind nicht einfach nur Entwicklungshemmungen wie bei Kohut, sondern durch aktive Verzerrung und pathologische Entwicklung der Über-Ich-Vorläufer entstanden, so dass sich reifere Strukturen nicht normal entwickeln können (ebd., 324).

Aus den Ansätzen der Objektbeziehungstheorie ergeben sich für eine pädagogische und therapeutische Arbeit mit aggressiven Kindern und Erwachsenen neue, wesentliche Gesichtspunkte. Ist die Entwicklung reifer Ich- und Über-Ich-Strukturen, ja selbst die Entwicklung libidinöser und aggressiver Triebe von verinnerlichten Objektbeziehungen abhängig, so muss eine therapeutische und pädagogische Arbeit die Strukturierung des Selbst und der inneren Objekte in den Vordergrund stellen, d.h. die Entwicklung von Selbst- und Objektkonstanz ermöglichen, realistische Vorstellungen vom Selbst und den äußeren Objekten aufbauen helfen sowie die Entwicklung von der Teilobjektbeziehung zur Ganzobjektbeziehung fördern. Neben der Arbeit am Selbst steht auch die Arbeit am Ich und Über-Ich im Mittelpunkt, die Arbeit an frühen Abwehrvorgängen wie Spaltung, Verleugnung und Omnipotenz, welche die realistische Wahrnehmung des Selbst und der äußeren Welt verhindern. Das Ich steht nach wie vor im Mittelpunkt der psychoanalytischen Arbeit, es wird aber durch die Selbstentwicklung differenzierter betrachtet.

Mit dem Konzept der verinnerlichten Objektbeziehungen wird die therapeutische und pädagogische Beziehung, die Übertragungs- und Gegenübertragungsreflexion, stärker in den Mittelpunkt gestellt.

2. Aggression aus der Sicht der modernen Säuglings- und Kleinkindforschung
(Udo Rauchfleisch)

Die Todestriebtheorie, wie Evelyn Heinemann sie in Kapitel 1 dargestellt hat, war und ist, auch in der klassischen Psychoanalyse, keineswegs unumstritten. Anna Freud (1972) hat in einer nachdenklichen Bilanz des 1971 in Wien abgehaltenen Kongresses der International Psychoanalytic Association darauf hingewiesen, dass die Einführung der dualistischen Triebtheorie (Eros–Thanatos) durch ihren Vater in den zwanziger Jahren die psychoanalytische Welt in zwei Fraktionen gespalten habe: Die einen traten erbittert gegen den Todestrieb, die anderen äußerst entschieden für ihn ein.

Weitgehend beibehalten wird heute, wie Green (1987) ausführt, das Todestriebkonzept vor allem von einigen französischen Psychoanalytikern. Auch Melanie Klein (vgl. Kapitel 1) hat diese Freudschen Gedanken beibehalten, sie aber durch die Objektbeziehungstheorie ergänzt. Hingegen haben andere Objektbeziehungstheoretiker wie Fairbairn (1952) und Guntrip (1968), aber auch Vertreter der psychoanalytischen Ich-Psychologie (vgl. Kapitel 1) das Todestriebkonzept radikal verworfen.

Limentani (1990) kommt in einem Übersichtsartikel zu dem Schluss, »dass wir auf das Konzept des Todestriebes sehr wohl verzichten können, auch ohne den Preis der Verleugnung des Todes zahlen zu müssen, (…) das Konzept des Todestriebes schafft mehr Probleme als es löst. Ich glaube, wir können einige der schrecklichsten und manchmal unvorstellbaren Ängste erklären, die sowohl Kinder als auch Erwachsene befallen können, wenn wir die primitiven, ursprünglichen Ängste vor dem Verlust des Selbst anerkennen, die mit ausgesprochen katastrophalen Gefühlen verbundenen Ängste vor Fragmentierung und Vernichtung, die aus der ersten Trennung vom Primärobjekt herrühren.« Auch andere Autoren haben zum einen kritisiert, dass der Begriff »Todestrieb« unannehmbar sei, und zum andern darauf verwiesen, dass die von Freud angeführten klinischen Fakten auch ohne Zuhilfenahme des Todestriebs erklärt werden können (Laplanche und Pontalis 1972).

Kritisch hat sich auch Dornes (1997) aus der Sicht der modernen Säuglingsforschung mit Freuds Konzept vom Todestrieb auseinandergesetzt. Er verweist darauf, dass die vier Merkmale, die Freud zufolge jeden Trieb kennzeichnen sollen, für den Aggressionstrieb nicht gleichermaßen zutreffen wie für den Sexualtrieb. Von den vier grundlegenden Merkmalen eines Triebes – Quelle, Ziel, Drang und Objekt – bereitete vor allem das erste Schwierigkeiten, weil der Aggressionstrieb nicht auf bestimmte Körperzonen wie die Sexualität zurückgeführt werden konnte. Dementsprechend fehlt nach Dornes bis heute eine »psychoaggressive Phasenlehre«, die der psychosexuellen ebenbürtig zur Seite treten könnte. Er zieht das Fazit, dass eine allgemein befriedigende Lösung für die Frage nach der *Quelle des Aggressionstriebs* nicht gefunden werden konnte und auch bis heute nicht in Sicht sei.

Als zweites Problem, das die Beschäftigung mit der Aggression von Anfang an durchzieht, ist nach Dornes das der *Abgrenzung eines konstruktiven von einem destruktiven Teil*. In der letzten Formulierung des Todestriebs besitzt dieser für Freud keine Wachstums- und Entwicklungskomponente, sondern ist eine ausschließlich destruktive Kraft. Sie kann allenfalls durch die Legierung mit Libido bzw. durch Zähmung und Indienstnahme durch das Ich gebannt und gemildert werden.

Bei einer solchen Sicht ergeben sich erhebliche Schwierigkeiten, Phänomene wie Neugier und Interesse von Neugeborenen zu erklären. Einigen Autorinnen und Autoren (z. B. Greenacre 1960; Solnit 1972; Spitz 1965; Winnicott 1950) schien eine Lösung dieses Problems darin zu liegen, die Aggression als eine Lebenskraft, als einen Motor zu bezeichnen, der vielen Aktivitäten zugrunde liege. Sie dehnten damit den Begriff des Aggressionstriebs so weit aus, dass er auch nicht-destruktive Formen von Aktivität wie Exploration, Bewegung, Wahrnehmung etc. einschließt.

Versuchten die genannten Autorinnen und Autoren noch auf dem Boden der klassischen psychoanalytischen Theorie zu bleiben, so legten die Befunde der modernen Säuglingsforschung nahe, einen *Bruch mit der klassischen Triebtheorie* vorzunehmen (Lichtenberg 1989, 1992; Stechler 1987, 1990). Die betreffenden Autoren postulieren, dass Neugier und explorative Tätigkeiten des Säuglings nicht Ausdruck eines konstruktiven Aggressionstriebs sind, sondern Manifestationen eines *eigenständigen assertiven/ selbstbehauptenden Motivationssystems*. Daneben wird eine *reaktive Aggression* angenommen, d. h. die Mobilisierung von Ärger oder Feindseligkeit als Antwort auf eine tatsächliche oder vermeintliche Bedrohung. Aber auch diese Aggression wird nicht als triebhaft betrachtet, sondern als von einem aversiven (Lichtenberg) oder aggressiven (Stechler) Subsystem ausgehend. Wie Dornes ausführt, ist dieses aggressive Motivationssystem – im Gegensatz zum klassischen psychoanalytischen Triebmodell – nicht selbst-aktivierend, sondern normalerweise latent und wird, wie Angst oder Bindungsbedürfnisse, nur unter bestimmten Bedingungen aktiviert.

Die wesentlichen Änderungen der Konzepte von Stechler und Lichtenberg gegenüber der traditionellen psychoanalytischen Triebtheorie liegen darin, dass zum einen statt des Begriffs »konstruktiven Aggression« *Assertion* verwendet wird. Selbstbehauptung ist demnach etwas qualitativ anderes als Aggression. Zum andern wird die *reaktive Aggression* bzw. *Aversion* vom Ballast der Triebtheorie befreit und als *normalerweise latentes, nur unter bestimmten Umweltbedingungen aktivierbares Motivationssystem* betrachtet.

Wie die Beobachtungen an Säuglingen und Kleinkindern zeigen, bestehen nach Stechler und Lichtenberg zu Beginn des Lebens zwei biopsychologisch unterscheidbare Motivationssysteme: Assertion und reaktive Aggression/Aversion. Das *assertive System aktiviert sich selbst* und manifestiert sich in den spontanen Explorations- und Neugieraktivitäten des Säuglings. Im allgemeinen ist die Aktivierung von Selbstbehauptung und Neugier *mit positiven Affekten verknüpft*.

Das *reaktive-aggressive* (nach Stechler) bzw. *reaktiv-aversive* (Lichtenberg) *System* ist demgegenüber *nicht selbst-aktivierend*, sondern wird nur durch Bedrohung aktiviert. Es wird inaktiv, sobald die Quelle der Bedrohung verschwunden ist. Seine Aktivität ist *von negativen Affekten begleitet.*

In seiner Diskussion der von Stechler und Lichtenberg konzipierten Modelle setzt sich Dornes unter anderem mit der Frage auseinander, warum trotz der genannten Unterschiede zwischen Aversion/Aggression und Assertion diese *beiden Systeme* theoretisch und empirisch dennoch häufig *miteinander vermengt* werden. In Anlehnung an Stechler und Halton (1987) nennt Dornes dafür die folgenden *vier Gründe*:

1. Bestimmte motorische Aktivitäten wie beißen, treten, greifen, zielen, drücken, werfen etc. können sowohl für aggressive als auch für assertive Zwecke eingesetzt werden. Für die Beurteilung, ob es sich in einer konkreten Situation um eine Manifestation des assertiven oder des aversiven Systems handelt, ist es notwendig zu wissen, was der betreffenden Handlung, zum Beispiel dem An-den-Haaren-Ziehen, vorausging. Dadurch entsteht jedoch ein Interpretationsspielraum, mit dem das Verhalten des Kindes einmal als »gut«, ein anderes Mal als »böse« bezeichnet werden kann.
2. Eine weitere Quelle möglicher Vermischung von Assertion und Aggression liegt darin, dass das nachdrückliche Signalisieren von Gefühlen des Bedrohtseins, d. h. reaktive, selbstschützende Aversionshandlungen wie das Schreien des Säuglings, aufgrund seines durchdringenden Charakters leicht als aggressiv missverstanden werden kann. Längeres Säuglingsgeschrei macht aggressiv, auch wenn es selbst nicht Ausdruck des aggressiven Motivationssystems ist.
3. Ferner kann selbstbehauptendes Explorieren in einer Art, die im Gegensatz zu den Interessen und Vorstellungen der Umgebung steht (zum Beispiel wenn der Säugling mit einem harten Gegenstand auf ein kostbares Möbelstück klopft), bei der Umgebung den Eindruck erwecken, es handle sich um einen aggressiven Akt. In diesem Fall kann eine eigentlich explorativ-assertive Aktivität zum Beispiel von den Eltern destruktiv blockiert werden, worauf das Kind seinerseits mit Rückzug,

aber auch mit Ärger reagiert. Wie Beobachtungen an Kindern zeigen (vgl. Fonagy et al. 1993; Stern 1995), führen chronische unempathische Reaktionen seitens der Bezugspersonen leicht zu einer Eskalation von zunächst adaptivem Ärger (der die Selbsthauptung erhöht) und/oder reaktiver Aggression.

Im Zusammenhang mit der uns in diesem Buch beschäftigenden Thematik aggressiven Verhaltens bei Kindern, Jugendlichen und Erwachsenen ist es interessant zu erfahren, dass nach diesen Befunden der modernen Säuglingsforschung bei der *ständigen Hemmung von Selbstbehauptung* mit der Zeit die erste Stufe der Aktivierung von Ärger und/oder reaktiver Aggression, in der noch »Verhandlungsspielraum« bestand, quasi übersprungen wird. Statt die Kontroverse zu regulieren, wird nach Dornes in einer Art Kurzschluss unmittelbar zusammen mit der Einschränkung der Assertion ein *hohes Maß an Aggression mobilisiert.* Diese *verselbstständigt* sich im Laufe der Zeit und wird zu einer *automatischen Reaktion auf Einschränkungen*. Jede Einschränkung trifft dann auf ein hypersensibles, ständig sprungbereites aggressiv-aversives Subsystem. Auf diese Weise wird bei solchen Kindern *Selbstbehauptung mit Aggression kontaminiert*, und es entsteht ein *neues* System, in dem Aggression und Assertion, die ursprünglich getrennte Motivationssystemen angehört haben, verschmolzen sind.

4. Es kann zu einer Vermengung der beiden (eigentlich getrennten) Systeme kommen, indem eine kindliche Handlung von der Umgebung als destruktiv *interpretiert* wird, weil sie als aggressiv *empfunden* wird. Das daraufhin erfolgende Schimpfen der Bezugspersonen wird vom Kind als Bedrohung erlebt und mobilisiert bei ihm zum Selbstschutz reaktive Aggression. Wie unter 3.) beschrieben, kann eine solche Aktivierung von zunächst defensiver Aggression im Verlauf der Zeit automatisiert und zu einer *habituellen Charaktereigenschaft* werden.

Mit Recht zieht Dornes aus den referierten Befunden der modernen Säuglingsforschung den Schluss, *destruktive Aggression sei ein Entwicklungsschicksal und kein primäres Datum.* Destruktivität leitet sich demnach »nicht aus einem Trieb ab, sondern aus der im Laufe der Entwicklung unter ungünstigen Bedingungen stattfindenden Transformation eines zunächst reaktiv aktivierten, der Anpassung und dem Selbstschutz dienenden aversiven/reaktiv-aggressiven Subsystems in ein chronisch aktives System, das sich von den Anlässen, die es ursrünglich ausgelöst hatten, weitgehend emanzipiert hat und selbstaktivierend geworden ist« (Dornes 1997, S. 255).

Der wesentliche Unterschied dieser sich aus den Befunden der Säuglingsforschung herleitenden Konzeptionen zum klassischen psychoanalytischen Todestriebkonzept liegt in der anthropologischen Dimension: Nach den Konzepten von Stechler, Lichtenberg und Dornes kommt der Mensch nicht mit Destruktivitätspotentialen und -impulsen auf die Welt, sondern lediglich mit der *Möglichkeit*, solche zu *entwickeln*. Er ist weder gut noch böse, sondern trägt die Möglichkeit zu beidem in sich. Welche dieser Möglichkeiten realisiert wird, hängt wesentlich von den Beziehungserfahrungen in der Kindheit ab – ein Postulat, das vor allem auch die Vertreterinnen und Vertreter der Objektbeziehungstheorie ins Zentrum ihrer Überlegungen gerückt haben.

Dornes erwähnt in diesem Zusammenhang Untersuchungen an schwer gestörten, hoch aggressiven Kindern und Erwachsenen, bei denen als Ursache ihrer Psychopathologie immer wieder auf die Bedeutung realer Traumatisierungen wie Misshandlungen und sexuelle Ausbeutung verwiesen worden ist (z.B. von Bryer et al. 1987; Herman et al. 1989; Paris 1993; Kernberg 1995). Dies ist auch ein Befund, den Forscher, die nicht vom psychoanalytischen Modell ausgehen, bestätigen (Farrington 1991; Eron et al. 1991; Weiss et al. 1992; Petermann 1995; Lyons-Ruth 1996). Auch sie sehen am Ursprung aggressiver Verhaltensstörungen ablehnende, drohende, zurückweisende oder strafende elterliche Handlungen und Einstellungen.

Dabei zeigen Beobachtungen an Kindern, dass eine enge Beziehung zwischen *Aggressionsentwicklung und Bindungsverhalten* besteht: Sicher gebundene Kinder sind weniger aggressiv als unsicher gebundene. In diesem Zusammenhang wird als Hauptfaktor für sichere Bindung mütterliche Responsivität beschrieben, während unsichere Bindung eine enge Beziehung zu Zurückweisung oder inkonsistenter Beantwortung von Bindungsbedürfnissen aufweist. Kinder, Jugendliche und Erwachsene mit aggressiven Verhaltensstörungen, wie wir sie in diesem Buch schildern, zeichnen sich gemäß den referierten Konzepten dadurch aus, dass es bei ihnen im Verlauf der Entwicklung unter dem Einfluss unempathischen, sie chronisch verunsichernden und zurückweisenden Verhaltens der nahen Bezugspersonen zu einer ständigen Hemmung von Selbstbehauptung gekommen ist. Ihre anfängliche, aber erfolglose Reaktion mit Ärger und/oder reaktiver Aggression zum Zweck der Selbstbehauptung mobilisiert mit der Einschränkung der Assertion zunehmend ein hohes Maß an Aggression und führt schließlich zu einer verselbstständigten, automatischen aggressiven Reaktion auf jegliche tatsächliche oder auch nur vermeintliche Einschränkung. Im Verlauf einer solchen Entwicklung sind die ursprünglich getrennten Systeme der Assertion und Aversion/reaktiven Aggression miteinander verschmolzen und finden ihren Ausdruck in einer habituellen Feindseligkeit gegenüber der Umwelt, die entsprechend den frühen Beziehungserfahrungen als die Selbstbehauptung blockierend und bedrohlich erlebt wird.

Gegenüber der klassischen psychoanalytischen Todestriebtheorie legen die Befunde der modernen Säuglings- und Kleinkindforschung größeres Gewicht auf die sozialen Determinanten, insbesondere auf die frühen Beziehungserfahrungen. Daraus leitet sich für pädagogische und psychotherapeutische Interventionen die Notwendigkeit ab, der sozialen Dimension besondere Beachtung zu schenken, was unter anderem zur Konzeption meines bifokalen Behandlungsmodells geführt hat (Rauchfleisch 1996, 1999; vgl. auch meine Ausführungen in Kapitel 7 im III. Teil »Psychotherapie mit aggressiven, dissozialen Kindern, Jugendlichen und Erwachsenen«).

3. Geschlechtsspezifische Aspekte von Aggression und Dissozialität (mit einem Fallbeispiel von Hans Hopf)

Die Frage ist, warum Aggression und Dissozialität so deutlich bei Knaben und Männern überwiegt. 1978 wurden nur 15,1 % aller verurteilten Straftaten von Frauen begangen (Einsele 1982, 75). Aggression ist im Schulalter deutlich überwiegend bei Jungen anzutreffen (vgl. Bach 1984b, 145). Das Wegnehmen von Schulsachen wurde von Grundschullehrern bei Jungen dreimal so häufig und das Schlagen von Mitschülern elfmal so oft wie bei Mädchen beobachtet (Kluge 1974, 18). Delinquente Verhaltensweisen sind bei männlichen Kindern und Jugendlichen mit 90 % noch deutlich höher (Otto 1970, 109). Havers kommt nach Durchsicht der verschiedensten empirischen Untersuchungen zu dem Ergebnis:

»Da unter den Schülern mit Verhaltensstörungen aggressiver und delinquenter Art die Jungen erheblich stärker vertreten sind ... liegt die Vermutung nahe, dass auch insgesamt mehr Jungen als ›verhaltensgestört‹ oder ›erziehungsschwierig‹ bezeichnet werden ... Die Hypothese, dass Schüler häufiger als Schülerinnen ›erziehungsschwierig‹, ›verhaltensgestört‹ oder ›disziplinschwierig‹ genannt werden, wird durch die empirischen Forschungen voll und ganz bestätigt« (Havers 1978, 64).

Im Schuljahr 1989/90 wurden an den staatlichen Sonderschulen für Erziehungshilfe in Hessen 691 Schüler unterrichtet; davon waren 585 männlich und 106 weiblich. In der privaten Sonderschule für Erziehungshilfe, an der ich unterrichtete, waren von 114 Schülern 10 weiblich. Bei etwa 75 % der Schüler war extreme Aggression der Hauptüberweisungsgrund in die Sonderschule für Erziehungshilfe.

Sehen wir Aggression als Ausdruck narzisstischer Wut und im Zusammenhang mit frühen Störungen verinnerlichter Objektbeziehungen, so fragt man sich konsequenterweise, ob vor allem Jungen einen größeren narzisstischen Mangel erleiden. Die Dissozialität erscheint bei ausschließlicher Betrachtung der intrapsychischen Vorgänge als ein weiterer Schritt, diesen Mangel zu kompensieren. Bei der Dissozialität werden äußere Situationen und Handlungen zur Festigung der Abwehr und Stärkung der Kompensation in Anspruch genommen, weil differenziertere, rein intrapsychische Abwehrmechanismen nicht zur Verfügung stehen (Mentzos 1984, 235; Heinemann und Hopf 2001, 123 ff.).

Mit der Selbstpsychologie kommen wir bei der Frage nach den geschlechtsspezifischen Aspekten der Aggression in unlösbare Widersprüche. Nach Kohuts Theorie müsste das Vorherrschen von narzisstischer Wut bei Knaben bedeuten, dass sie nicht im selben Maße wie Mädchen in ihrem Selbstgefühl gespiegelt wurden. Dies widerspricht den traditionellen Theorien der Psychoanalyse über die Frau. Freud stellte vor allem zwei Mythen über die Frau auf. Einerseits führe ihr Penismangel zur Wahrnehmung ihrer anatomischen Minderwertigkeit, und zweitens sei die ambivalente Liebe der Mutter zur Tochter für deren narzisstischen Mangel verantwortlich. »Nur das Verhältnis zum Sohn bringt der Mutter uneingeschränkte Befriedigung; es ist überhaupt die vollkommenste, am ehesten ambivalenzfreie aller menschlichen Beziehungen« (Freud 1933, 143).

Der Glanz im Auge der Mutter wird nach psychoanalytischen Theorien hauptsächlich dem Knaben zuteil (vgl. Mitscherlich 1987, 137). Auch Kohut hält an diesem Mythos fest, macht sich über geschlechtsspezifische Unterschiede ansonsten wenig Gedanken. Fraglich ist also, warum hauptsächlich Knaben mit narzisstischer Wut reagieren, wenn sie doch so viel besser gespiegelt werden.

Solange psychoanalytische Theorien zur weiblichen Entwicklung Abwehrprodukte männlicher Fantasien darstellen (vgl. Rohde-Dachser 1989), lässt sich die Frage nach der Aggression schwer beantworten. Sind der Phalluskult und die Theorie vom Penisneid der Frau Abwehrprodukte, zum Beispiel Reaktionsbildungen gegen den Gebär- und Brustneid des Mannes (Bettelheim 1975; Heinemann 1995), so mag auch die Theorie der ambivalenzfreien Beziehung zwischen Mutter und Sohn Abwehr in Form von Idealisierung sein.

Chodorow (1985) jedenfalls kommt zu anderen Erkenntnissen, die, wie ich zeigen möchte, Aggression und Dissozialität der Knaben und Männer eher verständlich werden lassen.

Die primären Bezugspersonen von Jungen und Mädchen sind weiblich, weil überall, so Chodorow, Frauen bemuttern. Am Anfang des Lebens steht für beide Geschlechter die Beziehung zu einer Frau. Mütter sind immer noch die primären Versorgerinnen und primären inneren Objekte der Kinder, so Chodorow. Väter sind für Knaben und Mädchen sekundäre Objekte. Grundlegende Eigenschaften der Familienstruktur führen zu verschiedenen Arten der Differenzierung des Ich und seiner verinnerlichten Objektbeziehungen (Chodorow 1985, 122f.).

Die Mutter-Sohn Beziehung ist von Anfang an durch die geschlechtliche Verschiedenheit geprägt. Der Sohn wird von der Mutter stärker als Objekt gesehen. Die Mutter-Tochter-Beziehung wird von der Mutter eher als Erweiterung ihres Selbst erlebt, die Tochter wird geliebt, aber weniger als Objekt begehrt, so Chodorow.

Weil sie dasselbe Geschlecht wie ihre Töchter haben und selbst einmal Mädchen waren, neigen Mütter von Töchtern nach Chodorow dazu, diese nicht in gleicher Weise als verschieden von sich selbst zu betrachten wie Mütter von Söhnen. In beiden Fällen empfindet die Mutter ein Gefühl der Einheit und Kontinuität mit ihrem Kind. Dieses Gefühl ist jedoch Töchtern gegenüber auf jeden Fall stärker und anhaltender. Die primäre Identifikation und die Symbiose mit Töchtern sind im allgemeinen stärker, und die Besetzung der Töchter behält eher narzisstische Elemente bei, d.h. basiert auf dem Erleben der Tochter als Erweiterung oder Verdoppelung der Mutter, während die Besetzung des Sohnes als sexuell anderes Wesen normalerweise nur ein schwächeres, weniger signifikantes Thema ist. Mütter identifizieren sich normalerweise mehr mit ihren Töchtern und empfinden sie als weniger von sich getrennt (ebd., 143).

Weil sie sich von ihren Söhnen geschlechtlich unterscheiden, erleben Mütter, so Chodorow, diese als männliche Gegenstücke. Die Besetzung ihrer Söhne ist von Anfang an eher eine Objektbesetzung eines sexuell Anderen, möglicherweise durch narzisstische Komponenten ergänzt. Gleichzeitig treibt das mütterliche Verhalten den Sohn in eine sexualisierte, genital getönte Beziehung (ebd., 144).

Um Mann werden zu können, muss der Junge sich früh aus der primären Beziehung zur Mutter lösen. Mit ihr fällt auch ein großer Teil seiner Gefühls- und Fantasiewelt der Verdrängung anheim. Seine Angst ist von nun an, in die primäre Beziehung zurückzufallen, weil diese Regression die Zerstörung seiner männlichen Identifikation bedeutet.

Die Mutter-Tochter-Beziehung erleidet keinen derartigen Bruch. Sie bleibt, wenn auch hochambivalent ein Leben lang bestehen und behält auch ihre symbiotische Färbung bei. Der Vater kommt als interessanter heterosexueller Partner hinzu, erhält aber nur zweitrangige Bedeutung. Die Sexualisierung des Beziehungsangebotes geht nach Chodorow vom Vater aus. Im Normalfall behält das Mädchen beide Eltern als Liebesobjekte und als Rivalen.

Der Knabe benötigt nach der Theorie Chodorows den Vater oder eine männliche Bezugsperson, um die Introjektion der Mutter, die archaische Identifikation mit der weiblichen Mutter mittels einer männlichen Identifikation abwehren zu können. In Bezug auf das weibliche Geschlecht wird nach Rohde-Dachser (1989a, 207) eine männliche Person regelmäßig durch den Penis repräsentiert und seinetwegen begehrt oder auch gefürchtet. Der Penis fungiert auf diese Weise als Partialobjekt (Pars pro toto).

Dem Penis kommt auch nach Chasseguet-Smirgel (1974, 163 ff.) eine entscheidende Bedeutung zu. Danach müssen sich alle Kinder aus der Allmacht ihrer Mutter befreien und ein Gefühl der Vollständigkeit entwickeln. Ein Knabe erreicht diese Befreiung durch seine Männlichkeit und den Besitz eines Penis. Sein Penis und seine Männlichkeit symbolisieren seine Unabhängigkeit und Separatheit von der Mutter. Die Entwicklung eines Penisneides oder eines Wunsches nach einem Penis beim Mädchen ist bei Chasseguet-Smirgel ein Versuch der Befreiung von der Mutter. Der Penis oder Phallus ist ein Symbol von Macht oder Allmacht.

Sowohl für den Knaben als auch für das Mädchen kommt bei Chasseguet-Smirgel dem Phallus ein hoher Symbolwert zu (ebd., 166).

Bei Chasseguet-Smirgel findet die Liebe des kleinen Mädchens zur Mutter keinen Platz (Chodorow 1985, 162). Sie hält an der Freudschen Theorie des Objektwechsels und der beeinträchtigten Mutter-Tochter-Beziehung fest. »Das zweite Objekt – der Vater und sein Penis – wird wegen der enttäuschenden Beziehung zum ersten Objekt einem Idealisierungsprozess unterworfen« (Chasseguet-Smirgel 1974, 138).

Chodorow dagegen nimmt Abschied von der Vorstellung, das Mädchen müsse sich von der enttäuschenden Mutter abwenden. Väter werden bei ihr lediglich hinzugenommen. Die weibliche Persönlichkeit ist bei ihr weniger auf Verdrängung und Abspaltung innerer Objekte aufgebaut, weil Töchter die Introjektion der Mutter nicht abwehren müssen, um ihre Geschlechtsidentität zu erhalten. Weil sie die präödipale Liebe zur Mutter weiterführen, definieren und erleben sich Mädchen im Verlauf ihres Heranwachsens als kontinuierlich mit anderen verbunden (Chodorow 1985, 220).

In einer Kultur, in der vor allem Frauen bemuttern und die Aufgaben der primären Beziehung übernehmen, erscheint weniger die Mutter-Tochter-Beziehung und der Objektwechsel des Mädchens (die Hinwendung zum Vater) problematisch, wenn, wie Chodorow annimmt, das Mädchen die Mutter nicht aufgibt, sondern ihr nur eine neue Beziehung hinzufügt. Problematisch erscheint vor allem die Vater-Sohn-Beziehung. Der Sohn ist für seine Selbstentwicklung, zur Identifikation, fundamentaler als das Mädchen von männlichen Bezugspersonen abhängig. Nicht der Objektwechsel des Mädchens, sondern der Identifikationswechsel des Knaben scheint in einer Kultur, in der Vaterschaft unsicher ist, ein entscheidendes Problem zu sein. Der Vater hat nicht nur die Aufgabe der Triangulierung, sondern für die Selbstentwicklung des Knaben strukturierende fundamentale Funktionen.

Ein Problem der männlichen Entwicklung scheint mir zu sein, dass der Knabe auf Männer angewiesen ist, die durch die kulturellen Normen weniger zuverlässig zur Verfügung stehen als die Mütter. Genau an dieser Schwierigkeit scheinen aggressive und dissoziale Knaben zu scheitern.

Eine dänische Untersuchung zeigte, dass nur 25 % der wegen Delinquenz und schwerer Verhaltensstörung in ein Heim eingewiesenen Jungen vom ersten bis sechsten Lebensjahr denselben Vater hatten. Bei der Vergleichsgruppe der Normalbevölkerung waren dies immerhin 83 % (Jonsson 1967).

Bei meiner Arbeit mit aggressiven, dissozialen Knaben habe ich keine einzige intakte Vater-Sohn-Beziehung erlebt (vgl. auch Schmidt 1986,11; Havers 1978, 141). Meist fehlte der Vater in der Erziehung gänzlich, wie bei Jürgen, Wilfried und Sebastian; oder aber er bot sich wie bei Robert nicht als Identifikationsobjekt an. Roberts Vater verachtete Robert, weil er nicht intelligent genug sei.

Das Fehlen des Vaters oder die Unmöglichkeit, sich mit diesem zu identifizieren, machen dann den narzisstischen Mangel des aggressiven und dissozialen Knaben aus. Aggressives Verhalten bei Knaben ist Ausdruck erhöhter narzisstischer Kränkbarkeit, weil ihnen wesentliche Momente in der Selbstentwicklung verloren gehen, weil sie die weibliche Identifikation mit der Mutter abwehren müssen und ein zuverlässiger männlicher Ersatz fehlt. In der Dissozialität suchen sie dann nach Männlichkeit. So war es bezeichnend, dass alle Jugendlichen unserer Schule fast ausschließlich in Gruppen stehlen gingen. Sich gemeinsam der Gefahr auszusetzen stärkte die Männlichkeit. Zudem agierten sie nun einen Konflikt aus, bei dem sie die Verfolgung durch mächtige, aggressive Männerbilder (so ihre Fantasien von der Polizei) provozierten. Das Diebesgut, etwa abgebrochene Mercedessterne, diente nicht selten als Beweis phallischer Potenz.

So war auch ihr Wunsch, Herrn X an meiner Stelle als Klassenlehrer haben zu wollen, eine Suche nach dem Vater und Abwertung der wegen der Verschmelzungsgefahr bedrohlichen Frau, der Mutter, die für sie meist das einzige Identifikationsobjekt darstellte und deren Imago von daher sekundär mit Allmacht und Bedrohung ausgestattet wurde.

Der Mythos von der besten aller Beziehungen, der Mutter-Sohn-Beziehung, beruht meiner Meinung nach auf einer Idealisierung der Mutter (Spaltung). Hier handelt es sich um Abwehrprodukte, analog zu den Theorien vom Penisneid und der Minderwertigkeit weiblicher Anatomie.

So scheint mir Dissozialität nicht, wie bei Winnicott (1988, 152 ff.), die Suche nach der Mutter, sondern die Suche nach dem Vater zu sein. Die antisoziale Tendenz besteht nach Winnicott aus zwei Aspekten, dem Stehlen und der Destruktivität. Im Stehlen sieht er die Suche nach der Mutter, die das Kind verloren hat. Die Destruktivität ist bei Winnicott die Suche nach einer Umwelt, die stark genug ist, seine Destruktivität zu überleben. Winnicott sieht in der antisozialen Tendenz einen Selbstheilungsversuch, ein Zeichen von Hoffnung.

Meiner Erfahrung nach ist es weniger das Versagen der Mutter, das natürlich oft erschwerend hinzukommt, als das des Vaters und Dissozialität die Suche nach dem Vater, nach Männlichkeit. Diese Erfahrungen fand ich auch bei meinen ethnopsychoanalytischen Studien in Jamaika (Heinemann 1997) bestätigt. Jamaika ist eine Kultur mit extremen Formen männlicher Gewaltkriminalität. Die »Gunmen« und »Killer«, die Tag für Tag die Bevölkerung in Angst und Schrecken versetzen, sind meist Jugendliche und Männer aus den Frauenhaushalten der Slums von Kingston. Ohne Vater aufgewachsen, wie es dort die übliche Sozialisationsbedingung ist, entwickeln sie illusionäre Fantasien männlicher Größe und Potenz. Die Identifikation mit diesen Fantasien ersetzt die fehlende Beziehung zu einem Vater, der die Möglichkeit bietet, realistische Vorstellungen eigener Männlichkeit zu entwickeln. Teilweise geringfügige Kränkungen lösen dann heftige Aggression aus. In einem Gespräch erzählte mir ein Gunman, dass die größte Angst der Gunmen sei, im Gefängnis homosexuell vergewaltigt zu werden. Deshalb würden sie Homosexuelle auf der Straße töten. Gleichzeitig suchen sie ihre Männlichkeit in den Gruppen der Banden zu stärken. Die Männlichkeit und Stärke wird jedoch immer wieder von konkurrierenden Banden oder interner Rivalität bedroht.

Ähnliche Muster und Ängste finden sich auch bei rechtsradikalen Jugendlichen (vgl. Heinemann 1996). Im Laufe seiner Therapie äußerte mein Patient, der wegen rechtsradikaler Vergehen im Gefängnis saß, dass er am meisten die homosexuelle Überwältigung durch Ausländer fürchte. Diese würden ihn immer irrtümlich für »schwul« halten.

Die problematische oder fehlende Vater-Sohn-Beziehung kann zu illusionären Männlichkeitsfantasien führen, um sich von der Mutter abzugrenzen und männlich zu werden. Die Spaltung der Gefühlswelt, Aggression und Dissozialität sind die Folge. Dabei ist die Geschlechtsidentifikation bedroht, was wiederum ein Potential für aggressive Impulse zur Abwehr der Angst darstellt. In der dissozialen Männergruppe soll die Männlichkeit dann gefestigt werden. Unterordnung unter die Gesetze der Gruppe ist nur eine der Folgen.

Die Psychoanalyse lastete diese Entwicklung bisher immer wieder der Mutter an. Gerade die Ergebnisse der Forschung zur Aggression und Dissozialität könnten aber zur Rehabilitierung der Mutter und der Mutter-Tochter-Beziehung beitragen, zeigt sich doch die immense Bedeutung des Vaters in der männlichen Entwicklung.

»Möglicherweise tragen die frühen Verinnerlichungen der mütterlichen Funktionen wie auch die Beziehung zu ihr dazu bei, ein strukturierteres Selbstbild aufzubauen, als es dem Knaben vergönnt ist; ihm wird die Des-Identifizierung mit den Funktionen der Mutter in ganz anderer Weise, von außen wie auch von der Mutter selbst, abverlangt, als dem Mädchen. Die Fähigkeit, ein Gedächtnis für frühe Erlebnisse und Gefühle zu entwickeln, ist beim Knaben durch den aufgezwungenen Identifikationsabbruch häufig verkümmert. Die evokative Möglichkeit des Gedächtnisses, Objekte, das heißt mitmenschliche Beziehungen und deren tröstende und angstmildernde Funktionen, nach Bedarf vor seinem inneren Auge zu wecken, könnte aus den genannten Gründen beim Mädchen ausgeprägter sein als beim Knaben, auch trotz aller späteren Störungen durch die Identifikation mit den selbstentwertenden Einstellungen der Mutter« (Mitscherlich 1987, 136f.).

Die Konsequenz dieser Überlegungen sollte allerdings nicht die »friedfertige Frau« (Mitscherlich 1987) sein, die Becker und Stillke (1987) als Mythos kritisieren und als Verleugnung der präödipalen Aggression der Frau. Die Annahmen Chodorows legen zwar eine stärkere Fähigkeit der Frau zu Triebneutralisierung und Integration innerer Objekte nahe, sollten aber nicht darüber hinwegtäuschen, dass Frauen durchaus auch heftige Formen von Aggression zeigen, vor allem in der Wendung gegen sich selbst (Becker und Stillke 1987, 22; Heinemann und Hopf 2001). Möglicherweise trägt hierzu die stärkere Verschmelzung des Selbst mit dem inneren Bild der Mutter bei. Diese Verschmelzung birgt natürlich auch die Schwierigkeit, sich aus der Beziehung zur Mutter zu lösen, was ein hohes Potential für Aggression darstellen kann. Frauen scheinen dieses Potential nur vermehrt gegen sich zu wenden.

Die Bedeutung des aggressiven Verhaltens in der männlichen Entwicklung als Suche nach männlicher Abgrenzung durch betont phallisches Verhalten lässt sich relativ leicht verstehen. Jürgen, den ich im praktischen Teil des Buches vorstellen werde, wuchs bei seiner Mutter und seinem älteren Bruder auf, er musste sich zwanghaft von der Mutter und in der Übertragung von mir abgrenzen. Wilfried und Sebastian hatten gewalttätige Väter, so dass wir ihr Verhalten auch als Identifikation mit dem Aggressor verstehen können. Bei Wilfried führte die Angst vor dem Vater allerdings zu einer Identifikation mit einem noch stärkeren Männlichkeitsbild. Als asiatischer Krieger fühlte er sich stärker als sein Vater, der Soldat war. Sebastian litt mehr unter dem Verlust des Vaters und verleugnete den Verlust.

Die Entwicklung in die Depression und Autoaggression können wir bei Frauen durch ihre stärkere Verschmelzung mit dem weiblichen mütterlichen Objekt, von dem sie sich nicht zur Erlangung ihrer Geschlechtsidentität abgrenzen müssen, ebenfalls nachvollziehen (vgl. Heinemann und Hopf 2001). Ich möchte am Ende dieses Kapitels ein Fallbeispiel eines aggressiven und dissozialen Mädchens vorstellen, also eine eher atypische Entwicklung. Dabei wird sich zeigen, ob die Anzeichen, die gelegentlich beobachtet werden, dass wir es in Zukunft vermehrt auch mit aggressiven Mädchen zu tun haben, sich bewahrheiten werden.

Diana (Fallbeispiel von Hans Hopf)

Zur Vorstellung ihrer Tochter in einem therapeutischen Heim kam eine alleinerziehende Mutter. Sie war erst 31 Jahre alt, wirkte jedoch älter. Sie brachte ihre gerade neunjährige Tochter mit. Frau M. war eine wenig attraktive, etwas grob wirkende Frau mit einem flachen, wenig ausdrucksfähigen Gesicht. Sie sprach sehr laut und eindringlich. Was sie mitteilte, war durchweg aggressiv unterlegt, und Frau M. erschien aufgebracht und chronisch gereizt. Dabei konnte sie sich kaum in ein dialogisches Gespräch einlassen, wirkte unruhig und ständig als ob sie weglaufen wolle. Sie schimpfte und verteufelte Diana, während sie ihren Sohn als nur gut beschrieb. Sie könne Diana ermorden, wenn diese noch länger bei ihr bliebe. Sie würde von Diana in keiner Weise mehr respektiert, sie zeige sich widerborstig und trotzig. Diana scheine zu glauben, bereits erwachsen zu sein, und wolle alles tun, was eigentlich erst Erwachsenen vorbehalten ist. So wolle sie darüber bestimmen, wann und wie lange sie wegbleiben dürfe. Sie sei gelegentlich abends aus dem Fenster gestiegen und habe auch schon Autos angehalten, um in die Stadt zu trampen. Die Autofahrer hatten sie jedoch jedes Mal nach Hause gebracht. Diana besuchte als einziges Mädchen mittlerweile die zweite Klasse einer Schule für Erziehungshilfe, zusammen mit sieben Jungen. Sie hielt sich auch dort an keinerlei Regeln, war unzuverlässig und fiel durch ein hektisches, getriebenes Verhalten auf. Ständig nahm sie jemandem etwas weg und benutzte fortlaufend abstoßend obszöne Ausdrücke, mit denen sie die Mitschüler zu entwerten suchte. Ihre Frustrationstoleranz war gering. Konnte sie ihr Ziel nicht gleich durchsetzen, brüllte sie wüst umher, schlug und trat den Kontrahenten, ohne Rücksicht zu nehmen und Grenzen zu tolerieren oder zu respektieren.

Am meisten fiel Diana jedoch wegen einer für ihr Alter auffälligen Sexualisierung auf. Sie genoss sichtlich ihre Rolle als einziges

Mädchen der Klasse. Ständig suchte sie sich herauszuputzen, mit Schminke, Schmuck und aufreizender Kleidung. Sie kokettierte wie eine Jugendliche und benutzte dabei vielerlei obszöne Ausdrücke, deren Bedeutung ihr offenkundig gut bekannt war. Und sie konnte nicht ohne Aufsichtsperson mit den Jungen ihrer Klasse zusammen sein, weil sie sich sofort auszog, die Jungen ebenfalls dazu aufforderte, um ihre Genitalien zu berühren. Diana hatte einen fünfjährigen Bruder, bei dem sie das eines Abends auch versuchte und ihn dabei so sehr am Penis verletzte, dass ein Arzt geholt werden musste.

Diana war eigentlich ein hübsches Mädchen mit einer glatten, schönen Haut. Sie hatte dieselbe kräftige Figur wie ihre Mutter und wirkte wesentlich älter als sie war. Beim Erstkontakt stellte sie eine Fülle von Fragen, wartete aber keinerlei Antworten ab. Diana stammelte und konnte manche Konsonanten nicht richtig aussprechen. Sie hörte auch kaum zu, wenn ich etwas sagte, es interessierte sie offenkundig nicht, so wie es sie letztendlich nur zu interessieren schien, dass ich ein Mann war. Sie begann mit mir zu flirten, was ich in meiner Gegenübertragung zunehmend unangenehm empfand. Sie erschien insgesamt wie leer, ihre Fragen waren platt und dennoch bohrend. Es entstand eine Atmosphäre von Gleichgültigkeit und gleichzeitig von klebriger Aufdringlichkeit.

Die Mutter war mit 22 Jahren schwanger geworden, heiratete kurz vor der Geburt den Vater des Kindes. Dieser erwies sich dann als arbeitsscheuer Alkoholiker, so dass sich die Eltern bereits trennten, noch ehe Diana ein Jahr alt war. Immer wieder gab es erneute Anläufe zum Zusammenleben und von heftigen Ausbrüchen begleitete Trennungen. Mit $1^{1}/_{2}$ Jahren kam Diana in eine Kindertagesstätte, zeitweise wurde sie auch von den Großeltern betreut, weil die Mutter ganztägig berufstätig war. Von der Kindertagesstätte wurde Diana von immer neuen Personen abgeholt, was den dortigen Erzieherinnen auffiel. Insgesamt zeigte sich die Mutter dem Mädchen gegenüber ziemlich gleichgültig; es gab zudem eine Vielzahl von Liebhabern, welche die Mutter in der kleinen Wohnung empfing, wobei zu vermuten war, dass Diana häufig Zeuge des Liebesspiels wurde. Als sie 3 Jahre alt war, wurde die

Mutter wieder schwanger, und der Vater dieses Kindes, ein Handelsvertreter, entpuppte sich ebenfalls als Alkoholiker.

Zu ihrem Vater hatte Diana regelmäßigen Kontakt. Es stellte sich heraus, dass er das Mädchen regelmäßig auf seine Sauftouren in die Kneipen mitnahm, wobei Diana die oft wüsten Redensarten dort mitbekam und sich freute, im Mittelpunkt des Interesses so vieler Männer zu stehen. Auch nahm sie der Vater regelmäßig zu sich ins Bett und ich vermutete, dass es dabei zu – unbewussten oder auch bewussten – sexuellen Stimulierungen gekommen war. Was mich dabei entsetzte, war, dass die Mutter hierin nichts Verwerfliches erkennen konnte und keineswegs einschritt. Sie war froh, wenigstens sporadisch von Diana entlastet zu sein. Erst als sich Diana in unserer Einrichtung befand, wurde der Umgang mit dem Vater stark eingeschränkt. Diana liebte ihren Vater weiterhin und genoss es, wenn er Kontakt zu ihr aufnahm.

Frau M. wirkte zunächst recht interessiert und gab sich hilfsbereit. Bald stellt sich jedoch heraus, dass sie ein ähnliches Verhalten wie Diana zeigte und gleichermaßen sexualisiert war, ja regelrecht »mannstoll«. Sie interessierte sich kaum für die Kinder, was bei späteren Besuchen zu beobachten war. Sie ließ diese einfach gewähren, schritt immer erst ein, wenn die Situation eskalierte. Oft wartete sie darauf, dass die Menschen in ihrer Umgebung sie in die Schranken wiesen, um ihnen dann die Schuld zuzuschreiben, wenn die Situation dennoch eskalierte. So hatte sie es auch mit den Lehrerinnen getan.

Diana zeigte nach ihrer Ankunft in der Gruppe des Heimes ein ähnliches Verhalten wie beim Erstgespräch. Sie gab sich zum einen cool und unnahbar. Und sie stellte ununterbrochen Fragen, für die sie bald keine Antworten suchte. Auf nichts wollte sie sich einlassen und hüpfte von einer Sache zur anderen. Am liebsten wollte sie turnen und tanzen, dabei war es ihr wichtig, im Mittelpunkt zu stehen und die Bewunderung und Bestätigung aller zu bekommen. Die Inszenierungen ihrer Körperlichkeit waren zunehmend von sexuellen Attitüden begleitet und zeigten häufig exhibitionistischen Charakter. Wie zufällig legte sie ein Kleidungsstück nach dem anderen ab, oder sie trug keine Unterwäsche. War sie mit

Jungen allein, legte sie sich auf sie oder wollte sie ausziehen, um ihren Penis in den Mund zu nehmen. Sie zeigte dabei keinerlei Scham, es war, als sei das alles alltäglich und wie selbstverständlich. Da sie keinerlei Anweisungen und Aufforderungen ernst nahm, konnte sie die ersten Tage nicht aus dem Haus gelassen werden. Sie brüstete sich damit, jeden Tag einen anderen Jungen haben zu können.

Was man ihr sagte, hatte keinerlei Verbindlichkeit für sie, und sie tat was sie wollte. Vor allem akzeptierte sie keinerlei Grenzen, betrat fremde Zimmer, nahm sich, was sie vorfand. Sie stahl Süßigkeiten, immer im Alleingang, die sie in sich hineinstopfte oder auch verschenkte, um sich Zuwendung zu erkaufen. Oft stahl sie, um zu provozieren, denn meistens benötigte sie die gestohlenen Dinge gar nicht. Häufig wollte sie lediglich, dass sie auch die anderen nicht besitzen sollten, und zerstörte beispielsweise Zeichnungen und wertvollen Besitz anderer. Es war Ausdruck puren Neides, und wenn ein Kind wegen des entwendeten oder zerstörten Gegenstandes weinte, war ihr triumphierendes Lachen zu hören. Dies erzeugte ständige Spannungen und versetzte die Gruppe in chronische Unruhe; sie spielte die Kinder gegeneinander aus, stachelte den einen an, verbündete sich mit dem anderen und fiel über einen dritten her. Dabei war es schwer, ihre zugrunde liegenden Gefühle wahrzunehmen. Diana lachte fast ständig, und hatte sie etwas besonders Gehässiges angestellt, lachte sie noch heftiger.

Fand sie keine Beschäftigung und wurde die Langeweile für sie schwer aushaltbar, begann sie – wie zuvor erwähnt –, andere Kinder zu ärgern und zu provozieren. Sie beschmierte Zeichnungen, versteckte Kuscheltiere und steigerte sich in immer hektischere Attacken hinein, so dass sie ununterbrochen zurechtgewiesen werden musste. Wurde ihr nachdrücklich Einhalt geboten, bekam sie grandiose Wutanfälle, schlug Türen, zerstörte noch mehr Gegenstände anderer. Gelegentlich drohte sie, vom Balkon zu springen oder wegzulaufen. Später weinte sie häufig, und es wurde deutlich, dass die vorherigen regelrecht manischen Zustände von tiefer Depression abgelöst wurden. Es gelang den Erzieherinnen jedoch immer, sie wieder aufzuhalten und zu beruhigen. An manchen Tagen lieferte sie sich sogar richtige Kämpfe mit anderen Kindern. Sie beschimpfte sie, zog sie an den Haaren, schlug sie ins Gesicht und trat sie. Damit die Situation nicht eskalierte, musste ein Erwachsener einschreiten.

Nach einem Mittagessen räumte ein Junge einmal das Geschirr ab. Diana konnte es nicht lassen, ihn ständig zu provozieren. Nach ständigem Hin und Her packte der Junge Diana am Hals, dass ihre Halskette zerriss und die Perlen auf den Boden fielen. Sie geriet völlig außer sich, warf Teller und Brotkorb auf den Boden und nahm ein Messer vom Tisch, um auf den Jungen einzustechen. Eine Erzieherin entwand ihr das Messer und hielt sie fest. Blitzartig schlug die Wut in Trauer um. Diana weinte herzzerreißend; die Erzieherin musste sie nicht mehr festhalten. Diana wimmerte jetzt im Arm der Erzieherin und ließ sich streicheln.

Die energischen Grenzsetzungen wirkten sich mit der Zeit positiv aus, so dass Diana auch andere Seiten zeigen konnte. Der Halt und die Sicherheit der Erwachsenen, welche sie und andere vor ihren eigenen destruktiven Affekten beschützten, schienen ihr gut zu tun. Gerne half sie ihnen bei der Arbeit, was lobend erwähnt wurde und dem Mädchen signalisierte, dass sie wohlgelitten war. Sie sehnte sich erkennbar nach Ordnung und Struktur in ihrem innerseelischen Chaos. Als sie einmal krank wurde und versorgt werden musste, versetzte sie das allerdings in höchste Unruhe. Weder konnte sie Ruhe zulassen, noch konnte sie liebevolles Versorgtwerden ertragen.

In einer therapeutischen Einzelstunde wurde erkennbar, wo dies herzurühren schien. Diana spielte die Ärztin, die Therapeutin war die Patientin. Lustvoll griff sie ihr in die Wunde, verdrehte den Arm und diagnostizierte, dass man den Arm abschneiden müsse, weil er niemals heilen könne. Dabei lachte sie mitleidlos und hämisch. Am Ende der Therapiestunde konnte sie immerhin die Heilung des Armes in Aussicht stellen.

Wie bereits erwähnt, hatte Diana eine enge Beziehung zum Vater gehabt, der jedoch einen schlechten Einfluss auf sie ausübte. Der Kontakt wurde von der Einrichtung eingeschränkt, weil der

Vater die Ordnung und die Regeln, welche das Mädchen mittlerweile gelernt hatte, immer wieder in Frage stellte. So fuhr er mit ihr angetrunken Auto, Diana musste sich nicht anschnallen und sich auf sein Geheiß ducken, als Polizei kam. Er bezahlte Diana keinen Unterhalt, nahm ihr sogar Taschengeld weg, um sich Alkoholika zu kaufen. Dies führte zur zunehmenden Entidealisierung, so dass sich Diana von ihm zurückzuziehen begann.

Später begannen die narzisstischen Größenfantasien zu bröckeln. Dianas Meerschweinchen war zu Hause gestorben und jeden Abend sprach sie im Bett mit einer Erzieherin über Tod und Weiterleben. In diesen Gesprächen konnte sie auch ihre Einsamkeit reflektieren, in die sie sich anständig manövriere. Weil sie die Größte sein wollte, hatte sie die anderen Kinder ständig vor den Kopf gestoßen. Bei Auseinandersetzungen rannte sie jetzt nicht mehr weg, sondern stellte sich den Konflikten.

Mit der Zeit wurde das Mädchen sanfter, zugänglicher und immer häufiger auch empfindsam. Diana fand Freundinnen, von denen sie mit ihren verbliebenen Ecken und Kanten angenommen wurde, und sie legte im Laufe der stationären Therapie ihr sexualisiertes Verhalten ab, konnte sich immer besser anpassen und verbesserte sich so weit in der Schule, dass sie wieder in die Grundschule gehen konnte. Sie kam wieder zu ihrer Mutter mit deren neuem Lebensgefährten, die durch eine Familienhilfe unterstützt wurden.

Versuchen wir die Entwicklung Dianas psychoanalytisch zu verstehen. Es ist davon auszugehen, dass schwere Beziehungsstörungen zu der vorliegenden dissozialen Entwicklung geführt hatten. Diana wurde von der mit sich selbst befassten narzisstischen Mutter nicht ausreichend gespiegelt und gegenüber dem Bruder stark abgewertet. Männlichkeit schien von der Mutter einerseits idealisiert worden zu sein, suchte sie doch immer wieder die Bekanntschaften von Männern, glaubte sie nur durch Männer ihr labiles Selbst stärken zu können, was Hans Hopf als »mannstoll« empfand. Andererseits war sie immer wieder mit den Männern unzufrieden und suchte neue Bekanntschaften.

Diana flüchtete sich in Allmachtsfantasien und wehrte die zugrunde liegende Verwahrlosung mit abwertendem, verletzendem Lachen und mit Sexualisierung ab. Ihre frühe Unruhe und ihr Weglaufenwollen können als verzweifelte Suche nach haltgebenden Beziehungen gesehen werden. Diana hatte festgestellt, dass Sexualität die Mutter für Männer attraktiv gemacht hatte. Sie hatte das bei sich selbst erlebt, als sie für den Vater und seine Saufkumpane attraktiv wurde und er sie stimulierte. Sexualität wurde zum wichtigsten Medium, in den Mittelpunkt zu geraten und endlich beachtet zu werden. Dies versuchte sie über ihre ständigen Externalisierungen und Inszenierungen zu erreichen.

Zum anderen sollte sie ständig Regeln einhalten, welche von den eigenen Eltern weder beachtet noch eingehalten wurden. Sie war, wie bei dissozialen Jungen häufig zu finden, zumindest auch mit den dissozialen Impulsen und Wünschen der Eltern identifiziert, was Redl als ein dissoziales Über-Ich beschreibt.

Dianas sexualisiertes Verhalten ist typisch für missbrauchte Mädchen. Im allgemeinen unterscheidet sich aber das sexualisierte Verhalten der Mädchen von dem der Jungen. Die Sexualisierung äußert sich beim Jungen in einer vorwiegend aktiven Form, in Gestalt von Übergriffen, Überschreiten von Grenzen, Entwertung, und ihre Sexualität ist immer mit Gewalt gemischt. Die Sexualisierung des Mädchens zeigt sich dagegen in einer eher passiven Form, als die sich dem Manne anbietende »Lolita«. Das Mädchen bleibt in der Opferposition, während der Junge die Affekte durch Identifikation mit dem Aggressor und Täterverhalten abwehrt (vgl. Heinemann und Hopf 2001, 159ff.).

Bei Diana mischten sich aktive mit passiven Formen. Indem sie Aggression nach außen wandte, war auch die Form ihrer Sexualisierung aktiver; sie machte andere Kinder zu Opfern. Dianas Rechthaberei, ihre Zerstörungswut, glichen einem permanenten narzisstischen Triumph. Es ist zu vermuten, dass ein schwerer Neid auf den Bruder hinter dieser Haltung steht.

Die Szene mit der Therapeutin, in der Diana eine Wunde fantasierte, die niemals heilen könne und deshalb der Arm abgeschnitten werden müsse, weist auf eine Wahrnehmung des eigenen Geschlechts als beschädigt (eine Wunde) und bisexuell hin. Die Kastration (den Arm abtrennen) wird als heilend empfunden, ermöglicht sie doch die weibliche Identifikation. Um ihr Körper-Selbst zu retten, muss der Penis geopfert werden. Eines Abends hatte sie – wie zuvor erwähnt – den kleinen Bruder so sehr am Penis verletzt, dass er blutete und der Arzt geholt werden musste. War dies der Versuch einer Kastration, um den Bruder zu entmannen und selbst den Penis zu besitzen, oder wollte sie alles Männliche zerstören? In dieser tiefen Angst um ihre Geschlechtsidentität gleicht Dianas Entwicklung der der dissozialen Jungen.

Die Mutter sah in Diana immer ihr Spiegelbild, sie selbst sei in der Pubertät ähnlich schwierig wie Diana gewesen. Schon früh kam es zum chronischen Machtkampf zwischen Mutter und Tochter. Als Diana im Kampf mit dem Jungen die »weibliche« Kette verlor, führte dies zum Ausbruch narzisstischer Wut. Wieder wurde ihre Weiblichkeit bedroht. Oder war es die Angst, die Mutter wie die Kette zu verlieren, der den massiven Aggressionsausbruch verursachte?

Diana wendet ihre Aggression nach außen, schlägt andere, zerstört deren Sachen und zeigt ein aggressives und aktives sexualisiertes Verhalten, wie wir es traditionell eher bei Jungen finden. Was führte bei Diana zur Wendung der Aggression nach außen anstelle der zu erwartenden eher weiblichen Wendung der Aggression gegen das Selbst? Hier können wir nur Vermutungen anstellen.

Die Mutter erscheint wenig weiblich, ist selbst aggressiv und durchsetzungsfähig. Dianas Bruder hat große Angst vor der Mutter. Sie sucht aktiv die Bestätigung durch Männer, die sie zu idealisieren scheint, ähnlich wie Diana den Vater idealisiert. Der Vater verhält sich grenzüberschreitend, aber auch passiv, weich, manipulierbar, vor allem wenn er getrunken hat. Beide Elternteile entsprechen nicht den traditionellen Geschlechtsrollenmustern.

Diana ist mit ihrer Mutter identifiziert – ganz im Sinne der Theorie Chodorows, wobei die Mutter bereits selbst eine aggressivere, nach außen gerichtete Haltung einnimmt. Die Angst, die Mutter zu verlieren, mag die Verschmelzungswünsche mit der Mutter erhöht haben. Das offene und nicht heimliche, übergriffige Klima mag die Konkurrenz zwischen Mutter und Tochter gefördert haben, so dass sich kaum Schuldgefühle bezüglich des Äußerns von Aggression einstellten, wie wir es so häufig in der weiblichen Entwicklung finden. Gleichzeitig erlebte Diana einen narzisstischen Triumph, wenn der Vater sie mit sich nahm.

Ich denke, das Gemeinsame an der Position Dianas und aggressiver Jungen ist, dass sie die Beschädigung ihrer Geschlechtlichkeit durch ein Vorherrschen bisexueller Fantasien fürchten. Beim Fehlen eines Vaters oder fehlender männlicher Identifikationsmöglichkeiten fürchtet der Junge die Weiblichkeit und möchte sich nicht mit der Mutter identifizieren. Er hat schlimmstenfalls dann nur noch die Möglichkeit, psychotisch, pervers oder dissozial zu werden, um seine Männlichkeit zu retten.

Auch Diana fürchtet als Mädchen mit einer Wunde am Arm, den sie zur Heilung abtrennen möchte, um ihre Weiblichkeit. Vielleicht bot ihr die Mutter keine ausreichende weibliche Identifikationsmöglichkeit, benötigte diese doch das Männliche zur Stabilisierung ihres Selbst. Der Vater bot sich ebenfalls nicht als drittes Objekt, sondern als Partner an. Auch Diana muss, wie die dissozialen Jungen, um ihre Geschlechtlichkeit fürchten. Eine normale psychosexuelle Entwicklung besteht darin, archaische bisexuelle Fantasien aufzugeben, sich mit einem Geschlecht zu identifizieren und das jeweils andere Geschlecht zu begehren.

Wie bei den autoaggressiven Essstörungen der Mädchen unserer heutigen Zeit (vgl. Heinemann und Hopf 2001, S. 179 ff.) steht Diana vor der anscheinend zunehmenden Schwierigkeit, eine stabile Geschlechtsidentifikation zu erlangen.

4. August Aichhorn und Fritz Redl: Pioniere einer psychoanalytischen Pädagogik mit aggressiven Kindern

Auf dem Boden der Freudschen Theorie entwickelte August Aichhorn seine Erziehungslehre. In den österreichischen Fürsorgeerziehungsanstalten von Oberhollabrunn und St. Andrä, die er von 1918 bis 1922 leitete, arbeitete er auch mit aggressiven Kindern und Jugendlichen. Seine Arbeit gilt als Pionierleistung einer psychoanalytischen Pädagogik. Bereits 1925 erschienen seine grundlegenden Gedanken in dem Buch *Verwahrloste Jugend*, auf das ich mich in der mir vorliegenden Ausgabe beziehe. Zu einer Zeit, als Besserungsanstalten militärähnlich wie Arbeitslager organisiert waren, sprach er von der Nutzlosigkeit des reinen Zwangs zur Anpassung mittels Lohn und Strafe. Dissozialität war bei ihm Ausdruck von Verwahrlosung, von innerpsychischen und sozialen Problemen des Kindes oder Jugendlichen. Er wollte Verwahrlosungserscheinungen auf ihre Ursachen zurückführen und so zu beheben suchen. Unbewusste Motive der Verwahrlosung sollten mit Hilfe der Psychoanalyse verstanden werden. Psychoanalyse sollte konsequent auf dieses Spezialgebiet der Pädagogik angewendet werden (Aichhorn 1971, 9).

Aichhorn unterschied zwischen latenter Verwahrlosung, wenn nur eine scheinbare Anpassung erfolgte, Triebwünsche aber nicht bewältigt und verarbeitet sind und nur darauf warten, bei der nächsten günstigen Gelegenheit erneut durchzubrechen, und dem Zustand der manifesten Verwahrlosung. Strafe konnte seiner Meinung nach allenfalls zur Wendung von manifester zu latenter Verwahrlosung führen (ebd., 10). Er wollte die latente Verwahrlosung durch Veränderung der Ich-Struktur zum Verschwinden bringen (ebd., 39).

Entsprechend dem triebtheoretischen Verständnis Freuds ging Aichhorn davon aus, dass jedes Kind sein Leben als asoziales Wesen beginne. Es bestehe auf der Erfüllung seiner Triebwünsche (Lustprinzip), ohne auf die Umwelt Rücksicht zu nehmen. Daher besteht die Aufgabe der Erziehung nach seiner Sicht, das Kind aus dem Zustand der Asozialität in die soziale Anpassung zu überführen (ebd., 10).

Die »Aggressiven« schilderte Aichhorn als die schwierigsten Fälle (ebd., 146). Für aggressive Kinder und Jugendliche schuf er ein Milieu des völligen Gewährenlassens. Eine wohlwollende, jede Gewaltmaßnahme vermeidende Grundhaltung sah er als wesentlich an.

»Nach diesen Ergebnissen stand zweifellos fest, dass wir es in den Aggressiven mit Verwahrlosten zu tun hatten, denen die für die Entwicklung so notwendige Liebe der Erwachsenen nicht zuteil geworden war. Damit ist aber auch schon der Fürsorgeerziehung der einzuschlagende Weg vorgezeichnet. Zunächst muss das große Defizit an Liebe ausgeglichen werden und erst dann ist nach und nach und sehr vorsichtig mit stärkerer Belastung vorzugehen. Schärfere Zucht anzuwenden, wäre vollständig verfehlt« (ebd., 148/149).

Die Kinder und Jugendlichen durften ihre Aggression anfangs hemmungslos entladen. Die Aggressionen nahmen an Intensität zu, denn unbewusst provozierten die Kinder und Jugendlichen die Erzieher zu brutalen Reaktionen. Durch Nichtbeachtung und gewaltlose Reaktion kam es aber zum Wutweinen bei den Kindern und Jugendlichen. »Wenden nun die Erzieher verschärfte Zucht an, so machen sie es wie die anderen, mit denen die Kinder in Konflikt stehen, und der ohnehin vorhandene Gegenimpuls muss sich verstärken, die Verwahrlosung vertiefen, statt behoben zu werden« (ebd., 147).

Aufgabe der Erziehung war nach Aichhorn, das richtige Maß an Versagungen zu vermitteln (ebd., 178). Diese Versagungen konnten aber erst einsetzen, wenn die Kinder und Jugendlichen eine positive Beziehung (positive Übertragung) zu den Erziehern und Erzieherinnen aufgebaut hatten, zum Beispiel nach der Phase des Wutweinens. Das wichtigste Hilfsmittel in der Erziehung aggressiver Kinder und Jugendlicher war bei Aichhorn die positive Übertragung, die durch ein lustbetontes Milieu und die liebevolle Haltung der Erzieher hergestellt werden sollte. Die Erzieher sollten sich als Objekt der Identifizierung anbieten und so eine Veränderung des Ich-Ideals bewirken (ebd., 199).

»Die Behebung der Verwahrlosung ist ... letzten Endes ein libidinöses Problem, das heißt, das Wichtigste bleiben die Gefühlsbeziehungen des Zöglings zum Erzieher, oder allgemeiner gesagt, zu den Personen seiner Umgebung« (ebd., 133).

Aichhorn wollte in seiner Arbeit mit aggressiven Kindern durch Identifizierungen und allmähliche Konfrontation mit dem Realitätsprinzip das Ich der Kinder stärken und damit aggressives Verhalten hemmen. Voraussetzung für Identifizierung war nach dem triebtheoretischen Modell die libidinöse Besetzung äußerer Objekte, zum Beispiel der Erzieher. Diese libidinöse Besetzung (positive Übertragung) wollte Aichhorn durch ein lustbetontes Milieu fördern. Im Mittelpunkt seiner Pädagogik stand nicht die Katharsis, wie vielfach missverstanden, sondern die Stärkung des Ich (vgl. ebd., 164).

Kipp (2001) sieht Aichhorns Ansatz vor allem durch seine Betonung des Verlusts des Liebesobjekts, welcher hinter der Verwahrlosung stecke, als nach wie vor sehr aktuell. Aichhorn habe erkannt, dass der Erwachsene auf den Verlust mit Depression reagiere, das Kind dagegen gehe den Weg der Verwahrlosung. Das Ermöglichen von Trauerarbeit sieht Kipp nach wie vor als wichtiges Ziel in der Arbeit mit den aggressiven Kindern.

Da aber die Triebtheorie die Arbeit des Ich nicht genügend differenzieren konnte, entwickelte sich bereits in den 30er Jahren mit den späten Arbeiten Freuds, mit den Arbeiten von Anna Freud (1936) und Heinz Hartmann (1939) die so genannte Ichpsychologie.

Anstelle der Triebkonflikte traten nun die Störungen in der Entwicklung der Persönlichkeitsstruktur, bestehend aus den Instanzen Es, Ich und Über-Ich, in den Vordergrund. Vor allem das Ich und die Störungen seiner zentralen Funktionen rückte in den Mittelpunkt des Interesses. Zentrale Funktionen sind dabei die Realitätsprüfung, Denken, Wahrnehmung, Sprache und die Organisation von Abwehrmechanismen sowie das Errichten eines Reizschutzes nach innen, den Trieben gegenüber, als auch eines Reizschutzes nach außen, der Umwelt gegenüber. Das Ich reguliert Triebkonflikte, regelt aber auch die Anpassung an die Außenwelt. Das Ich entwickelte sich in der Ichpsychologie nicht mehr nur aufgrund von Triebkonflikten, sondern auch durch Reifungsprozesse und Erfahrungen.

Redl und Wineman gründeten ihre Arbeit mit aggressiven Kindern auf den Theorien der Ichpsychologie. Ihre Beiträge erschienen in den USA in den Jahren 1951, 1952 und 1966. Ich beziehe mich hier auf die mir vorliegenden deutschen Ausgaben.

Redl und sein Mitarbeiter Wineman gründeten 1946 das »Pioneer House«, in dem sie mit aggressiven Jungen im Alter von acht bis elf Jahren arbeiteten. Die Jungen kamen alle aus Familien der unteren Einkommensgruppen und waren durchschnittlich intelligent. Bereits nach 19 Monaten musste das Projekt aufgrund finanzieller Schwierigkeiten wieder aufgegeben werden. Trotzdem kann das »Pioneer House« als eines der wichtigsten Projekte einer psychoanalytischen Pädagogik betrachtet werden.

Nach Redl und Wineman (1984, 29) leiden aggressive Kinder an spezifischen Störungen des Ich und Über-Ich. Hass und Aggression sind ihrer Ansicht nach ein Nebenprodukt der Pathologie, ein »Rauchvorhang« (ebd., 29), hinter dem sich eine gestörte Persönlichkeit verbirgt.

»Um herauszubekommen, wie man sie heilen kann, müssen wir uns daher zunächst ein wirklich gründliches Bild davon machen, was diese Ich-Störung und Fehlentwicklungen des Über-Ichs sind, welche Ich-Funktionen noch intakt und welche gestört sind, und wir müssen auch genau wissen, welche Abwehrmechanismen sie entwickelt haben, um sich gegen die Einwirkungen ihrer Umwelt zu wehren. Erst nachdem man einen solchen ›anatomischen Lageplan‹ der Stellen gemacht hat, an denen ihre Ich-Störungen sitzen, und nachdem man die Pathologie ihres Über-Ich hinreichend erforscht hat, kann man mit dem Entwerfen eines planvollen Angriffs auf die Triebstörung beginnen, die auch sie plagen. Kurz gesagt, bei diesen Kindern braucht man einen Plan zur Unterstützung und Stärkung ihrer geschädigten Ich-Funktionen und einen gegen Wahnvorstellungen wirksamen Plan, um ihre Abwehr aufzulösen, bevor man auch nur irgendwelche der bekannten Therapiemethoden an ihnen ausprobieren kann« (ebd., 30).

Redl und Wineman schreiben über das Ich, das seine Aufgaben nicht erfüllen kann, es äußere sich etwa in der geringen Frustrationstoleranz, in der Panik angesichts neuer Situationen, dem Zusammenbruch angesichts von Schuldgefühlen, in der leichten Erregbarkeit durch die Gruppe und anderen Verhaltensweisen (ebd., 75 ff.).

Bei delinquenten Handlungen habe das Ich wiederum eigene Strategien entwickelt, zum Beispiel die Suche nach Unterstützung durch andere Kinder, um Schuldgefühle zu vermeiden, sowie die Abwehr von Veränderungen der delinquenzfördernden Lebens- und Umweltbedingungen (ebd., 145 ff.).

Das Über-Ich der Kinder ist nach Redl und Wineman ebenfalls gestört; in einigen Bereichen besteht es aus Identifizierungen mit einer delinquenten Umwelt, in anderen Bereichen sind Identifizierungen fehlgeleitet oder unterentwickelt (ebd., 211).

So muss nach Redl und Wineman das Ich der Kinder gestärkt und eine Identifizierung mit den Wertvorstellungen der Gesellschaft erreicht werden. Alle pädagogischen und therapeutischen Maßnahmen sollen Kontrollen von innen erzeugen, das Ich unterstützen bzw. gestörte Ich-Funktionen wiederherstellen helfen.

»Kurz gesagt, Ich-Unterstützung und Wiederherstellung des Ichs müssen Hand in Hand gehen mit einem ›chirurgischen Eingriff‹ in die Wertvorstellungen und einer Wiederherstellung des Über-Ichs« (ebd., 214 f.).

Die ichpsychologische Sicht Redls und Winemans hatte nun Konsequenzen für das therapeutische Vorgehen, aber ihrer Meinung nach noch wichtiger waren die Folgerungen für den erzieherischen Umgang mit dem Verhalten. Es bedarf nach Redl und Wineman eines speziellen Heim-Klimas (z. B. Gewähren von Befriedigung durch Freizeit und liebevolle Zuwendung), einer Programmgestaltung zur Ich-Unterstützung (strukturierte Freizeitprogramme) und der therapeutischen Nutzbarmachung von Ereignissen des täglichen Lebens (ebd., 36 ff.).

In »Steuerung aggressiven Verhaltens beim Kinde« beschreiben Redl und Wineman (1986) 17 »antiseptische« Techniken zur Ich-Unterstützung, z. B. Kontrolle durch körperliche Nähe und Berührung, vorbeugendes Eingreifen durch Signalisieren, affektive Zuwendung, Wiedergutmachungsmaßnahmen zur Verminderung von Schuldgefühlen und Aggression, Interpretation durch Umstrukturierung der Realität oder auch den so genannten »antiseptischen« Hinauswurf bei physischer Gefahr, bei Reizung durch gruppenpsychologische Prozesse oder als Maßnahme zum

»Einmassieren« von Grenzen. Voraussetzung für einen »antiseptischen« Hinauswurf war, dass ein Erzieher beim Kind blieb, dass eine Strukturierung und Kontrolle des nachfolgenden Programms erfolgte und dass die nachträglichen Affekte aufgefangen wurden, z. B. durch ein Gespräch mit dem Direktor in dessen Zimmer.

Von besonderer Bedeutung, als Bindeglied zwischen Therapie und therapeutischem Milieu, ist bei Redl das »Life Space Interview«. »Jede Anwendung einer umfassenden Milieutherapie, als Unterstützung der Individualtherapie oder für sich allein durchgeführt, wird mit den Kenntnissen und dem Geschick stehen oder fallen, mit dem die Erzieher, Lehrer oder Therapeuten im Leben der Kinder die Aufgaben des ›Life Space Interview‹ erfüllen« (1974, 53).

Das »Life Space Interview« soll Ereignisse aus dem alltäglichen Leben therapeutisch auswerten und sofortige emotionale Erste Hilfe leisten. Zur therapeutischen Auswertung von Ereignissen aus dem alltäglichen Leben gehört (ebd., 53 ff.):

– *das Einmassieren des Realitätsprinzips*. Da aggressive Kinder oft fast wahnhafte Fehleinschätzungen der Umwelt haben, kann Realität an Ort und Stelle »einmassiert«, d. h. erfahrbar gemacht werden.
– *das Entfremden von Symptomen*. Aggressive Kinder ziehen oft sekundären Gewinn aus ihren Symptomen. Es ist Aufgabe des »Life Space Interviews«, ihnen zu zeigen, dass sich das pathologische Verhalten nicht bezahlt macht. Dies geschieht nicht nur verbal, sondern auch durch die Handlung der Erzieher.
– *die Wiederbelebung eingeschlafener Wertgefühle.*
– *das Anbieten neuer Anpassungstechniken*. Es reicht nicht, dem Kind nur die Unangemessenheit seiner Anpassungstechnik zu zeigen, sondern es sollen ihm auch neue gezeigt werden.
– *die Erweiterung der Grenzen des Selbst*. Ermutigung, Einprägen eines Gefühls von Würde und Stolz sind nach Redl auch Teil des »Life Space Interview«, weil die Kinder eine gestörte Einstellung zum Selbst haben, zwischen Mutlosigkeit und größenwahnsinnigen Vorstellungen schwanken.

Als emotionale »Erste Hilfe« nennt Redl das Ablassen von Frustration, Unterstützung bei der Bewältigung von panischer Angst, Wut und Schuldgefühlen, Aufrechterhaltung der Kommunikation bei drohendem Abbruch der Beziehungen, Regulierung von Verhaltensabläufen und sozialen Beziehungen, schiedsrichterliche Hilfe bei schwierigen Entscheidungen und risikoreichen Abmachungen (ebd., 59 ff).

Das Gespräch selbst soll verschiedene Strategien und Techniken berücksichtigen, beispielsweise soll es sich auf ein zentrales Thema beschränken, das Thema soll klar sein und Ich-nah und vor allem soll der Zeitpunkt richtig gewählt sein, also nicht direkt in dem Augenblick etwa, wenn das Kind in seine begehrte Turnstunde gehen möchte.

Ein Beispiel für ein »Life Space Interview« zwischen dem Direktor des »Pioneer House« und Bill:
DIREKTOR: Nun Bill, es tut mir leid zu hören, dass du heute während des Unterrichts nach Hause geschickt werden musstet. Wie kam das?

BILL: Dieser verdammte Lehrer – was fällt dem bloß ein, mich herumzuschubsen, mich auf meinen Stuhl zu drücken und so.

DIREKTOR: Was hat er mit dir gemacht?

BILL: Ach, er kam auf mich zu, packte mich und warf mich raus auf den Gang.

DIREKTOR: Warum hat er das getan?

BILL: Woher soll ich denn wissen, warum er das getan hat?

DIREKTOR: Was ich meine, ist: Hatte er einen Grund dafür, sich dir gegenüber so zu verhalten?

BILL: Zum Teufel, natürlich nicht.

DIREKTOR: Es fällt mir schwer zu verstehen, warum dein Lehrer ganz plötzlich so auf dich zukommt, dich packt und dich aus der Klasse wirft.

BILL: Er hat's eben getan.

DIREKTOR: Bill, ich sage nicht, dass er es nicht getan hat. Was ich herauszufinden versuche, ist, ob er irgendeinen Grund dafür gehabt hat. Fällt dir irgend etwas ein, das zur gleichen Zeit geschehen ist und das alles erklären könnte?

BILL: Nein.

DIREKTOR: Schau Bill, es macht einfach keinen Sinn, dass dein Lehrer dir das aus heiterem Himmel antut. Irgend etwas muss passiert sein.

BILL: Dieser verdammte Joe (ein Kind aus der Klasse) fing an, an meinen Schulsachen herumzumachen. Ich sagte ihm gerade, er soll abhauen, und da kam K. (Lehrer) auf mich zu und zieht mich raus auf den Gang.

DIREKTOR: Das ist alles, was passiert ist?

BILL: Ja.

DIREKTOR: Ging Joe weg, als du es ihm sagtest?

BILL: Was?

DIREKTOR: Hat Joe deine Sachen in Ruhe gelassen, nachdem du ihn dazu aufgefordert hattest?

BILL: Zum Teufel, nein. Deshalb habe ich ihn geschubst, und er kam trotzdem zurück. Dann habe ich ihm eine in die Fresse gegeben, und er fing an zu heulen.

DIREKTOR: Und was geschah dann?

BILL: K. kam her und sagte zu mir, ich soll damit aufhören. Er sagte, ich soll mich hinsetzen.

DIREKTOR: Hast du's getan?

BILL: Ich sagte, ich würde nicht zulassen, dass dieser blöde Joe mit meinen Sachen rummacht; und K. sagte, ich soll mich hinsetzen.

DIREKTOR: Hast du's getan?

BILL: Was getan?

DIREKTOR: Dich hingesetzt.

BILL: Ja.

DIREKTOR: Warum hast du dann vorhin gesagt, er hat dich auf den Stuhl gedrückt?

BILL: Er hat's getan.

DIREKTOR: Ich dachte, du hast gerade gesagt, dass du dich freiwillig hingesetzt hast, als er dich darum bat. Wenn du es getan hast, warum hätte er dich dann auf den Stuhl drücken sollen?

BILL: (Schweigen)

DIREKTOR: Irgend etwas stimmt hier nicht, Bill.

BILL: Na ja, als er auf mich zukam, sagte er, ich soll Joe in Ruhe lassen; und ich sagte, ich würde es nicht zulassen, dass er mit meinen Sachen rummacht.

DIREKTOR: Und was geschah dann?
BILL: Er sagte: »Setz dich hin, und ich kümmere mich darum.« Ich sagte, er soll besser von hier verschwinden.
DIREKTOR: Wo war Joe zu dieser Zeit?
BILL: Wieder auf seinem Platz.
DIREKTOR: Warum dann die ganze Aufregung?
BILL: Ich wollte sichergehen.
DIREKTOR: Sicher wegen was?
BILL: Dass er nicht zurückkommen würde. K. sagte: »Setz dich hin.« Deshalb sagte ich, ich setze mich nicht hin, wenn der Joe nicht von meinen Sachen wegbleibt.
DIREKTOR: Was geschah dann?
BILL: K. sagte: »Setz dich hin.«
DIREKTOR: Und dann?
BILL: Er setzte mich hin.
DIREKTOR: Was geschah dann?
BILL: Ich sagte: »Lass mich los, du Arschloch.«
DIREKTOR: Und dann?
BILL: Er nahm mich mit raus in den Gang und sagte, ich darf nicht so zu ihm sprechen. Und dann rief er hier an, und der Counselor kam mich abholen.
DIREKTOR: Mit anderen Worten, du hast dich geweigert, dich hinzusetzen und mit dem Streit aufzuhören.
BILL: Ja.
DIREKTOR: Und als K. dich hinsetzte, hast du ihn beschimpft, wo alle dabei waren.
BILL: Ja.
DIREKTOR: Warum?
BILL: Warum sollte ich zulassen, dass der blöde Joe meine Sachen versaut?
DIREKTOR: Hat er es immer noch gemacht?
BILL: Nein.
DIREKTOR: Warum hast du dann deswegen den Lehrer beschimpft?
BILL: (Schweigen)
DIREKTOR: Das war nicht der Grund, weshalb du ihn beschimpft hast, nicht wahr?

BILL: Was meinst du damit?
DIREKTOR: Nun, wie kann das der Grund sein, wenn Joe gar nichts mehr machte?
BILL: (Schweigen)
DIREKTOR: In Wahrheit hast du K. beschimpft, weil er darauf bestand, dass du dich hinsetzt. Er hat nicht gesagt, es sei in Ordnung, dass Joe deine Sachen versaut – oder?
BILL: Nein.
DIREKTOR: Aber du hast es ihm vor der ganzen Klasse gegeben, weil er dich hingesetzt hat, als du dich nicht von selbst hinsetzen wolltest.
BILL: Das stimmt.
DIREKTOR: Aber ist das richtig?
BILL: Er hat kein Recht, mich auf meinen Platz zu setzen. Ich brauche mich nicht hinzusetzen, wenn ich nicht will.
DIREKTOR: Nun sag mir mal: Wo glaubst du wohl, könntest du mit solchem Verhalten durchkommen? In welcher Schule könntest du einfach hinter einem Kind herrennen, wenn der Lehrer dir gerade gesagt hat, du sollst auf deinem Platz bleiben?
BILL: (Schweigen)
(Aus: Redl, F. u. Wineman, D., Controls from Within, New York 1952, 264 ff.; zit. n. Fatke, R. 1988, 133 ff.)

Redl gegenüber erzählte Bill die Ereignisse in der Schule in seiner verzerrten Wahrnehmung: Der Lehrer habe etwas gegen ihn, er habe nichts getan. Redl versucht nun im Gespräch Schritt für Schritt, Bill die Vorgänge rekonstruieren zu lassen, ohne ihm Schuldgefühle zu machen. Er gab ihm die Möglichkeit, Realität adäquat zu erleben, und glaubte, damit das Ich zu stärken. Das Realitätsprinzip wurde quasi »einmassiert«. Das Entfremden von Symptomen und die Anpassung an die Realität sollte erfolgen, indem Redl ihn zum Schluss fragte: In welcher Schule könntest du ein Kind schlagen und den Lehrer beschimpfen?

Ich denke, dass der ichpsychologische Ansatz Redls und Winemans zu einer Fülle von neuen Möglichkeiten der pädagogischen und therapeutischen Arbeit mit aggressiven Kindern beigetragen hat. Das Ich wird nicht mehr nur durch Identifizierung und einfühlsame Versagungen gestärkt, sondern durch differenzierte und den jeweiligen Abwehrkonstellationen entsprechende pädagogische und therapeutische Maßnahmen. Vor allem haben Redl und Wineman gezeigt, dass pädagogische Eingriffe, therapeutische Wirkungen im Sinne von Ich-Stärkung haben und damit richtungsweisende Schritte für eine psychoanalytische Pädagogik aufgewiesen. Ich kenne keine Arbeit, die eine solche Fülle von Anregungen und Hilfen zum Verstehen aggressiver Kinder bietet und damit auch eine Ich-Stützung des Pädagogen betreibt wie die Arbeiten von Redl und Wineman. Dass pädagogische Reaktionen oder auch nur kleine Gesten, wie Handauflegen beispielsweise, eine das Ich unterstützende Reaktion sein können, trägt zur Reflexion des pädagogischen Handelns bei.

Das Problem der ichpsychologischen Orientierung Redls und Winemans scheint mir aus heutiger Sicht zu sein, dass mit der Konzentration auf die Arbeit des Ichs die Bedeutungen von Identifizierung, Übertragung und Gegenübertragung aus dem Blick gerückt wurden und die Anpassung an die Realität bei ihnen zu stark im Mittelpunkt stand. Konnte die Triebpsychologie Aichhorns die Arbeit des Ich nicht differenziert genug beschreiben, so gingen mit der ichpsychologischen Sicht Redls und Winemans wichtige Aspekte der Beziehung verloren. Zwar ist für Redl die liebevolle, konstante Zuwendung als Milieu wichtig, im Mittelpunkt der Arbeit stehen aber das Ich und die Anpassung an die Realität.

Obwohl Redl und Wineman selbstverständlich das Verhalten der Kinder als Übertragung erkennen, sind die Ausführungen zur Übertragung nicht zufällig auf wenige Seiten in nur einem der drei Bücher (1984, 217ff.) beschränkt. Gegenübertragung wird bei Redl und Wineman nicht erwähnt. Ich frage mich oft beim Lesen der Arbeiten Redls und Winemans, ob die stark medizinisch ausgerichteten Begriffsbezeichnungen »einmassieren«, »chirurgischer Eingriff«, »anatomischer Lageplan des Ichs« etc. ein Ausdruck von Abwehr sind, ein Versuch, Distanz zu halten, weil aggressive Kinder ja heftigste, oft extrem aggressive Gefühle bei

Therapeuten und Erziehern hervorrufen. Da Redl und Wineman immer wieder von »antiseptischen« Maßnahmen sprechen, frage ich mich, ob sie unbewusst Angst vor Ansteckung und damit Kontrollverlust hatten und diese Angst durch eine medizinische Betrachtung des Ichs abwehrten? Gerade die heftigen Gefühlsreaktionen von Pädagogen und Therapeuten in der Arbeit mit aggressiven Kindern und Jugendlichen weisen auf die Notwendigkeit hin, neben der Arbeit am Ich auch die Prozesse von Übertragung und Gegenübertragung zu reflektieren. Mit der Entwicklung der Selbstpsychologie und Objektbeziehungstheorie innerhalb der psychoanalytischen Theorie rückte die Reflexion von Übertragung und Gegenübertragung, die Selbstreflexion der Therapeuten, wieder stärker in den Mittelpunkt.

5. Die Bedeutung der Strafe bei aggressiven Kindern

Häufig besteht die Vorstellung, Psychoanalyse sei mit Strafe nicht vereinbar. »Mit der Zeit können vielleicht auch andere antisoziale Gruppen als Kranke behandelt werden, statt dass man sie bestraft«, so Winnicott (1988, 260). Therapie wird anstelle von Strafe gefordert. Gerade aggressive Kinder provozieren aber das Bestraftwerden, so wie erwachsene Gewalttäter die Bestrafung in Form von Gefängnis provozieren. Mir scheint es von daher notwendig, sich mit der Bedeutung von Strafe auseinanderzusetzen.

Winnicott (1988) sieht in der Bestrafung in Gefängnissen und Erziehungsanstalten den unmittelbaren Ausdruck der Funktion des Gesetzes, nämlich die Rachegefühle der Gesellschaft zu befriedigen (ebd, 260). Unbewusst sei im Strafbedürfnis ein Rachegefühl enthalten. Strafe diene somit der Gesellschaft, der Täter als Kranker sei kaum in der Verfassung, von der Strafe zu profitieren, entwickle eher masochistische Züge, um sich gegen die Strafen zu wappnen (ebd., 266). Winnicott sieht nur einen positiven Aspekt von Strafen, der aber fast nie eintrete: »Wenn z. B. ein Junge … die Existenz eines Vaters überhaupt in Frage stellt, kann er die Sicherheit, einen Vater zu haben, dadurch wieder gewinnen, dass dieser strenge Maßnahmen ergreift, wenn der Junge sich antisozial verhält. Aber eine solche Situation ist selten, und in einer Anstalt gibt es sie wahrscheinlich überhaupt nicht. Strafen haben nur dann einen Wert, wenn sie für den Heranwachsenden genau die starke, geliebte und zuverlässige Vaterfigur wieder lebendig werden lassen, die er verloren hatte. Jede andere Art von Strafe muss als blinder Ausdruck der unbewussten Rachegefühle der Gesellschaft bezeichnet werden« (ebd., 266f.).

Der positive Aspekt der Strafe ist bei Winnicott die Stärkung der männlichen Geschlechtsidentifikation mit einem die Gesellschaft repräsentierenden, liebevollen Vater. Gehen wir davon aus, wie bereits beschrieben, dass gerade die männlichen Kinder und Jugendlichen in ihrer Dissozialität den Vater zur Erlangung männlicher Geschlechtsidentität suchen, so ist in der Art der Bestrafung die traumatische Vaterbeziehung symbolisch präsent. Eine sadistische Bestrafung wiederholt die negative Vaterbeziehung, während eine positive Bestrafungssituation dem Wunsch nach einer starken, liebevollen Vaterfigur nachkommt.

Aus psychoanalytischer Sicht ist die Gefahr des Strafens die unbewusste Haltung dessen, der bestraft. Kommen in der Strafe unbewusst oder bewusst sadistische Impulse oder Rachegefühle zum Tragen, kann die Strafe nur das Selbst des Täters schwächen, was den Kreislauf von Angst und Aggression weiter in Gang hält.

Winnicott kommt mit seinen Gedanken zur Vaterrepräsentanz in der Strafhandlung der Lacanschen Schule nahe (vgl. Heinemann und Hopf 2001, 238), welche die Bedeutung des Vaters als Repräsentant des Gesetzes und der Realität für die menschliche Entwicklung betont. Das Kind muss in seiner Entwicklung die Gesetze der Realität anerkennen und eine omnipotenten Verleugnung des Mangels und des Vaters aufgeben.

Die Gelegenheit zur Wiedergutmachung führt nach Winnicott (1988) zur Fähigkeit der Besorgnis, d.h. dem Bewältigen von Schuldgefühlen und der Übernahme von Verantwortung für die eigenen aggressiven Triebe. Das unreife Kind hat nach Winnicott zwei Mütter: die Objekt-Mutter und die Umwelt-Mutter. Besorgnis entsteht, wenn die Umwelt-Mutter (schützende, versorgende Mutter) und Objekt-Mutter (als Ziel der Triebe) im Inneren des Kindes zusammenkommen (ebd., 136). Umwelt-Mutter und Objekt-Mutter sind dabei Teilobjekte. Hier lehnt sich Winnicott an das Konzept von Melanie Klein an, die Wiedergutmachung als Ausdruck der depressiven Phase bezeichnet. »Das Versagen der Objekt-Mutter, zu überleben, oder das Versagen der Umwelt-Mutter, zuverlässig für Gelegenheiten zur Wiedergutmachung zu sorgen, führt zu einem Verlust der Fähigkeit der Besorgnis und an ihrer Stelle zu nackter Angst und primitiven Abwehrmechanismen wie Spaltung und Desintegration« (ebd., 139).

Die Umwelt aggressiver Kinder hat nach Winnicott die Aufgabe der Objekt-Mutter, die Destruktivität zu überleben, und die Aufgabe der Umwelt-Mutter, Gelegenheiten zur Wiedergutmachung zu bieten, um das Stadium der Besorgnis zu ermöglichen. »Sie können die Wiedergutmachung aber auch so betrachten, dass da jemand eine innere Kraft entwickelt, die ein Ertragen der Destruktivität möglich macht, die zum Wesen des Betreffenden gehört. Wenn sie die Wiedergutmachung irgendwie blockieren, dann wird der Betreffende mehr oder weniger unfähig, Verantwortung für seine destruktiven Triebe zu übernehmen« (ebd., 185).

»Selbst wenn die Destruktivität zwanghaft und unsinnig ist, ist sie doch ehrlicher als eine Konstruktivität, die sich nicht wirklich auf ein Schuldgefühl gründet, das als echtes Gefühl dann entsteht, wenn man die eigenen destruktiven Impulse dem guten Objekt gegenüber akzeptiert, also die Integration innerer Bilder und damit das Stadium der Besorgnis erreicht hat« (ebd., 186).

Winnicott setzt Gelegenheit zur Wiedergutmachung an die Stelle von Strafe. Er übersieht dabei, dass es im pädagogischen Alltag häufig Situationen gibt, in denen die Idealsituation, dass das Kind Einsicht in sein Verhalten hat und Wiedergutmachung leisten möchte, oft noch nicht vorhanden ist. Wenn ich meine Schüler einen angemessenen Teilbetrag der zerstörten Fensterscheiben von ihrem Taschengeld bezahlen ließ, war das Ziel zwar Wiedergutmachung, aber es war auch eine Strafe, denn sie hätten das Geld sicher lieber behalten. Die entscheidende Frage ist, ob es auch Formen der Strafe gibt, die das Selbst, das Ich und das Über-Ich der Kinder und Jugendlichen stärken und wie sie sich von der Gelegenheit zur Wiedergutmachung unterscheiden.

Redl (1971, 204 ff.) hatte aufgrund seiner ichpsychologischen Orientierung keine Schwierigkeiten, Aspekte wie Grenzziehung und Strafen in sein Behandlungsmodell zu integrieren. Die Frage »Gewähren lassen oder Strafen« sei eine Fangfrage, gegen die man angehen müsse. Er untersuchte, unter welchen Bedingungen Grenzziehung und Strafen Ich-unterstützend sind. Bei Grenzen gehe es darum, dass Kinder sie verinnerlichen und auch innerhalb dieser Grenzen leben wollen. Redl gibt wieder eine Fülle von klassisch pädagogischen Beispielen, 20 an der Zahl, mit denen man Grenzziehungen erreichen könne, zum Beispiel durch Belohnungen, Appelle, Bewusstmachung und Beseitigung von emotionalen Spannungen, Hilfestellung bei der Überwindung von Hindernissen. Das Psychoanalytische ist dabei die Selbstreflexion des Erwachsenen: »Die Frage, welches Verhalten von Erwachsenen welche Wirkungen auf Kinder hat, muss ebenso auf Dosierung, Wahl des günstigen Zeitpunkts und Nebenwirkungen untersucht werden wie ein kompliziertes pharmazeutisches Rezept« (ebd., 206).

Wie eine Grenzziehung eingesetzt wird, die richtige Dosierung und der richtige Zeitpunkt, ist Ausdruck der inneren Haltung des Erwachsenen und entscheidet über die Ich-stützende oder das Selbst schwächende Wirkung einer Grenzziehung oder auch Strafe.

Redl fragt folgerichtig, welche Voraussetzungen erfüllt sein müssen, damit Bestrafung einen positiven, das Ich unterstützenden Effekt hat. Strafe ist bei Redl der bewusste Versuch eines Erwachsenen, das Verhalten von Kindern (einzeln oder in Gruppen) dadurch zu steuern, dass er sie einem Unlusterlebnis oder einer unangenehmen Erfahrung aussetzt« (ebd., 208). Sadistische Rachsucht des Erwachsenen bezeichnet er als ein unsinniges, grausames, niederträchtiges und pathologisches Verhalten des Erwachsenen, das nicht als Strafe zu bezeichnen sei. Die entscheidende Frage, wie lange ein Kind im Stadium der Bestrafung bleiben soll, hängt nicht von dem ab, was das Kind verdient, oder von anderen

Variablen, sondern von der Fähigkeit, das Erlebnis der Strafe ertragen zu können. Körperliche Strafen sind prinzipiell nicht förderlich.

Der Erwachsene muss sich fragen, welche Form der Strafe er anwendet und was das Kind mit dem Erlebnis, das die Strafe in ihm auslöst, macht. Wie wird das Ich des Kindes das Straferlebnis verarbeiten? Das Kind muss Anlass und Ursache der Strafe unterscheiden können. Anlass ist der bestrafende Erwachsene, die Ursache dagegen das Verhalten des Kindes. Es trifft niemand anderen die Schuld als das Kind selbst. Es muss seinen Ärger internalisieren. Sein Ärger soll sich in neutralisierte Energie umwandeln und die Energie soll sich dann ein sinnvolles Ziel suchen. Damit soll eine gesteigerte Triebkontrolle und der gute Vorsatz für Besserung erreicht werden. Es muss genügend Optimismus übrig bleiben, dass sich seine Verhaltensänderung lohnt. Energien sollen für Selbstkontrolle frei werden und für die Antizipation bei der nächsten Verlockung.

Entscheidend bei der Verarbeitung eines Straferlebnisses sind auch nach Redl Wiedergutmachungsrituale, deren Ziel es ist, nicht die betreffende Person zu bestrafen, sondern der betreffenden Person zu helfen, wieder in ihrer Gruppe aufgenommen zu werden. Wiedergutmachung, zum Beispiel den Raum aufzuräumen, den man in Unordnung gebracht hat, ermöglicht dreierlei: Es gibt ein gutes Gefühl und das Kind darf sein unrichtiges Verhalten vergessen. Es zwingt die anderen zu verzeihen und das Kind kann sich wieder im Einverständnis fühlen, die Schuldgefühle können so verarbeitet werden. Der Zweck des Strafens sollte im Wiedergutmachen liegen (ebd., 214).

Auch die abschreckende Wirkung einer Strafe hängt von den Ich-Funktionen ab, nämlich der Fähigkeit, aus der Strafe zu lernen. Kinder mit Omnipotenzfantasien wehren die Vorstellung ab, sie könnten erwischt werden und von Strafe betroffen sein, und sind völlig immun gegen Abschreckung.

Neben der Angemessenheit der Art des Eingreifens ist für Redl der wichtigste Punkt beim Strafen, dass das Kind während und nach der Strafsituation in seinem Ich unterstützt wird. Entscheidend ist die Botschaft von der Haltung und Absicht des Erwachsenen, der gesamten Atmosphäre, der gefühlsmäßigen Absicht, mit der wir strafen. Das Kind muss letztendlich mit der Grundeinstellung fertig werden, die wir ihm entgegenbringen, so Redl. Es ist also nicht die Strafe selbst, sondern die Einstellung des Strafenden, welche entscheidend zur Verarbeitung des Straferlebnisses beiträgt.

Der entscheidende Unterschied zwischen einer Pädagogik und einer psychoanalytischen Pädagogik besteht also darin, dass der Erzieher in der psychoanalytischen Pädagogik seine Affektivität reflektiert, die affektive Bedeutung seiner pädagogischen Handlung für den Schüler versteht und daran sein pädagogisches Handeln orientiert. Strafe kann unter diesen Umständen Ich-unterstützend sein, unterstützt sie doch die realistische Wahrnehmung des Selbst und der Umwelt im Gegensatz zur Omnipotenzfantasie. Sie zeigt Wege, Schuldgefühle zu verarbeiten, ermöglicht Empathie mit dem Opfer. Gelegenheit zur Wiedergutmachung unterscheidet sich vielleicht dergestalt von der Strafe, dass hier dem Kind selbst mehr Spielraum gegeben wird. Idealerweise soll das Kind Einsicht in sein schädigendes Verhalten erlangen und selbst Ideen entwickeln, wie es den Schaden wieder gutmachen kann. Damit sind Ich und Über-Ich der Kinder gestärkt. Da aggressive Kinder in der Regel ihre Schuldgefühle nicht verarbeiten können, leiden sie unter einem, wie Melanie Klein es beschreibt, archaischen, sadistischen Über-Ich, das meist in die Umwelt projiziert und dort bekämpft wird. Eine sadistische Strafreaktion entspricht dann einer projektiven Identifizierung des Erwachsenen mit den auf diese Weise externalisierten Über-Ich-Anteilen der Kinder. Ein Klima des zu starken Gewährenlassens ohne Grenzziehungen dagegen fördert die omnipotente Wahrnehmung des Kindes, die Abwertung der Pädagogen und damit den Durchbruch der Aggression. Diese Haltung des Erwachsen entspricht oft dem Ich des Kindes, das sich seinen eigenen sadistischen Impulsen hilflos ausgeliefert fühlt und kapituliert. Dem nachzugeben kann nicht förderlich sein.

II. PSYCHOANALYSE UND PÄDAGOGIK IM UNTERRICHT DER SONDERSCHULE
(Evelyn Heinemann)

1. Jürgen: Szenisches Verstehen und fördernder Dialog

Am Beispiel eines Schülers aus meiner Klasse der Sonderschule für Erziehungshilfe möchte ich aufzeigen, wie die psychische Entwicklung aggressiver Kinder und Jugendlicher mit Hilfe einer psychoanalytischen Pädagogik im Unterricht der (Sonder)Schule gefördert werden kann. Ich habe in meiner Arbeit als Sonderschullehrerin immer wieder die Erfahrung gemacht, dass durch die Rahmenbedingungen wie etwa kleine Klassen und Klassenlehrerprinzip – ich unterrichtete meine Klassen in fast allen Fächern, also jeden Tag etwa sechs Stunden – eine so intensive Beziehungsarbeit mit meinen Schülern möglich war, dass sich erstaunliche Entwicklungsfortschritte erzielen ließen, die auch nach einem Klassen- oder Schulwechsel anhielten. Aus diesen Erfahrungen heraus halte ich die Einbeziehung psychoanalytischer Erkenntnisse in den Unterricht für eine wichtige Aufgabe der Psychoanalyse und der Pädagogik. Dass die Bedingungen der Sonderschulen nicht nur entwicklungsfördernd sind, werde ich noch weiter ausführen (vgl. Kap. 3).

Jürgen war ein 13-jähriger Schüler, der bereits vier Jahre in einem Erziehungsheim lebte, als ich an die dem Heim zugehörige Sonderschule berufen wurde. Ich übernahm die Klasse, in der Jürgen war. Mit Beginn dieses Schuljahres wurde er aus dem Heim entlassen und konnte wieder bei der Mutter wohnen. Er besuchte aber weiterhin die Sonderschule, also meine Klasse.

Bevor ich die Schüler meiner Klasse kennen lernte, wurde ich schon von Erzieherinnen und der Konrektorin auf Jürgen aufmerksam gemacht, der große Probleme machte. Alle waren besorgt, wie Jürgen den Lehrerwechsel und den gleichzeitigen Wechsel zur Mutter verkraften würde. Jürgen wurde mir als besonders aggressiv und bedrohlich geschildert. Die starken Bedenken der Pädagoginnen,»dass ich mit Jürgen nicht fertig werden würde«, ließen mich immer ängstlicher werden. Schließlich fühlte ich mich bereits von Jürgen bedroht, bevor ich ihn überhaupt kennen lernte.

Als ich das Klassenzimmer betrat, verstärkte sich meine Angst vor Jürgen. Er war kräftig, etwas füllig in seinem Körperumfang und drohte immer wieder »auszuflippen«, wie er es nannte. Er wollte im Unterricht mitarbeiten, fragte mich ständig irgendetwas und bei dem geringsten Gefühl, dass ich ihn nicht beachte oder dass er die Aufgabe nicht lösen könne, drohte er, andere Schüler zu schlagen oder Gegenstände im Klassenzimmer zu zerstören. Ich sah mich gezwungen, ihn ständig im Auge zu behalten, was ihn zu beruhigen schien, denn er meinte gleich nach dem ersten Tag, ich sei eine tolle Lehrerin.

Angst vor Jürgen hatten auch die Erzieherinnen seiner Gruppe und seine Mutter, die ich gleich am zweiten Schultag kennen lernte. Jürgens Mutter begrüßte mich mit musterndem Blick. Sie war misstrauisch, ob ich »schmächtige« Frau (Jürgens Mutter war ausgesprochen korpulent) mit ihrem Sohn »fertig werden würde«. Da ich aber den ersten Schultag überstanden hatte und Jürgen begeistert von mir nach Hause kam, war sie in ihrer Einschätzung etwas verunsichert. Während der ganzen Zeit als Jürgens Klassenlehrerin entwickelte sie aber nie das Vertrauen, dass ich mit ihrem schwierigen Sohn zurechtkommen könnte. Sie war immer in der Erwartung, dass ihr Sohn durch seine Aggression wieder Probleme erzeugen werde.

Jürgens Mutter erzählte mir, dass die Ehe mit ihrem Mann schon sehr schlecht war, als sie mit Jürgen schwanger war. Sie habe Jürgen eigentlich schon während der Schwangerschaft nicht mehr gewollt, im Gegensatz zu dem vier Jahre älteren Bruder. Sie frage sich oft, ob Jürgen vielleicht deshalb so schwierig sei. Der große Bruder mache überhaupt keine Probleme. Als Jürgen drei Jahre alt war, habe der Vater die Familie verlassen. Sie waren damals Flussschiffer; in diesem Beruf waren sie immer unterwegs und hätten so zu niemandem intensiven Kontakt gehabt. So habe es viel Krach gegeben. Nach der Trennung habe sie es sehr schwer gehabt, die Kinder zu versorgen. Sie lebe seitdem von Sozialhilfe in einer kleinen 2-Zimmer-Wohnung mit

Jürgen und dessen Bruder. Jürgen sei schon im Kindergarten sehr aggressiv gewesen. Er musste aus dem Kindergarten herausgenommen werden. In der Grundschule gab es immer wieder Probleme, weil er andere Schüler schlug. Nachdem er mehrmals auch die Klassenlehrerin angegriffen hatte, wurde er in das Heim und die Sonderschule überwiesen. Die Mutter erzählte, dass sie eigentlich immer nur Angst vor Jürgen habe. Deshalb gebe sie immer nach, wenn er etwas wolle.

Etwa am dritten Schultag gab ich Geschichtsunterricht. Es stand das Thema »die Steinzeit« an. Ich brachte Bilder mit, auf denen die Menschen der Steinzeit in Fellen vor und in ihren Höhlen am Feuer saßen. Die Schüler lasen Texte über den Alltag in der Steinzeit, und ich hatte ein Arbeitsblatt vorbereitet, auf dem bestimmte Aussagen den Bildern zugeordnet werden sollten. Jürgen war begeistert von den Höhlenmenschen und wollte unbedingt das Arbeitsblatt richtig ausfüllen. Geschichtsunterricht war nun für den Rest des Schuljahres sein Lieblingsunterricht, und er war besonders glücklich, wenn er in einer Geschichtsarbeit eine Eins bekam.

Bei schriftlichen Arbeiten hatte Jürgen heftige Angst, die Aufgaben nicht lösen zu können. Ich musste immer neben ihm stehen, bei jedem Wort, das er schrieb, musste ich meine Miene verziehen in Richtung »richtig oder falsch«, weil er drohte, sofort das Blatt zu zerreißen und die Einrichtungsgegenstände zu zerstören, wenn er das Gefühl bekam, die Aufgabe nicht lösen zu können. So stand ich meist neben ihm, legte sogar hin und wieder beruhigend meine Hand auf seine Schulter. Ich war jedes Mal erlöst, wenn er das Blatt abgegeben hatte. Besonders schlimm war es bei Klassenarbeiten, da er diesem Leistungsdruck noch gar nicht gewachsen war. Durch meine Hilfe schaffte er es, die ersten Monate im Unterricht nur die Noten 1 und 2 zu schreiben, was seine Fantasien nährte, er könne alles und sei superschlau. Da auch die anderen Schüler starke Versagensängste hatten, gestaltete ich die Arbeiten so einfach, dass fast alle Schüler nur gute Noten bekamen.

Schaute er mich anfangs noch nach jedem Wort an, um sich zu vergewissern, wurden die Phasen allmählich länger, die ich von seiner Seite weichen konnte. Ich reduzierte meinen Beistand in dem Maße, wie er es ertragen konnte.

Szenisches Verstehen und fördernder Dialog

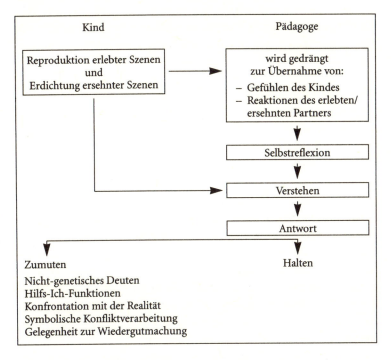

Der fördernde Dialog beruht nach Leber (1988) auf der Produktion von Szenen durch das Kind, der Teilhabe (Einfühlung), dem Verstehen und der Antwort des Pädagogen. Der Pädagoge versteht und gibt dem Kind eine Antwort. Das Kind erwartet eine Lösung seines Problems, die Erfüllung seiner Bedürfnisse und Entlastung von bedrängenden überwältigenden Erlebnissen, so Leber (ebd., 52).

Die Szenen, in die das Kind den Pädagogen verstrickt, sind dabei nach Lorenzer (1973, 142f.) Wiederholungen von erlebten Szenen, aber auch Erdichtungen von ersehnten Szenen. Auf den letzten Aspekt, der gerade bei narzisstischen Problemen – also auch bei aggressiven Kindern – eine große Rolle spielt, hat besonders Leber aufmerksam gemacht.

Das Kind verstrickt die Pädagogen in Szenen und löst bei ihnen emotionale Reaktionen aus. Es drängt beispielsweise die Pädagogen, sich so zu fühlen, wie es sich in früheren Szenen fühlte. Das Kind kann aber auch Reaktionen provozieren, in denen der Pädagoge reagiert wie ein früherer Interaktionspartner des Kindes. Reflektieren die Pädagogen aber diese Gefühle, anstatt so zu reagieren, wie das Kind es erwartet, kann es neue Erfahrungen machen, können sich seine inneren Bilder verändern. Szenisches Verstehen beruht auf der Selbstreflexion des Pädagogen und dem Verständnis von Szenen als Reproduktion (aufgrund des Wiederholungszwangs) früherer Erfahrungen und der Erdichtung ersehnter Szenen.

Aus Sicht der Objektbeziehungstheorie können wir auch sagen, dass das Kind in diesen Szenen Selbstrepräsentanzen oder Objektrepräsentanzen auf den Pädagogen projiziert und diesen drängt, sich mit seinen Projektionen zu identifizieren (vgl. Ogden 1988). Der Pädagoge reagiert dann beispielsweise wie ein früherer Elternteil (zumindest so, wie das Kind ihn empfand), oder er fühlt sich genauso, wie das Kind sich in früheren Interaktionen fühlte (ängstlich, ohnmächtig, hilflos etc.). Die Selbstreflexion des Pädagogen ermöglicht so ein Verstehen der inneren Bilder des Kindes.

Die Antwort des Pädagogen besteht nach Leber aus dem dialektischen Verhältnis von Halten und Zumuten. Die haltende Funktion ist dabei die Unterstützung, die Liebe und das Vertrauen, das die Pädagogen in ihrer Reaktion vermitteln können und die das Selbst des Kindes durch positive Spiegelung stärkt. Zumuten ist nach Leber das vorsichtige Abschätzen, was der andere an Problemlösung verwenden kann. Leber verdeutlicht das Zumuten vor allem an der angemessenen Deutung, Deutung als Antwort auf die Szene. Ich möchte an Jürgens Beispiel aufzeigen, dass gerade in der Arbeit mit aggressiven Kindern und Jugendlichen weitere Antworten relevant, bedeutsam und hilfreich sind, etwa das nicht-genetische Deuten, die Übernahme von Hilfs-Ich-Funktionen, die Konfrontation mit der Realität, die symbolische Konfliktverarbeitung und die Gelegenheit zur Wiedergutmachung. Das Zumuten stärkt und unterstützt die Ich-Funktionen.

An Jürgens Beispiel möchte ich einen solchen fördernden Dialog aufzeigen. Jürgen erzeugte in mir Gefühle der extremen Unsicherheit und Angst. Jeden Moment fürchtete ich, dass seine Bereitschaft mitzuarbeiten durch plötzliche Aggression unterbrochen wird. Nur ständiger Blickkontakt und Nähe beruhigten ihn. Ich hatte kein Vertrauen. Ich verstand dies als seine innere Situation, als Wiederholung einer inneren Erfahrung, einer Angst vor der Unzuverlässigkeit des anderen. Seine Aggression sah ich als Versuch, meine Nähe und Sicherheit zu erzwingen, mich zu kontrollieren. Im Sinne von Kohut können wir auch sagen: Spiegelung zu erzwingen durch narzisstische Wut (»Ich hatte Jürgen ständig im Auge«).

Besonders beruhigend wirkte auf ihn das Bild der Steinzeit. Dies war seine ersehnte Szene: in und vor der Höhle (dem Mutterleib) zu leben. Nur in der Urzeit fühlte er sich geborgen – oder wenn ich ganz dicht neben ihm stand. Eine »Eins« in der Geschichtsarbeit brachte ihn der Erfüllung seiner Fantasie näher, bot ihm aber auch die Möglichkeit, über Größenfantasien die innere Angst abzuwehren.

Jürgen inszenierte also erlebte Szenen von Angst und Hilflosigkeit, aber auch ersehnte Szenen von Nähe und Geborgenheit. Er erzeugte in mir, bei allen Erziehern und bei der Mutter heftige Angst, die ich als seine Angst verstand, d. h., meine Gefühle (Selbstreflexion) ließen mich ihn verstehen, und ich gab ihm die beruhigende Antwort von Nähe und Geborgenheit. Ich übernahm haltende Funktionen. Ich bot ihm so viel Nähe an, wie er brauchte. Die Antwort entstand dabei aus dem Prozess der Selbstreflexion und konnte wie hier symbolisch (über die Bilder der Steinzeit) und averbal (handelnd) durch Nähe ausgedrückt werden.

Diese extreme Sehnsucht nach Nähe und Spiegelung, die ich bei aggressiven Kindern immer wieder erlebte und die oft mit der Bemerkung abgewehrt wird: »Der will ja nur Aufmerksamkeit erzielen«, wirft natürlich die Frage nach dem Befinden der anderen Schüler auf, wenn ich mich als Lehrerin so intensiv einem Schüler zuwende. Zuerst einmal hatte ich in der Sonderschule kleine Klassen, so dass ich mich allen Schülern intensiv zuwenden konnte.

Gelegentlich hatte ich nur sechs Schüler in der Klasse. Ich hatte aber auch die Möglichkeit, mich Schülern in Einzelgesprächen in den Pausen oder nach dem Unterricht gesondert zuzuwenden. Differenzierungen im Unterricht erlaubten mir, wechselweise mit einer Kleingruppe zu arbeiten, während ein anderer Teil der Klasse von Kollegen unterrichtet wurde.

In der Klassensituation übernahm Jürgen aber auch in der Anfangszeit die Rolle des Protagonisten. Stellvertretend für die Gruppe prüfte er, ob ich ihn und seine Aggression aushalte. Gleichzeitig hatten die Schüler auch Angst vor Jürgen. Indem es mir gelang, dass Jürgen nicht »ausflippte«, konnten auch sie sich beruhigen. So hatten sich die anderen Schüler nie beschwert, dass ich Jürgen bei den Arbeiten half. Ich bemühte mich natürlich, auch ihnen bei den Arbeiten zu helfen, und hatte, gerade wenn ich beruhigend neben Jürgen stand, die Möglichkeit, die anderen Schüler anzuschauen. So erlebten sie die räumliche Nähe zu Jürgen nicht als Beziehungsabbruch zu ihnen oder als Bevorzugung.

Das Halten zur Stärkung des Selbst reicht aber für eine Arbeit mit aggressiven Kindern und Jugendlichen nicht aus.

Nach etlichen Wochen ließ ich eine Geschichtsarbeit schreiben, die Jürgen relativ selbstständig verfasste. Als ich die Arbeit zu Hause korrigieren wollte, sah ich, dass ich ihm aufgrund des der Klasse bekannten Notenschlüssels nur eine 4 geben konnte. Nun überlegte ich lange, ob ich ihm dies zumuten könne. Ich entschied mich dafür, den Grund werde ich anschließend erläutern. Als ich ihm die Arbeit in die Hand gab und schon beruhigende Worte formulierte, hörte er gar nicht zu, sah die Note, beschimpfte mich, zerriss das Blatt, rannte zur Tür hinaus und schlug diese, so heftig er konnte, hinter sich zu. Das Klassenzimmer bebte, die Fensterscheiben vibrierten. Er rannte aus der Schule, zerschlug noch die Glasscheibe der Eingangstür der Schule und lief nach Hause.

Während dieser Szene stand ich regungslos im Klassenzimmer und spürte, dass ich das erste Mal keine Angst mehr vor Jürgen hatte. Während alles um mich herum bebte, hatte ich die Fantasie, ich bin ein Fels in der Brandung, nichts kann mich erschüttern.

Als Jürgen nach dem Zerreißen der Geschichtsarbeit am nächsten Tag wieder in die Schule kam, lächelten wir uns an. Ich sagte ihm, dass ich mich freue, dass er wieder da sei, und dass ich in der Pause mit ihm sprechen möchte über das, was ihn so verletzt habe.

Während des Einzelgesprächs sagte ich ihm, dass er gestern wohl so wütend über die 4 war, weil es ihn kränkte, und dass er vielleicht Angst habe, weil eine 4 ihm das Gefühl gebe, wertlos zu sein. Ich sagte ihm, dass die Note nur etwas aussage über die Anzahl der Punkte, die jemand in der Geschichtsarbeit hat. Die Note sage nichts darüber aus, ob ich ihn gern habe oder nicht. Er lächelte.

Nach einigen Tagen holte ich aus meinem Schreibtisch die übriggebliebenen Schnipsel der Geschichtsarbeit. Ich hatte die Schnipsel eingesammelt, nachdem Jürgen weggelaufen war. Ich sagte ihm, dass er die Schnipsel wieder zusammenkleben könne, was er ablehnte. So setzte ich mich neben ihn und klebte in seiner Gegenwart die Schnipsel zusammen. Beeindruckt von meiner Mühe, war er bereit, dieses Blatt in seinen Geschichtsordner einzuheften.

Es kam in den nächsten Wochen hin und wieder vor, dass Jürgen eine 3 schrieb, woraufhin er jedes Mal wutentbrannt das Blatt zerriss. Er rannte aber nicht mehr weg und schlug auch keine Scheibe ein. Jedes Mal bot ich ihm nach einigen Tagen an, das Blatt wieder zusammenzukleben. Zuerst war er bereit, die Ecken des Blattes festzuhalten, damit ich es leichter zusammenkleben konnte, dann half er beim Zusammenkleben, und schließlich klebte er das Blatt selbst wieder zusammen. Irgendwann stand er bei einer schlechten Note nur noch vor mir mit der entsprechenden Handbewegung: »Soll ich?«, woraufhin ich nur sagte: »Wenn du willst, dann kleben wir es halt wieder zusammen.« Wir mussten beide lachen. Er bat später darum, die Arbeiten noch einmal abschreiben zu dürfen, damit seine Ordner so schön aussehen wie die der anderen Schüler und nicht diese geklebten Blätter enthalten.

Als ich die Geschichtsarbeit korrigieren wollte, saß ich zu Hause und grübelte, ob ich ihm eine 4 zumuten kann. Immer und immer wieder fragte ich mich dies. Es war eine seiner geliebten Geschichtsarbeiten. Dann aber verstand ich meine Frage als seine

Frage. Kann ich die Realität aushalten oder muss ich weiter in der Illusion leben? Kann ich den Sprung von der »Steinzeit« ins 20. Jahrhundert aushalten? Auf diese Frage musste ich ihm die Antwort geben: Ja, die Realität ist verlässlich und stabil.

Selbstreflexion ließ mich auch hier seine innere Welt verstehen. Dass ich ihm die richtige Antwort gab, spürte ich an meiner Reaktion auf seine Zerstörung. Ich hatte das erste Mal keine Angst mehr, sondern das Gefühl, ich stehe mit beiden Beinen auf dem Boden, während alles um mich herum wackelt.

Jürgen provozierte die Wiederholung von Enttäuschung, indem er das Arbeitsblatt fehlerhaft ausfüllte, in der Hoffnung, Stabilität und realistische Gefühle zu erhalten. Die Beziehung hatte seine Aggression ausgehalten. Ich hatte Versagung erzeugt, aber die guten Aspekte unserer Beziehung überwogen. So kam er am nächsten Morgen wieder. Er kam in die Schule und grinste mich an. Wir waren beide erleichtert.

In einem Einzelgespräch deutete ich ihm die Situation, allerdings im Sinne von nicht-genetischen Deutungen (Rohde-Dachser 1983, 196), d.h. Deutungen, die den Realitätsbezug verbessern und nur die aktuelle Beziehung betreffen. Ich erklärte ihm die Kränkung, die ich ihm zumutete, wies ihn aber auf den realistischen Anteil unserer Beziehung hin, dass ich seine Lehrerin bin und dass ich ihn weiterhin gern habe, auch bei einer schlechten Note.

Damit war seine innere Welt natürlich noch nicht schlagartig verändert. Gab ich ihm eine »Eins«, war er großartig und ich eine Super-Lehrerin, bei einer schlechten Note wurde ich beschimpft. Er fühlte sich dann völlig wertlos und wurde aggressiv.

Ich konfrontierte ihn mit der Realität, indem ich sowohl schützend als auch versagend war. Die Gefühle von Versagung und Hilflosigkeit, die er durch besondere Großartigkeit abzuwehren versuchte, konnte er ganz allmählich annehmen und in seine Persönlichkeit integrieren. Da ich darauf bestand, nicht nur gut oder nur böse zu sein, konnte er seine gespaltene innere Welt (Selbst- und Objektrepräsentanzen) integrieren. Dabei musste ich ihn halten und Hilfs-Ich-Funktionen übernehmen, d.h., ich näherte mich den schrecklichen Gefühlen stellvertretend, indem ich die Arbeitsblätter erst einmal selbst wieder zusammenklebte. Als Hilfs-Ich-Funktionen bezeichne ich dabei die Tätigkeiten zur Aufgabenbewältigung. Im Unterschied dazu ist die haltende Funktion die emotionale Stütze. Die haltende Einstellung stärkt das Selbst, während die Hilfs-Ich-Funktionen die Aufgaben des Ich (z. B. Reizschutz) unterstützen.

Mit der Annahme seiner abgespaltenen Anteile, den Gefühlen von Wertlosigkeit, Hilflosigkeit und Wut in Form der zusammengeklebten Arbeitsblätter, wurde Jürgens aggressives Verhalten geringer. Reagierte er noch auf die erste schlechte Note mit Gefühlen totaler Zerstörung, so stand er bei der zweiten schlechten Note nur noch hasserfüllt vor mir, rannte nicht mehr weg und zerschlug auch keine Scheibe mehr. Das zweite Arbeitsblatt zerriss er dagegen in winzig kleine Schnipsel, was bedeutete, dass er in diesem Moment genau wusste, dass ich ihn wieder mit der Realität der schlechten Note konfrontieren werde, d. h. ihn auffordern werde, dieses zusammenzukleben. Genau diese Antizipation ermöglichte ihm, nicht mehr mit starker Zerstörungswut zu reagieren. Das zweite zerrissene Arbeitsblatt zusammenzukleben war für mich äußerst schwierig, was Jürgen sehr freute.

Jürgen musste Realität nicht mehr mit Hilfe von Omnipotenzfantasien abwehren und verleugnen. Mit den Veränderungen seines inneren Erlebens konnte Jürgen sich, mich und den Unterricht, zum Beispiel das Arbeitsblatt, realistischer wahrnehmen. Die Spaltung (als Abwehr) seines Erlebens in total gut und total böse konnte durch die haltende Beziehung bearbeitet werden. Die Integration innerer Bilder ermöglichte eine Stärkung seines Selbst und seines Ich. Seine Aggressionen waren geringer geworden.

Etwa in diese Zeit fiel folgende Szene: Ich kam morgens in das Klassenzimmer, und Jürgen schaute mich gespannt an. Nach einiger Zeit sagte er: »Schauen Sie doch mal auf Ihren Schreibtisch.« Gespannt schaute ich auf meinen Schreibtisch, auf dem ein Abziehbild klebte. Es war ein grüner Frosch mit dickem Hals. Darunter stand gedruckt: »Blas dich nicht so auf!« Ich musste lachen. Stolz und grinsend rief er mich

zu seinem Tisch. Auf seinem Tisch klebte ebenfalls ein Abziehbild. Es war ein stehender Tiger, der seine Muskeln am ausgestreckten Arm zeigte. Darunter stand: »Ich bin der King.« Wir lachten beide.

Die Veränderungen in Jürgens innerer Welt zeigten sich sehr gut an der Szene mit dem Frosch und dem Tiger. Er konnte nun schon über seine Größenfantasien und seine Abwertung durch mich lachen, was ein Zeichen des Bewältigens seines narzisstischen und gespaltenen Erlebens war.

Die hier auftauchenden Bilder sind Symbole, die im Sinne von Winnicott (1987) einen Übergang darstellen zwischen innerer Welt und äußerer Realität. Sie sind nur gut oder nur stark und von daher bei der gespaltenen inneren Welt aggressiver Kinder von besonderer Bedeutung. Ich hatte einen Schüler, Wilfried, der ein Jahr lang im Ninja-Anzug in die Schule kam und sein Selbst auf diesem Weg zu stabilisieren suchte. Sein Vater war US-Soldat, der Sohn und Ehefrau häufig verprügelte und beide frühzeitig verließ. Wilfried hatte ein böses, aggressives inneres Bild des Vaters, welches er abwehrte, indem sein Selbst mit dem idealisierten, starken Ninja-Bild verschmolz.

Die Bilder zeigen auch das mühsame Ringen um Geschlechtsidentität der beiden Jungen. Jürgen muss sich von der korpulenten Mutter, die sich sehr gut im Bild des aufgeblasenen Frosches widerspiegelte, aber auch von mir, die ich viel redete und damit auch dem aufgeblasenen Hals des Frosches entsprach, abgrenzen, um männlich zu werden. Die Identifikation mit dem Tiger stellte diesen Versuch anschaulich dar. Wilfried ging handelnd mit seinem aggressiven inneren Bild des Vaters um. Indem er als Ninja stärker als der Vater war, brauchte er diesen nicht mehr so sehr zu fürchten und konnte sich leichter mit Männlichkeit identifizieren.

Diese Symbole, der Ninja und der King, sind wichtige Entwicklungsschritte, weil sie die Möglichkeit eröffnen, durch fantasierte Stärke mit bedrohlichen Aspekten umzugehen, und damit Angst vor den abgespaltenen Gefühlen von Hilflosigkeit und Verlassenheit überwinden helfen. Wegen der großen Bedeutung solch idealisierter Bilder bei aggressiven Kindern und Jugendlichen möchte ich diesen Punkt im nächsten Kapitel ausführlicher behandeln.

Weil diese Größenfantasien, der King oder Ninja zu sein, extreme Angst und Bedrohung abwehren, ist es wichtig, diese Fantasien zuzulassen und sie nicht abzuwerten. So hatte ich akzeptiert, dass mein Schüler ein Jahr lang im Ninja-Anzug in die Schule kam. Erst durch Beziehungserfahrungen können diese Bilder des Selbst allmählich realistischer werden. Zu diesen Beziehungserfahrungen gehörte, dass ich die Schüler erst einmal als King oder Ninja ernst nahm, was nicht hieß, dass ich sie in ihren Fantasien bestärkte. Ich suchte die realistischen Anteile ihres Selbst zu stärken. Ging mein Schüler bei Konfrontationen mit der Realität in Ninja-Abwehrstellung oder in Ninja-Drohposition – er sprang dann von seinem Stuhl mit den entsprechenden Handbewegungen auf –, so ließ ich mich nicht in die komplementäre Position drängen. Ich blieb realistisch, d. h. seine Leistung fordernde Lehrerin, und wies ihn auf seine Fähigkeiten hin, mit denen er die Aufgaben realistisch bewältigen konnte.

Nach weiteren Wochen geschah folgende Szene. Ich wollte morgens das Klassenzimmer aufschließen. Dabei gab es jedes Mal Gedrängel, weil jeder Schüler zuerst in der Klasse sein wollte. Jürgen glaubte, ein anderer Schüler drängle sich an ihm vorbei. Wutentbrannt riss er diesem den Ranzen aus der Hand und kickte ihn durch den Gang. In der Klasse öffnete der geschädigte Schüler den Ranzen und tobte, als er sah, dass der Joghurt in seinem Ranzen über alle Bücher und Hefte ausgelaufen war.

Jürgen sah die Verzweiflung des anderen Schülers und schien doch etwas betroffen. So fragte ich ihn: »Möchtest du den Schaden nicht wieder gutmachen?« Er zögerte, denn das war seiner Meinung nach eine Niederlage und Schwäche. So sagte ich ihm: »Vielleicht machen wir es zusammen?« Ich nahm die Tasche und ging zum Waschbecken. Jürgen kam und säuberte die Tasche mit mir.

Die Szene mit dem Schulranzen war eine Aggression, die bei mir Aggression und den Wunsch zu strafen auslöste. Aber anstatt jedem Impuls zu strafen nachzugeben, habe ich oft, wenn ein Schüler einen anderen Schüler schädigte, versucht, ihm Gelegenheit zur Wiedergutmachung (vgl. Winnicott 1988) zu geben, was die Arbeit an der Einsicht des Schülers in sein Verhalten voraussetzt. Da aggressive Kinder immer wieder Szenen provozieren, in denen sie mächtig oder ohnmächtig sind, besteht die Gefahr, dass sie Strafe als Wiederholung von Ohnmacht erleben. Um die tiefen Ohnmachtsängste der aggressiven Kinder nicht durch Strafen zu wiederholen, nutzte ich statt dessen Gelegenheiten zur Wiedergutmachung. Ich konnte die haltende Funktion beibehalten, wurde nicht zur bösen, strafenden, mächtigen Lehrerin. Der gewalttätige Schüler wurde von Schuldgefühlen entlastet und das geschädigte Kind konnte sein Erleben von Ohnmacht besser bewältigen. Auch die Wiedergutmachung musste in zumutbarer Form geschehen. Ich leistete gelegentlich stellvertretend Wiedergutmachung, wenn das Kind sich weigerte. Ich akzeptierte dies oder übernahm Hilfs-Ich-Funktionen, d.h. half etwa beim Säubern des Schulranzens etc. Dies heißt nicht, dass unter gewissen Umständen eine Strafe nicht angemessen und sinnvoll ist. Diese darf jedoch nicht aus einem aggressiven Impuls des Lehrers heraus geschehen, sondern muss eine wohlreflektierte pädagogische Antwort sein (vgl. Kap. 5).

Bei Aggressionen zwischen Klassenkameraden musste ich zudem beiden Kindern eine Antwort geben; den Täter und das geschädigte Kind stützen, was die Wiedergutmachung leistet, weil sie die Beziehung zwischen Opfer und Täter verändert. Gelegenheit zur Wiedergutmachung muss allerdings wirklich Gelegenheit bleiben, d.h. beruht auf einer gewissen Selbstbestimmung des Kindes, weil sie sich sonst nicht von Strafe unterscheidet.

Nach etwa einem halben Jahr Unterricht geschah Folgendes: Ich kam morgens ins Lehrerzimmer, und einige Kollegen kamen auf mich zu: Ich solle doch einmal der Sache nachgehen. Robert, einer meiner Schüler, habe heute vor Schulbeginn Mercedessterne auf dem Schulhof verteilt. Robert habe wohl nach dem Sportunterricht zuvor am Nachmittag auf dem Schulweg Mercedessterne abgerissen, so jeden-

falls hatten es Schüler, denen er die Sterne schenkte, einem Kollegen erzählt. Meine erste Reaktion war der Gedanke: Gott sei Dank, dann bin ich nicht dran schuld, denn der Sportunterricht wurde von einem Kollegen gehalten. So betrat ich das Klassenzimmer in dem Gefühl, dass mich keiner zur Verantwortung heranziehen könne, ich war ja am Nachmittag nicht mehr in der Schule.

Ich sagte nun den Schülern, dass ich im Moment keinen Unterricht halten, sondern mit ihnen reden möchte. Ich schaute Robert an und sagte, dass ich gehört hätte, dass er auf dem Schulhof Mercedessterne verteilt habe. Bevor er antworten konnte, rief Jürgen dazwischen: »Die haben wir vom Schrotthändler.« Ich entgegnete erstaunt: »Ach, du warst auch dabei!« Nun forderte ich sie auf, mir zu erzählen, was nach dem Unterricht vorgefallen war. In der Klasse herrschte gespannte Stille. Nach und nach kam folgende Geschichte heraus: Nach dem Unterricht gingen sie zur Bushaltestelle. Auf dem Weg schlug Robert mit seiner Schultasche auf parkende Autos. Sie fuhren mit dem Bus nicht bis zur vorgesehenen Haltestelle, sondern stiegen bereits in der Stadtmitte aus. Jürgen schlug nun Robert folgenden Tauschhandel vor. Wenn er ihm Mercedessterne abreißen würde, würde er ihm seine Murmeln schenken. Jürgen war einer der besten Murmel-Spieler der Schule. In der Pause spielten damals fast alle Schüler damit. Jürgen dachte, dass er, wenn er die Mercedessterne nicht selbst abreißt, nicht schuldig sei. Er wollte die Mercedessterne gerne auf seine schwarze Lederjacke nähen. Sie gingen nun in zwei Parkhäuser, und Robert riss 37 Mercedessterne ab und tauschte sie gegen die Murmeln. Jürgen fuhr nach Hause und erzählte seiner Mutter, dass er die Mercedessterne von einem Schrotthändler habe. Robert ging alleine in ein weiteres Parkhaus und riss dort noch weitere Mercedessterne ab, eben jene, die er am nächsten Morgen auf dem Schulhof verschenkte.

Ich sagte den Schülern, dass ich froh wäre, dass sie mir erzählt hätten, was vorgefallen war, dass ich jetzt überlegen müsse, was zu tun sei. Es war jetzt Pause, und die Schüler sollten Tischfußballspiele, die sie in den letzten Wochen im Werkunterricht gebastelt hatten, im Werkraum abholen. Der Lehrer für Werken war derselbe Lehrer, der den Sportunterricht gegeben hatte. Nach der Pause öffnete ich das Klassenzimmer, und die Schüler kamen stolz mit ihren Tischfußballspielen.

Jürgen kam schreiend und außer sich, der Werklehrer habe ihm sein Tischfußball nicht gegeben, weil er die Mercedessterne gestohlen habe. Jürgen schlug wild um sich und demolierte das Klassenzimmer. Ich war wütend, weil der Lehrer in meine pädagogische Arbeit eingriff. So ging ich in den Werkraum und sagte dem Lehrer, dass es meine Aufgabe als Klassenlehrerin sei, die Sache mit den Mercedessternen zu regeln, und dass er mir das Tischfußballspiel für Jürgen geben solle, was er auch tat. So gab ich Jürgen sein Tischfußballspiel, und er war sehr erleichtert.

Nach dem Unterricht hielt ich beide Schüler zurück und sprach mit ihnen. Ich sagte ihnen, dass ich sie jetzt nicht einfach bestrafen werde, dass ich aber auch nicht ignorieren könne, was sie getan hätten. Ich sei der Ansicht, dass sie für den Schaden aufkommen müssten, wenn sie 18 Jahre alt seien. Dies sei gesetzlich so festgelegt. Ich müsste mich jetzt mit der Polizei in Verbindung setzen. Falls einer der Mercedesfahrer den Schaden meldet, müssten sie wohl dafür die Verantwortung übernehmen.

Am nächsten Tag sagte ich ihnen, dass ich mit der Polizei gesprochen hätte und dass diese mir meine Einschätzung bestätigt hätte. Nun spürte ich, dass die beiden Schüler davon überhaupt nicht beeindruckt waren. Es schien sie überhaupt nicht zu kümmern. Ich war unzufrieden, denn ich konnte ja nicht einfach die Angelegenheit so unbeachtet lassen. Mehr und mehr hatte ich den Eindruck, ihre Einschätzung zu stärken, dass Mercedesfahrer sowieso nichts anderes verdient hätten, die hätten ja genug Geld, und die Polizei gilt es ohnehin auszutricksen. Zudem glaubte Jürgen schuldlos zu sein, denn er hatte ja keine Mercedessterne abgerissen. So kam ich auf die Idee, zwei jüngere Polizisten, von denen ich einen guten Eindruck hatte, in die Schule einzuladen, damit sie den Schülern die Konsequenzen ihres Verhaltens klarmachten. Ich verabredete ein Gespräch mit den beiden Polizisten nach Schulschluss und teilte dies Robert und Jürgen mit. Dieses Gespräch legte ich bewusst in das Zimmer des Rektors, nicht in das Klassenzimmer, das Ort des Vertrauens bleiben sollte. Ich wartete mit den Schülern auf die Polizei und blieb während des Gesprächs bei ihnen. Während wir warteten, wurden beide Schüler nervöser, sie begannen, sich nicht nur mit ihren Fantasien, sondern auch mit der Realität auseinanderzusetzen. Die beiden Polizisten reagierten in dem Gespräch genauso, wie ich es mir wünschte. Sie hörten sich die Schilderungen der Schüler ruhig an, machten ihnen keine Schuldgefühle und sagten zum Schluss, dass, falls jemand den Schaden anzeige, ihn beide, wenn sie 18 Jahre sind, ersetzen müssten.

Im Anschluss an das Gespräch ließ ich die beiden Schüler bei einer Mercedeswerkstatt anrufen und nach den Reparaturkosten fragen. Daran schloss sich eine heftige Diskussion zwischen den Schülern an. Je nach Baujahr gab es unterschiedlich hohe Kosten, und sie wussten nicht mehr, wie viele alte und neue Mercedessterne sie abgerissen hatten. In den folgenden zwei Wochen rechneten sie immer wieder den Schaden aus, denn sie kamen jedes Mal zu anderen Ergebnissen.

Nach etwa zwei Wochen sagte ich ihnen, dass ich mit der Polizei gesprochen und dass niemand den Schaden gemeldet hätte, was der Realität entsprach. Ich sagte ihnen auch, dass ich mich freue, dass sie noch einmal Glück gehabt hätten, denn ich hätte den Eindruck, dass sie so schnell keine Mercedessterne mehr abreißen werden.

Die Szenen geben Aufschluss über den Umgang mit Schuldgefühlen, über die verzerrte Wahrnehmung der Realität und den Versuch einer narzisstischen Kompensierung durch dissoziales Verhalten.

Bezeichnend ist meine spontane Reaktion. Ich war erleichtert, keine Schuld am Vorfall zu haben, weil die Schüler nach dem Unterricht eines Kollegen die Mercedessterne abrissen. Entsprechend verschob Jürgen seine Schuldgefühle auf Robert. Immerhin waren Jürgens Schuldgefühle so stark, dass er selbst keine Mercedessterne abriss. Die spontane Reaktion von Jürgens Mutter auf den Vorfall war, dass sie mir die Schuld gab. Robert dagegen spaltete die Welt in idealisierte Gleichaltrige und böse, verfolgende Erwachsene. So glaubt er ein Recht zu haben, den bösen Erwachsenen etwas wegzunehmen. Seine eigene Aggression war auf Erwachsene projiziert.

Beiden Schülern dienten die Mercedessterne dazu, einen narzisstischen Mangel zu kompensieren. Robert war auf der verzweifelten Suche nach Liebe und Anerkennung, die er statt von den

Eltern – der Vater verachtete ihn und lehnte ihn ab – von den gleichaltrigen, körperlich kräftigen männlichen Schülern durch seine Geschenke zu bekommen suchte. Seine Mutter reagierte in dem Gespräch, in dem ich ihr von dem Ereignis erzählte, spontan mit Weinen und Verzweiflung: »Jetzt kommt er ins Heim, ich kann ihn nicht mehr ertragen, ich bin enttäuscht, erst am Morgen hatte er mir versprochen, sich zu bessern und lieb zu sein.« Robert konnte sich der Konstantheit der Eltern nicht sicher sein und provozierte durch seine Aggression gerade den Verlust der Eltern. Die Drohung der Mutter linderte seine Schuldgefühle, schwächte aber weiterhin sein Selbst.

Jürgen dienten die Mercedessterne zum Aufbau seines Größen-Selbst. Als phallische Attribute auf seiner »schwarzen Lederhaut« symbolisierten sie Macht und Potenz. Da die Mercedessterne dazu dienten, das Selbst zu stärken, glaubten die Schüler, ein Recht auf diese Gegenstände zu haben. Sie wurden quasi zu Teilen des Selbst. Indem sie sich aggressiv verhielten und glaubten, dieses Vorhaben für ihr Selbst zu brauchen, fürchteten sie die Konfrontation mit der Polizei (archaische Über-Ich-Imago).

Die Realität wurde von ihnen gespalten. Es gab die böse, verfolgende Polizei, die mächtigen, verweigernden Mercedesfahrer und Werk- bzw. Sportlehrer. Auf der anderen Seite gab es die schuldlos Verfolgten. Ich fühlte mich in dem Dilemma, entweder zum verfolgenden, strafenden bösen Objekt zu werden – wie der Werklehrer – oder zum verfolgten, bedrohten Objekt, indem ich mich auf die Seite der Schüler gestellt und den Vorfall nicht beachtet hätte. Aus Angst, das Vertrauen der Schüler zu verlieren und zum bösen Objekt zu werden, hatte ich gelegentlich den Wunsch, die Sache einfach auf sich beruhen zu lassen, wie Jürgens Mutter. Damit hätte ich aber nur ihre gespaltene Wahrnehmung verstärkt.

Auffallend ist, dass diese Spaltung mit männlich-weiblichen Haltungen einhergeht. Die bösen, verfolgenden Objekte waren alle Männer (Polizisten, Werklehrer), und beim Wunsch, die Schüler vor diesen bösen Verfolgern zu beschützen, fühlte ich mich als gute Mutter, also weiblich, die dann vom Werklehrer das bekommt, was das Kind begehrt. Ich habe bereits ausgeführt, dass

Dissozialität eng mit der Suche nach Männlichkeit und unsicherer Geschlechtsidentität zusammenhängt. In dieser gespaltenen Welt gab es keine positiven männlichen Aspekte außer in der Welt ihrer hyperphallischen Fantasien.

Ziel meiner pädagogischen Arbeit war es, diese verzerrte innere Welt der Schüler zu beeinflussen. Ich suchte haltende Funktionen beizubehalten, d.h. nicht zum verfolgenden Objekt zu werden, aber auch nicht zum verbündeten Objekt gegen die verfolgende, böse Welt. Ich drohte nicht, sie zu bestrafen oder sie in ein anderes Heim zu geben. Bei der Auseinandersetzung mit der Polizei blieb ich immer bei ihnen. Ich vermittelte ihnen, dass ich sie weiterhin gern habe, dass ich aber den Schaden nicht gutheiße und dass es darum geht, den Schaden nicht einfach zu verleugnen, indem ich etwa Jürgens Geschichte vom Schrotthändler geglaubt hätte, sondern diesen Schaden, in welcher Form auch immer, zu bearbeiten. Die Geschichte vom Schrotthändler hatte Jürgen auch seiner Mutter erzählt, die dies aber nur glaubte, weil sie einen Konflikt mit Jürgen scheute, denn sie war als Mutter viel tiefer als ich, die Lehrerin, betroffen.

Indem die Schüler die Gelegenheit zur Wiedergutmachung des Schadens erhielten, konnten sie Verantwortung für ihre Aggression übernehmen und ihre eigenen Impulse integrieren. Schuldgefühle mussten nicht weiterhin abgewehrt werden. Sie konnten die Polizisten durch die reale Auseinandersetzung entzerrter wahrnehmen, weil diese sich im Gespräch keineswegs ihren Vorstellungen entsprechend verhielten. Vor der Einladung der Polizisten grübelte ich lange, ob dies richtig sei, denn die Gefahr war groß, dass sich die Angst vor Verfolgern nur verstärkte und damit das Selbst weiter geschwächt wurde. Ich konnte diese Einladung nur riskieren, weil beide Polizisten ausgesprochen verständnisvoll waren und sich dann auch intuitiv im Gespräch mit den Schülern freundlich, aber auch als Vertreter des Gesetzes realitätsgerecht verhielten.

So konnte ich das Selbst der Schüler durch haltende Funktionen stärken, ihr Ich durch Arbeit an Spaltung, Verleugnung und Omnipotenz stärken, Fantasien in Richtung realistische Wahrnehmung unterstützen. Das Gespräch mit den Polizisten stärkte das Ich im Sinne von Redls »Einmassieren des Realitätsprinzips«. Durch die Gelegenheit zur Wiedergutmachung konnten die Schüler Verantwortung für ihre Aggression übernehmen, die Fähigkeit zur Besorgnis und damit reifere Über-Ich-Strukturen konnten angelegt werden. War die Annahme der Verfolgung durch böse Polizisten eine frühe Über-Ich-Imago im Sinne von Melanie Klein, so konnten die Schüler durch die reale Auseinandersetzung mit den Polizisten, die sich im Gespräch nicht aggressiv verhielten, ihre innere Welt verändern.

Eine psychoanalytische Pädagogik auf den Grundlagen des fördernden Dialogs mit aggressiven Kindern steht, wie ich es zu zeigen versuchte, in der Tradition von Aichhorn und Redl, weil sie das Realitätsprinzip stärkt und die Arbeit an den Ich-Funktionen berücksichtigt.

Durch das Einlassen auf die Szenen und die Selbstreflexion, durch das Verständnis eines Dialoges kann ich aber differenzierter verstehen, wann und wie viel Halt (Liebe, Zuwendung) ein Kind nötig hat und wann und wie viel Realität, d.h. auch Versagungen, ich ihm zumuten kann. Ich kann mit allem arbeiten, was mir das Kind entgegenbringt, auch mit seinem Hass. Es verinnerlicht dann neue Antworten, neue Szenen. So hat mein Ansatz gegenüber Aichhorn den Vorteil, dass ich die Kinder nicht zu einer positiven Übertragung bringen muss. Ich muss mich bei der Konfrontation mit der Realität auch nicht auf die pädagogische Intuition verlassen, wie Aichhorn dies tat, sondern wir haben mit dem Konzept des szenischen Verstehens ein brauchbares Modell der Beziehungsreflexion.

Redls und Winemans Ansätze der Ich-Unterstützung, der Arbeit am Ich, sind im fördernden Dialog enthalten; sie werden aber erweitert durch den zusätzlichen Blick auf die Arbeit am Selbst, an den verinnerlichten Objektbeziehungen des Kindes.

Wichtig für die Förderung aggressiver Kinder ist allerdings nicht nur die Selbstreflexion der Lehrer, sondern auch die Reflexion institutioneller Regeln. Aggressive Kinder schaffen es nämlich, ganze Einrichtungen dazu zu bringen, immer wieder neue

Macht-Ohnmacht-Konflikte zu produzieren. So besteht die Gefahr, dass sich die Erfahrungen der Kinder von Hilflosigkeit, Trennung und Ohnmacht wiederholen. In Kapitel 3 werde ich hierzu einige Erfahrungen wiedergeben und analysieren.

2. Sebastian: Spiel und Fantasie als Übergangsphänomene

Sehen wir aggressives Verhalten in Zusammenhang mit Abwehrvorgängen wie Spaltung, Verleugnung und Omnipotenzfantasien, so kommt der symbolischen Konfliktverarbeitung eine besondere Bedeutung zu. Unter symbolischer Konfliktverarbeitung verstehe ich in Anlehnung an Winnicott das Ermöglichen eines Übergangs von der Fantasie zur Realität, d. h. zur realistischen Wahrnehmung des Selbst und äußerer Objekte, das Ermöglichen integrierter, nicht-gespaltener innerer Bilder.

Am Anfang jeder Erfahrung steht nach Winnicott die Illusion. Die vollkommene Anpassung der Umwelt an das Kind bietet diesem die Möglichkeit der Illusion, seine Befriedigung und die äußere Realität magisch selbst geschaffen zu haben. Übergangsobjekte und -phänomene, zum Beispiel der Zipfel einer Decke, eine Melodie oder ein Teddybär, repräsentieren die frühen Stadien des Gebrauchs der Illusion. Das Übergangsobjekt ist kein äußeres und kein inneres Objekt (Winnicott 1987, 20ff.). Übergangsobjekte und -phänomene dienen der Abwehr von Ängsten (ebd., 13), sie symbolisieren beispielsweise die Mutter und helfen Trennungsängste bewältigen.

Übergangsobjekte sind präsentative Symbole (vgl. Lorenzer 1972, 94), archaische Symbole, die durch projektive Mechanismen gebildet werden.

Erst wenn das Kind ausreichend Gelegenheit zur Illusion gehabt hat, stellt sich nach Winnicott die nächste Aufgabe, das Kind allmählich zu desillusionieren. Die Desillusionierung durch abgestuftes Versagen geht mit der wachsenden Fähigkeit des Säuglings einher, Mängel durch geistig-seelische Aktivität auszugleichen, um die Vorstellung von einer vollkommenen Umwelt nicht zu verlieren. Das Bedürfnis des Menschen nach einer vollkommenen Umwelt ist für Winnicott die wichtigste Wurzel des Geistes (Winnicott 1976, 28).

Von der ersten Objektbeziehung aus, dem subjektiven Objekt, muss das Kind allmählich das objektive Objekt entdecken. Winnicott spricht von der Entwicklung der Objektbeziehung zur Objektverwendung. Objektverwendung ist dann vorhanden, wenn das Subjekt das Objekt außerhalb des Bereiches seiner eigenen omnipotenten Kontrolle ansiedelt, es als äußeres Phänomen und nicht als projiziertes wahrnimmt.

Aufgrund des Vertrauens zur Mutter entsteht ein intermediärer »Spielplatz«, ein potentieller Raum zwischen Mutter und Kleinkind, der beide miteinander verbindet (ebd., 1987, 59). In diesem Spielbereich bezieht das Kind Objekte und Phänomene aus der äußeren Realität ein und verwendet sie für Vorstellungen aus der inneren, persönlichen Realität. Es besteht eine direkte Entwicklungsfolge von Übergangsphänomenen zum Spielen, vom Spielen zum gemeinsamen Spielen und von hier zum kulturellen Erleben (ebd., 63).

»Eine Folge der Akzeptierung der äußeren Realität sind die Vorteile, die man aus ihr gewinnen kann. Wir hören oft von den sehr scharf empfundenen Versagungen, die die äußere Realität Menschen auferlegt, aber weniger oft von der Erleichterung und Befriedigung, die sie zu bieten hat. Im Vergleich zur imaginären Milch ist die wirkliche Milch befriedigend, aber darauf kommt es nicht an. Es kommt darauf an, dass in der Fantasie die Dinge durch Zauber bewirkt werden: Die Fantasie kennt keine Bremsen, und Liebe und Hass rufen beunruhigende Wirkungen hervor. Die äußere Realität hat eingebaute Bremsen; man kann sie untersuchen und kennen lernen, und die Fantasie ist in ihrer vollen Stärke wirklich nur zu ertragen, wenn die objektive Realität richtig eingeschätzt wird. Das Subjektive ist ungeheuer wertvoll, aber so beunruhigend und magisch, dass man es nur als Parallele zum Objektiven genießen kann. Man wird sehen, dass die Fantasie nicht etwas ist, was das Individuum sich erschafft, um mit den

Versagungen der äußeren Realität fertig zu werden ... Die Fantasie ist grundlegender als die Realität, und die Bereicherung der Fantasie durch die Reichtümer der Welt ist abhängig vom Erlebnis der Illusion« (ebd., 1976, 69).

Aggressive Kinder und Jugendliche benutzen äußere Realität für Fantasien eigener Omnipotenz. Die Ninja-Fantasie beispielsweise ermöglichte die Illusion der Beherrschung grausamer innerer Bilder. Welche Bedeutung Fantasie und Spiel in der Entwicklung aggressiver Kinder und Jugendlicher haben können, möchte ich an meiner Arbeit mit einem aggressiven Schüler in einer anderen Sonderschulklasse aufzeigen.

Der neunjährige Sebastian kam wegen einer leichten Hemiplegie und schwerer Verhaltensstörung in die Sonderschule für Körperbehinderte. Sebastian besuchte ein Jahr die Grundschule, war dort »nicht tragbar«, d. h. er arbeitete nicht mit und war sehr aggressiv den Mitschülern gegenüber. Er wurde daraufhin in die Sonderschule für Körperbehinderte überwiesen. Sebastian kam in die Parallelklasse meiner Klasse, arbeitete dort ebenfalls kaum mit und schlug ständig seine Mitschülerinnen. Die Klasse bestand außer ihm nur aus Mädchen. Die Mitschülerinnen waren in ihren Schulleistungen Sebastian weit voraus. Nun sollte er in meine Klasse kommen, in der ich vier Jungen im Grenzbereich der Lehrpläne der Sonderschule für Praktisch Bildbare und der Sonderschule für Lernbehinderte unterrichtete.

Im Gespräch mit der Mutter erzählte mir diese, dass sie zu Hause mit Sebastian überfordert sei. Sie habe noch eine gesunde Tochter, die jünger als Sebastian sei. Die Tochter sei intelligent und zu Hause sehr lieb. Sebastians Vater sei ein US-Soldat gewesen, der sie nie geheiratet habe, sie häufig auch in Gegenwart des Kindes brutal geschlagen habe. Von einem Tag auf den anderen sei er nach Amerika zurückgegangen, kümmere sich nicht mehr um sie oder Sebastian. Sie hoffe, dass mit dem neuen Partner jetzt alles anders werde. Ihr neuer Partner lehne Sebastian ab, weil er so schwierig sei. Sie möchte Sebastian am liebsten in ein Heim geben, und sie fragte mich, was ich davon halte. Sie sei sehr erleichtert, dass Sebastian wenigstens nachmittags im Hort ist und sie etwas Ruhe habe. Sie sei arbeitslos und lebe von der

Sozialhilfe. Während des Gesprächs fühlte ich mich gedrängt, den »Störenfried« Sebastian doch endlich mit Hilfe meiner pädagogischen Kompetenz in ein Heim zu überweisen.

Während der gesamten Zeit, in der ich Sebastians Klassenlehrerin war, hatte ich kaum Kontakt zur Mutter. Sebastians Eltern stellten sich im Unterricht auf zweierlei Weise dar. Ich frühstückte jeden Morgen gemeinsam mit meiner Klasse. Anfangs kam es immer wieder zu heftigen Aggressionsausbrüchen Sebastians, weil er tief enttäuscht war, wenn er ohne Frühstück in die Schule kam und die anderen Schüler ihr Frühstück auspackten. Seine Mutter habe keine Zeit gehabt, ihm Frühstück zu machen. Da Sebastian leidenschaftlich gern Cornflakes aß, vereinbarte ich mit der Mutter, dass ich für Cornflakes sorge und ihr diese dann in Rechnung stelle. Zusammen mit der Schulmilch konnte Sebastian dann jeden Morgen Cornflakes zum Frühstück essen.

Sebastians Vater stellte sich auf andere Weise im Unterricht dar. Sebastian kam eines Tages freudestrahlend in den Unterricht. Sein Vater hatte ihm eine gelbe Schirmmütze aus Amerika geschickt. Auf der Mütze stand Sebastians Name in großen Buchstaben. Stolz und überglücklich behielt er diese Mütze ständig auf. Er war tief verzweifelt, als diese Mütze beim Schulschwimmen im Umkleideraum verloren ging und keiner der Lehrkräfte die Mütze finden konnte. Sebastian erzählte immer wieder von Briefen, die der Vater ihm geschrieben habe, was aber nicht der Realität entsprach.

Aber das Hauptproblem war, dass Sebastian sich erst einmal weigerte, überhaupt an meinem Unterricht teilzunehmen. Trotz zahlreicher Vorbereitungsgespräche weigerte er sich heftig, in meine Klasse zu kommen, schlug die Schülerinnen der Parallelklasse, wann immer er sie sah. Er betrat mein Klassenzimmer nicht, setzte sich auf die Bank im Flur vor meiner Klasse. Er drohte, wegzulaufen, tat dies aber nicht. All meine Versuche, ihn zu motivieren, in mein Klassenzimmer zu kommen, halfen nichts. Nachdem er zwei Tage vor der Klasse sitzen blieb – ich unterrichtete an diesen Tagen bei offener Tür –, sagte ich ihm, dass, wenn er nicht zu uns komme, wir ja zu ihm kommen könnten. Ich besprach dies mit meinen Schülern, denen ich Sebastians Gefühle verständlich machte. Diese waren sehr betroffen und irritiert von Sebastians Ablehnung, denn er lehnte ja auch sie mit seiner Weigerung, ins

Klassenzimmer zu kommen, ab. Die Schüler übernahmen aber meine innere Haltung vollständig und bemühten sich um Sebastian. Wir trugen nun die Tische in den Flur, und ich unterrichtete im Flur. Während meine Schüler vorher durch die Ablehnung Sebastians sehr gekränkt waren, standen sie nun plötzlich im Mittelpunkt der Schule. Es war natürlich ein spektakuläres Ereignis, dass wir im Treppenhaus Unterricht machten, und alle Schüler der Schule fragten meine Schüler, was denn bei uns los sei. Gelegentlich warf Sebastian einen flüchtigen Blick aus der äußersten Ecke des Flurs auf unsere Arbeit, verweigerte aber weiterhin jeglichen Kontakt. Dies zog sich über eineinhalb Wochen hin, und ich war langsam ziemlich gekränkt, wütend und ratlos.

Nach diesen eineinhalb Wochen ging ich abends in ein Restaurant essen und blätterte in den Anzeigen der Kinoprogramme. Ich las die Anzeige zu Walt Disneys Film »Pongo und Perdi«, den ich kannte. Sofort wurde ich ganz aufgeregt. Ohne zu wissen, warum, wollte ich unbedingt, dass meine Klasse diesen Film sieht. Ich telefonierte am nächsten Tag mit dem Kino. Aus organisatorischen Gründen konnte ich mit der Klasse zu den vorgegebenen Kinozeiten nicht kommen. Um den Besuch trotzdem zu ermöglichen, organisierte ich nun eine Sondervorstellung für die ganze Schule.

Während dieser Vorstellung betreute eine Kollegin meine Klasse, weil ich mit organisatorischen Aufgaben beschäftigt war.

Hier eine kurze Inhaltswiedergabe des Films: Pongo, ein Dalmatinerhund, und Perdi, eine Dalmatinerhündin, verlieben sich ineinander – wie deren Herrchen und Frauchen –, heiraten und bekommen Dalmatinerkinder. Eine Bekannte von Frauchen, man kann sagen: eine Hexe von Aussehen und Auftreten, will die kleinen Hunde kaufen, um daraus einen Pelzmantel zu machen. Weil die Hunde aber nicht käuflich sind, lässt sie die Hundekinder entführen. Pongo und Perdi machen sich im kalten, verschneiten England auf die Suche nach ihren Kindern. Sie finden sie in einem Schloss, zusammen mit anderen Dalmatinerkindern. Insgesamt sind es 99 Dalmatinerkinder. Pongo und Perdi überlisten die Entführer und versuchen alle 99 Dalmatinerkinder unter Verfolgungsgefahren nach Hause zu bringen. Erschöpft und müde bekommen sie von anderen Tieren Hilfe. Bei Kühen können sie im Stall übernachten, und die Dalmatinerkinder können bei den Kühen am Euter Milch trinken. Jedenfalls erreichen sie glücklich ihr Zuhause, und alle 99 Dalmatinerkinder dürfen bei Pongo und Perdi und Herrchen und Frauchen bleiben.

Am nächsten Morgen war Sebastian wie verwandelt. Er betrat das Klassenzimmer und redete ständig von Pongo und Perdi. Ich hatte Bilder zum Film mitgebracht, welche die Schüler in die richtige Reihenfolge legen sollten. Sebastian küsste Pongo auf allen Bildern und sagte, dass er Pongo sei und ich Perdi. Für jeden Klassenkameraden suchte er ein Hundekind auf dem Filmplakat heraus und gab ihm dessen Namen. Wir waren jetzt die Hundefamilie und konnten wieder ins Klassenzimmer ziehen.

Über Wochen stand diese Fantasie nun im Zentrum des Geschehens. Ich ließ mich auf die Fantasie ein. Das Filmplakat hatte ich auf der Klassentüre befestigt. Andere Bilder zum Film schmückten das Klassenzimmer. Wann immer Sebastian am Plakat vorbeikam, küsste er Pongo. Anfangs knallte er immer, wenn er zur Türe hereinkam, die Türe heftig zu. Ich fragte ihn, warum er dies mache, die Hunde würden doch erschrecken. Er antwortete: »Damit sie aus dem Plakat fallen und ich sie alle mit nach Hause nehmen kann.«

Auf seinem Tisch musste ich ein Bild von Pongo anbringen, ich klebte den Namen »Pongo« in Buchstaben darunter, sowie seinen eigenen Namen. Den Leseunterricht begann ich bei Sebastian mit dem Buchstaben P. Er liebte den Buchstaben P und war überglücklich, ihn bei akustischen oder optischen Differenzierungsübungen zu erkennen. Die anderen Buchstaben aus Pongo und Perdi lernte er ebenfalls schnell. Nun rechnete er, indem ich ihm Aufgaben mit den entsprechenden Bildern stellte wie: fünf Dalmatiner minus zwei Dalmatiner. Im Kunstunterricht zeichnete ich Dalmatinerumrisse, und die Schüler stempelten mit Korken schwarze Punkte hinein. So ging es über Wochen. Ich fühlte mich besessen von der Fantasie.

An einem Tag kaufte ich mir Bermuda-Shorts, und als ich sie am nächsten Tag in der Schule trug, strahlte Sebastian: »Nun siehst du genau aus wie Perdi.« Ich schaute meine Hose an und merkte erst jetzt, dass sie tatsächlich lauter schwarze Punkte hatte.

In dieser Phase legte ich großen Wert darauf, vor allem für die anderen Schüler Angebote außerhalb der Fantasie zu machen. Ich individualisierte den Unterricht stark, bei den Aufgaben achtete ich darauf, dass die Schüler Wahlmöglichkeiten hatten, also z. B. auch Blumen subtrahieren und addieren konnten. Die Mitschüler motivierte ich, Arbeitsblätter außerhalb der Pongo-und-Perdi-Fantasie zu lösen. Ich bot den anderen Schülern auch Alternativen, indem entweder ein der Klasse zugeordneter Zivildienstleistender oder ich selbst mit Kleingruppen ohne Sebastian andere Dinge unternahmen. Da aber alle Schüler den Film sehr mochten, wollten alle an der Fantasie teilnehmen.

Allmählich setzte eine Phase ein, in der Sebastian nach Dalmatinerhunden Ausschau hielt. Eines Tages war er ganz aufgeregt, weil er einen Dalmatinerhund vom Bus aus gesehen hatte. Ich stellte an mir fest, dass nun auch ich nach Dalmatinerhunden beim Einkaufen oder Stadtgängen schaute.

Da ich keinen entsprechenden Hundebesitzer traf, den ich in die Schule hätte einladen können, organisierte ich eine Klassenfahrt zu einem Dalmatinerzüchter und dessen Frau. Das Ehepaar wohnte in einer Villa mit zwei Dalmatinerhunden. Sie waren ganz reizend, hatten für die Kinder Getränke und Gebäck auf den Tisch gestellt, und Sebastian konnte den ganzen Vormittag die Hunde umarmen. Wir bekamen beim Abschied noch Fotos und Anstecknadeln geschenkt. Jedes Kind steckte sich nun das Dalmatinerclubabzeichen an den Ranzen.

Nach einigen Wochen ließ diese Fantasie allmählich nach, und Sebastian arbeitete gut im Unterricht mit, er interessierte sich nun auch für andere Dinge und hatte eine stabile Beziehung zu mir aufgebaut. Nur noch selten war er seinen Mitschülern gegenüber aggressiv.

Die Entwicklung Sebastians blieb trotz erheblicher realer Belastungen, die er in den nächsten Jahren bewältigen musste, stabil.

Versuchen wir die Interaktion zwischen Sebastian und mir zu verstehen. Für Sebastian bedeutete der Klassenwechsel eine Wiederholung von Erfahrungen der Ablehnung und Trennung. So, wie seine Mutter die Schwester bevorzugte, wurde er jetzt aus der Mädchenklasse weggeschickt. Aufgrund der Drohungen der Mutter, ihn in ein Heim zu geben, und aufgrund des realen Verlustes des Vaters musste Sebastian die Schulsituation als erneutes und gefürchtetes Trennungstrauma erleben. Ich wurde zur total bösen Lehrerin, die in seinem Erleben Schuld an der Trennung hatte; die vorherige Lehrerin idealisierte er nun. Er verleugnete die Trennung, indem er sich weigerte, mein Klassenzimmer zu betreten, so wie er die Trennung vom Vater zu leugnen suchte, indem er immer die Mütze aufbehielt.

Die Szene, in die das Kind mich verstrickte, suchte ich als innere Szene des Kindes zu verstehen. Meine Reaktionen auf Sebastian waren Ausdruck seiner inneren Welt. So inszenierte Sebastian mit der Weigerung, in meine Klasse zu kommen, eine emotionale Situation, die in mir nach meinem anfänglichen Scheitern Gefühle hervorrief, ihn loswerden zu wollen. Gleichzeitig hatte ich das Gefühl, dies nicht zu können. So etwa fühlte sich Sebastians Mutter. Auch Sebastian drohte nur wegzulaufen, tat dies aber nicht. Gleichzeitig kränkte er mich, weil er lieber in die Mädchenklasse gehen wollte. So etwa musste er sich gekränkt fühlen durch die Bevorzugung der Schwester, die auch intelligenter war als er, ebenso wie die Mädchen der Parallelklasse.

Einerseits suchte ich meine Gefühle zu reflektieren, ihn nicht wegzuschicken, auf der anderen Seite ermöglichten mir auch diese Gefühle erst, Sebastian zu verstehen. Die enorme Bedeutung des Films für Sebastian erfasste ich im Restaurant unbewusst; sie wurde mir erst durch die Reaktion Sebastians auf den Film langsam bewusst. Was wir pädagogische Intuition nennen, ist im Grunde nichts anderes als die unbewusste Antwort der Pädagogen. Das Einlassen auf die Szenen, das Verstehen der Gefühle des Kindes können den Pädagogen richtige pädagogische Entscheidungen – bewusst und unbewusst – treffen lassen, es kann ihn aber auch unter dem Einfluss des Wiederholungszwangs drängen, das Kind erneut zu frustrieren. Übertragung birgt nicht nur die Gefahr des Ausagierens, sondern ermöglicht auch Verstehen, wenn ich die Gefühle, die das Kind in mir erzeugt, nicht abwehren muss.

Das szenische Verstehen beruht nach Lorenzer (1973, 220) auf einer partiellen Identifizierung und bewirkt eine koenästhetische

(Spitz 1969) Regression, weil Verstehen nicht nur die sprachsymbolische Interaktionsform umfasst, sondern auch die sinnlich-symbolische, mehr archaische Form. Wie das Beispiel Sebastian zeigt, kann die Antwort im fördernden Dialog auch auf einer vorsprachlichen, unbewussten Ebene erfolgen, sie muss dann natürlich von den Pädagogen reflektiert werden.

Vielleicht ermöglichte auch mir erst die partielle Identifizierung mit Perdi, die massive Ablehnung Sebastians auszuhalten, ihn zu akzeptieren. Dies dürfte auch für die Schüler meiner Klasse zutreffen, die sich ebenfalls mit der Hundefamilie identifizierten. Auch die Schüler waren heftig betroffen von der massiven Abwertung, die Sebastian ihnen zufügte. Unbewusst schien ich dies erkannt zu haben, denn anders ist der Eifer kaum zu erklären, mit dem ich die Filmvorführung organisierte.

Wie aber können wir die psychische Wirkung der Fantasie und des Spiels auf Sebastian verstehen?

Indem ich zur guten Mutter Perdi (gute Mutterimago) wurde, konnte er seine Trennungsangst (die Hunde wurden ja von der Hexe, der bösen Mutterimago, in ein Schloss – Heim – mit lauter verwaisten Kindern entführt) und seine Sehnsucht nach nur guten, idealisierten Eltern symbolisch inszenieren.

Schon Freud (1920, 11 ff.) hat ja beim Garnrollenspiel seines Enkels die psychische Wirkung der Angstbewältigung im Spiel beschrieben, als dieser die Trennung von der Mutter und Wiedervereinigung mit ihr aktiv und symbolisch im Spiel durch das Wegwerfen und Heranziehen der Garnrolle inszenierte. Freuds Enkel inszenierte eine Lösung für seine Trennungsangst im Spiel.

Garnrolle und Pongo sind dabei projizierte Objekte, d.h. Fragmente aus der äußeren Welt, die verwendet werden für Vorstellungen aus der inneren Welt des Kindes.

Das Sehen des Films ließ Sebastian eine innere Welt erschaffen, d.h. die Pongo- und Perdi-Fantasie, die Fragmente der äußeren Realität enthält. Ich musste mich dieser inneren Welt des Kindes anpassen, zur guten Mutter werden, Illusion im Sinne von Winnicott ermöglichen. Ich musste dem projizierten Objekt Perdi immer ähnlicher werden, so dass Sebastian ersehnte Szenen im Sinne von Lorenzer darstellen konnte. Entsprechend fühlte ich mich besessen. Die unbewusste Wahl meiner Bermuda-Shorts ist ein sichtlicher Ausdruck dieses Prozesses. Ich unterlag Sebastians omnipotenten Kontrolle der Umwelt. Das Zuschlagen der Tür ist ein passendes Beispiel für seinen magischen Umgang mit der Umwelt.

Wie bei der Ninja- oder King-Fantasie von Wilfried und Jürgen schuf sich Sebastian eine Fantasie, die ein grausames inneres Bild abwehrte. So waren die Fantasien meiner Schüler dem abgespaltenen inneren Bild genau entgegengesetzt. Die Trennungsangst führte bei Sebastian zu dem inneren Bild einer bösen Mutter, einer Hexe, die ihn ins Heim entführt. So benutzte er äußere Fragmente, den Film, zur Illusionierung ersehnter Szenen, in denen absolut gute Eltern ihre Kinder suchen, finden und nach Hause bringen. Wilfried hatte ein inneres Bild des gewalttätigen Vaters, dessen Bedrohung er durch ersehnte militante Stärke abwehrte. Ninjas sind die stärksten Kämpfer der Welt. Bei Jürgen diente die King-Fantasie der Abwehr eines bedrohlich mächtigen weiblichen Bildes. Der Frosch, der seinen Hals aufbläht, wird mit Hilfe der protzenden Muskeln des Tigers entmachtet. Wie bei den Mercedessternen war Jürgen hier auf der Suche nach phallischer Potenz, die er aufgrund des Fehlens des Vaters fantasieren musste, weil er keine männliche Identifikationsfigur hatte.

Das Schaffen dieser idealisierten Gegen-Bilder zu den grausamen und bedrohlichen inneren Bildern, das Inszenieren ersehnter Szenen, erfordert Illusion. Im Sinne der Verkehrung ins Gegenteil fantasiert das Kind Gegen-Bilder, die es auf äußere Objekte projiziert, den projizierten Objekten im Sinne von Winnicott. Wie ich schon sagte, ermöglichen diese Fantasien den handelnden Umgang mit der gespaltenen inneren Welt. Für Sebastian war es ein wichtiger Entwicklungsschritt, diese Fantasien zu erschaffen. Meine haltende Einstellung und meine Anpassung an seine Fantasie ermöglichten Illusion.

Zu meiner haltenden Einstellung gehörte auch, dass ich jeden Morgen für Cornflakes und Milch sorgte, ähnlich wie die Kühe im Film. Die Mütze diente Sebastian als Übergangsobjekt zur Bewältigung der Trennung vom Vater. Entsprechend respektierte ich, dass er sie nie abzog. Ich äußerte immer wieder, wenn er es hören wollte, dass die Mütze sehr schön sei.

Nun war es in einem zweiten Schritt wichtig, Sebastian zu einer realistischen Einschätzung seines Selbst und der Umwelt zu verhelfen (Desillusionierung). Die Illusion ermöglichte Vertrauen und das Bedürfnis nach einer vollkommenen Umwelt, was nach Winnicott die wichtigste Grundlage für die geistige Entwicklung ist. Als Sebastian nach realen Dalmatinern Ausschau hielt, als er morgens freudestrahlend in die Schule kam, weil er einen Dalmatiner vom Bus aus gesehen hatte, begann der Zeitpunkt der notwendigen Desillusionierung. Den richtigen Zeitpunkt konnte nur das Kind selbst mitteilen. Über das szenische Verstehen – ich begann nun selbst nach Dalmatinern Ausschau zu halten – konnte ich diesen Zeitpunkt erkennen und antworten. Die Antwort war die Fahrt zum Dalmatinerzüchter.

Konfrontation mit der Realität bedeutete bei Sebastian, dass Personen seiner Umwelt nicht nur böse und bedrohlich waren und dass Personen, wenn er sie verloren glaubte, wie der Vater und die vorherige Lehrerin, nicht nur gut waren. Beim Dalmatinerzüchter war er mit der Realität liebevoller Hunde-Eltern, dem Züchterehepaar, und seiner ihn liebevoll behandelnden Klasse und mir konfrontiert. Das Anfassen der Hunde förderte offenbar den Prozess der Verinnerlichung guter Erfahrungen.

Er konnte den Trennungsschmerz besser bewältigen, was zur allmählichen Aufhebung der Spaltung und damit zur Abnahme der Aggression führte. In diese Zeit etwa fiel der von ihm vermutlich unbewusst provozierte Verlust der Mütze beim Schulschwimmen. Er kam völlig verzweifelt vom Schwimmen zurück, und gemeinsam mit der Klasse sprachen wir über seinen Schmerz und seinen Vater. Da ich die Klasse in die meisten Gespräche mit Sebastian einbezog, hatten die Schüler ein ausgesprochen gutes Verständnis für Sebastians Not, was ihnen die Kraft gab, die Aggression Sebastians auszuhalten. Natürlich auch dadurch, dass ich sie, wenn sie Opfer von Sebastians Attacken waren, emotional durch Halten oder Wiedergutmachung unterstützte.

Der magische Pongo beruhte auf Omnipotenz und Illusion, war eine Abwehr tiefer Trennungsängste, die durch Spaltungen aufrechterhalten wurde. Mit der zunehmenden Fähigkeit zur Objektkonstanz und der Konfrontation mit der Realität veränderte sich seine innere Welt. Pongo konnte jetzt ein wirklicher Hund sein. Ich durfte Sebastians Lehrerin werden. Die Trennung vom Vater konnte besprochen werden. Ich spürte an mir selbst die angenehme Wirkung der Desillusionierung und das Gefühl der Neugier auf die reale Welt.

Für Sebastian öffnete sich die äußere Welt und damit das Lernen. Die Entwicklung zur Objektverwendung, zu den objektiven Objekten (Winnicott) konnte sich vollziehen. Die äußere Welt konnte allmählich als nicht-projizierte wahrgenommen werden. Die Fantasie von Pongo und Perdi ermöglichte eine Brücke zur objektiven Realität, sie gehört in den Bereich der Übergangsphänomene, so wie die Räume des Übergangs – das Treppenhaus, das Plakat auf der Tür – einen besonderen Stellenwert in der Arbeit mit Sebastian hatte. So ermöglichte ich einen intermediären Raum, einen »Spielplatz« im Unterricht und den Übergang zur äußeren Realität.

Ich bot Sebastian im Unterricht äußere Realität als Bausteine für seine Fantasie. Er rechnete mit Dalmatinerhunden und lernte Lesen über den Buchstaben P. Indem ich Unterricht seiner Fantasie anglich, konnte er eine Beziehung zu mir aufbauen und lernen. Diente das Erkennen des Buchstaben P bei optischen Differenzierungsübungen anfangs seiner Fantasie, dem Wiederfinden des guten Vaters, so waren die Glücksgefühle, die ihm der Buchstabe ermöglichte, eine Brücke, sich allmählich dank der zunehmenden Bewältigung seiner Trennungsangst den objektiven Strukturen der Welt der Buchstaben zuzuwenden.

Fantasie und Spiel galt es dabei nicht einfach bewusst zu machen im Sinne von »Erinnern, Wiederholen, Durcharbeiten«, sondern zu erleben und den allmählichen Übergang zur Realität zu ermöglichen. Antworten im fördernden Dialog müssen auch die sinnlich-symbolische Interaktionsform umfassen.

Zulliger (1975, 13) spricht davon, sich auf die Sprache des Kindes einzulassen. Es handelt sich um das prälogische Denken – um das Denken in Sinnbildern –, um das Denken unseres Unbewussten, so Zulliger. »Um aber ein Kind von seelischen Störungen heilen zu können, müssen wir jene Schicht seiner Psyche erreichen, in der das Kind ›lebt‹. Diese ist die magische, die prälogische, die noch nicht intellektuell gewordene, oft noch nicht einmal zu Wortvorstellungen gewordene ›Sprache‹ ... Und da die Sprache des Unbewussten die Symbolsprache und das Agieren ist, werden wir uns, um auf das Kind einzuwirken, der ihm eigenen ›Sprache‹ anpassen und uns seiner Sprache bedienen müssen ... Mich deucht, das Geheimnis der Heilung psychogener Affekte bestehe überhaupt und allgemein darin, dass es dem Psychotherapeuten gelingt, die infantile und damit die urhafte Schicht oder Art des Denkens zu erreichen« (ebd., 92 f.).

Sechehaye (1955, 104) spricht von der präsymbolischen, magischen Partizipation des Patienten mit Bildern und Gegenständen und der Notwendigkeit, sich dem Unbewussten des Patienten durch Bilder verständlich zu machen.

Bettelheim spricht sogar von der Gefahr des Deutens archaischen Bildmaterials: »Das Kind, dem bewusst gemacht wird, für welche Inhalte seines Inneren die Märchengestalten stehen, büßt ein notwendiges Ventil ein und erlebt eine verheerende Erschütterung, wenn es die Sehnsüchte, Ängste und Rachegelüste, die in ihm toben, erkennen muss« (Bettelheim 1977, 58). Ich möchte damit nicht prinzipiell das Deuten in Frage stellen. Ich möchte hier nur auf einen Aspekt der Entwicklungsförderung aufmerksam machen, der in der Arbeit mit Symbolen besteht. Magie und Illusion sind wichtige Entwicklungsschritte, die erlebt werden müssen und Antworten in einem fördernden Dialog darstellen können. Die Pongo-und-Perdi-Fantasie ermöglichte Sebastian, das Erlebte zu ertragen und neue Erfahrungen zu machen.

Fantasie und Spiel dienen der emotionalen wie auch der kognitiven Entwicklung des Kindes.

Der dritte Bereich, die äußere Welt, entsteht aus der subjektiven Beziehung zur Mutter und ist von der Bewältigung der Trennung abhängig. Erst die Bewältigung von Trennung, das Entstehen von

Objektkonstanz, befähigt das Kind, äußere Welt objektiv wahrzunehmen, d. h. Objekte im Sinne von Winnicott zu verwenden. Illusion und Fantasie sind dabei wesentliche Voraussetzungen.

Nach Sechehaye ist das positive Gefühl zur Mutter die Quelle der späteren Realität. Das Gefühl, geliebt zu werden, macht die normale Wahrnehmung der Realität möglich (Sechehaye 1974, 122). »Tatsächlich wird das Symbol, das ursprünglich ein Ersatz für das Objekt bildete, da es diesem anhaftete, sich in ein Bild und dann in einen Begriff verwandeln« (ebd., 149).

Die Beschreibung der emotionalen Entwicklung nach Winnicott lässt sich sehr gut mit den Erkenntnissen Piagets zur kognitiven Entwicklung in Verbindung bringen. Piaget (1970) beschreibt die kognitive Entwicklung unter den Aspekten von Assimilation (das Vereinnahmen von Gegenständen, Personen und Ereignissen in das Subjekt), Akkommodation (Angleichen des Subjekts an objektive Strukturen) und Äquilibration (Selbstregulation). Der Entwicklungsprozess wird bei Piaget als fortschreitende Dezentrierung in bezug auf den anfänglichen Egozentrismus des Kindes beschrieben. Im Egozentrismus assimiliert das Kind alles, als ob es das Zentrum der Welt wäre. Egozentrismus und Dezentrierung kommen meiner Meinung nach den Vorstellungen von Winnicott über Illusion und Desillusionierung sehr nahe.

Nach Leber (1989, 9) ist anzunehmen, dass sich das mit dem Begreifen der Trennung entstehende Ungleichgewicht als Angst und dem Bedürfnis nach Ausgleich des Mangels manifestiert und im günstigen Fall im Sinne weiterführender Äquilibration die Ausbildung von Strukturen fördert, die Voraussetzung für Vorstellung und Symbolbildung, einschließlich der Sprache, sind.

So gesehen ist die emotionale Entwicklung (Urvertrauen, Objektkonstanz) eine wesentliche Voraussetzung für die Entwicklung des Denkens. Für den Unterricht bedeutet dies, dass ich Illusion, Fantasie oder auch Assimilation ermöglichen muss, bevor das Kind zur Akkommodation fähig ist.

Illusion und Fantasie könnten idealtypisch in der in fast allen didaktischen Phasenlehren enthaltenen so genannten Motivationsphase zu Beginn des Unterrichts ermöglicht werden. Leider sind diese Motivationsphasen meist zu einer zweiminütigen Unterrichtstechnologie degeneriert und ermöglichen selten Assimilation oder Illusion.

Weber (1988) zeigt, dass Lesenlernen Illusion voraussetzt, weil es die Abwesenheit des Sprechenden durch Illusionierung seiner Existenz auszugleichen voraussetzt (ebd., 35). Wie wenige Anfangstexte der Schule dies berücksichtigen und sich eher durch Bedeutungslosigkeit auszeichnen, zeigt Weber in seiner Arbeit (ebd., 100).

Neidhardt (1977) entwickelte bereits in den 70er Jahren eine psychoanalytische Didaktik auf der Grundlage der Winnicottschen Theorie der Übergangsphänomene. Unterrichtsthemen und innere Themen des Kindes müssten miteinander verbunden werden, so dass die manifeste sachlogische Bedeutung des Unterrichtsinhalts auch eine latente, psychodynamische Bedeutung erhält.

Becker (2001) zeigt an Beispielen aus dem Unterricht von Schülern mit dem Förderschwerpunkt »emotionale und soziale Entwicklung«, welche Bedeutung sie noch heute dem Konzept der Übergangsphänomene bei der Bewältigung der Konflikte im Unterricht beimisst.

Ich hoffe, dass die kurzen Einblicke in das Unterrichtsgeschehen zweier Klassen gezeigt haben, dass Unterricht immer mit den inneren Themen der Schüler verbunden ist; die Schüler selbst geben dem Unterricht ihre je spezifische Bedeutung. Szenisches Verstehen ermöglichte mir, diese Bedeutungen zu erkennen und angemessen pädagogisch und didaktisch zu antworten. Dies war der psychischen Entwicklung meiner Schüler förderlich, aber auch dem Unterricht selbst, der didaktisch so gestaltet werden konnte, dass die Schüler motiviert und interessiert waren, was die kognitiven Fähigkeiten und damit auch das Ich der Schüler stärkte. Nicht-Verstehen fördert Widerstand, was sich in Desinteresse, Lernhemmungen oder Lernverweigerungen (Disziplinproblemen) äußern kann. Natürlich kann auch ein uninteressant gestalteter Unterricht zu Lernverweigerung führen, weil er den Schülern vermittelt, nicht geliebt zu werden. Ein sorgfältig ausgewähltes Bild, ein interessant gestaltetes Arbeitsblatt gibt dem Schüler das Gefühl, geliebt zu werden.

Da die kognitive Entwicklung von der emotionalen Entwicklung nicht zu trennen ist, müssen beide Ebenen in einer Didaktik berücksichtigt werden. Indem der Unterricht die Bedeutung der Beziehung, der Fantasie und die Bedeutung des Symbols nicht außer Acht lässt, kann er die emotionale und kognitive Entwicklung der Schüler fördern. Es ist das Verdienst Winnicotts, die Untrennbarkeit beider Entwicklungen gezeigt zu haben.

3. Interpersonale und institutionalisierte Abwehr in der Sonderschule

Mentzos (1988, 26) beschreibt interpersonale Abwehrkonstellationen als eine Form der Abwehr, die durch Interaktion organisiert wird und bei der reale Verhaltensweisen, Eigenschaften oder Reaktionen des Interaktionspartners die Konfliktabwehr des anderen ermöglichen, fördern oder stabilisieren.

Gerade aggressives Verhalten von Kindern und Jugendlichen führt zu heftigen Reaktionen (Gegenübertragungen) bei Pädagogen. Solche Reaktionen können zum Beispiel massive aggressive Impulse sein (ich hatte bei einem Schüler häufig die Fantasie, ihn an die Wand zu klatschen und zu sehen, wie das Blut spritzt) oder aber auch Abwertungsimpulse, der Wunsch, den Schüler oder eine Kollegin abzuwerten. Angst und Ohnmachtsgefühle können entstehen, die dann wiederum Aggression erzeugen, z. B. den Wunsch, dem Schüler eine Ohrfeige zu geben. Da in der Sonderschule für Erziehungshilfe ein großer Teil der Schüler unter massiven Aggressionsproblemen leidet, kommt es hier zu einer Potenzierung von Aggressionen und entsprechend zu einer Potenzierung der Reaktionen auf Seiten der Pädagogen.

Es besteht die Möglichkeit, mit Hilfe des szenischen Verstehens diese Gefühle zu reflektieren. Die Gefühle können aber so stark sein, dass sie zu heftigen Abwehrreaktionen führen, so dass die Fähigkeit zur Reflexion beeinträchtigt wird.

Einer meiner Schüler der Sonderschule für Erziehungshilfe verprügelte während des Unterrichts einen anderen Schüler. Er schlug so heftig auf diesen Schüler ein, dass ich befürchtete, er schlage den Schüler tot. Ich versuchte, den um sich schlagenden und tretenden Schüler festzuhalten, woraufhin der Schüler auf mich eintrat. Bis ein Kollege aus der Nachbarklasse mir zu Hilfe eilte, war die Haut meiner Schienbeine zerfetzt und meine Beine bluteten. Ich humpelte völlig schockiert ins Lehrerzimmer, weinte und konnte an diesem Tag keinen Unterricht mehr abhalten. Schon auf der Fahrt nach Hause war ich voller Hass. Ich überlegte mir den ganzen Abend, dass ich den Schüler nicht mehr unterrichten werde, dass ich ihn zum Einzelunterricht anmelden werde, weil er in der Klasse nicht mehr tragbar sei.

Am nächsten Morgen fuhr ich in dieser Stimmung in die Schule und erzählte einer Kollegin im Lehrerzimmer, dass ich diesen Schüler nicht mehr unterrichten werde, ich könne ihn nicht mehr ertragen und hätte Angst, dass er mir eines Tages ein Messer in den Rücken sticht. Auch für den Schüler sei es besser, wenn er einzeln unterrichtet werde, er sei halt nicht gruppenfähig. Die Kollegin erinnerte mich nun daran, dass es für den Schüler schrecklich wäre, wenn er wieder abgeschoben und die Erfahrung machen würde, dass ihn niemand aushalte. In diesem Augenblick fiel es mir wie Schuppen von den Augen. Ich erkannte, dass ich hier lediglich Gefühle ausagiert hätte, die der Schüler provozierte. Es fiel mir trotzdem schwer, meinen Hass zu bewältigen, ich nahm mir aber vor, den Schüler nicht zum Einzelunterricht anzumelden. Ich teilte meine Schüler auf andere Klassen auf, um vor dem gemeinsamen Unterricht eine Stunde Zeit für ein Einzelgespräch mit dem Schüler zu haben.

Wir saßen uns gegenüber, und der Schüler schaute mich in Erwartung unangenehmer Dinge nur kurz an. Ich begann das Gespräch, indem ich ihm mitteilte, dass ich ihn nicht wegschicken werde, dass wir aber über die gestrigen Vorgänge sprechen müssten. Er meinte, dass er sich nicht kontrollieren könne, wenn er so wütend sei, dann schlage er um sich. Ich hätte ihn nicht festhalten sollen. Es wäre besser, ich würde ihm in solchen Situationen nicht zu nahe kommen. Wir sprachen eine Weile und ich spürte, dass es dem Schüler schon leid tat, ich aber hatte immer noch das Gefühl, mit dem Schüler nicht mehr arbeiten zu können. Ich schaute ihn etwas ratlos an, als das Gespräch darauf kam, wie der Vorfall geregelt werden sollte. Plötzlich sagte er – vermutlich sich daran erinnernd, dass er häufiger im Unterricht anderen Schülern gegenüber Wiedergutmachung leistete –, dass er ja mein Auto waschen könne. Sofort hatte ich Fantasien, wie der Schüler beim Autowaschen die Antenne abbricht und den Lack meines Autos zerkratzt (so wie die Haut meiner Schienbeine in Fetzen hing, sah ich den Lack meines Autos abblättern). So sagte ich ihm, dass mein Auto im Moment keine Wäsche brauche, ob er vielleicht eine andere Idee habe. Ich spürte, wie mein Hass durch seine Bereitschaft, Wiedergutmachung zu leisten, sofort geringer wurde. Nach einer Weile meinte er, dass er mir ja einen Kuchen backen könne. Ich war begeistert. Er fragte mich, was für einen Kuchen ich denn gerne esse. Ich antwortete: »Erdbeertorte« und fragte, ob er die backen könne. Stolz meinte er, das sei kein Problem.

Nun war ich froh, weil der Schüler mir etwas Gutes tun wollte. Endlich war mein Hass geringer geworden, so dass ich auch wieder mit dem Schüler arbeiten wollte. Sowohl der Schüler als auch ich waren zutiefst erleichtert. Ich konnte an mir selbst die heilsame Wirkung der Wiedergutmachung erleben. Es war das einzige Mal, dass ich Wiedergutmachung für mich in Anspruch nahm, zumindest in dieser materiellen Form, denn Entschuldigungen sind ja auch Wiedergutmachungen. Es war auch das einzige Mal, dass ich physisch angegriffen wurde.

Es war mir klar, dass der Schüler ohne Hilfe die Erdbeertorte niemals backen würde. So informierte ich die Erzieher seiner Heimgruppe über unsere Vereinbarung. Ich bat sie, in einem Gespräch den Schüler von sich aus von der Vereinbarung erzählen zu lassen und ihn dann gelegentlich an seine Verabredung zu erinnern, sowie andere Hilfs-Ich-Funktionen zu übernehmen, z. B. ihm anzubieten, zum Einkaufen der Zutaten mitzugehen oder beim Backen der Torte zu helfen. Ich fragte den Schüler in den nächsten Tagen immer neugierig, was denn meine Torte mache. Er lächelte und meinte, er müsse erst auf sein Taschengeld warten, um die Zutaten kaufen zu können. Nach etwa zwei Wochen kam er mit einem Zitronenkuchen in die Schule. Die Erdbeeren seien zu teuer gewesen, so habe er einen Zitronenkuchen gebacken. Ich freute mich, und mein Hass war wieder liebevollen Gefühlen gewichen.

Für den Schüler war es eine wichtige Erfahrung, nicht abgewiesen zu werden. Um sein Ich zu stärken, überlegten wir zusätzlich, wie er in zukünftigen Situationen, wenn er wieder so wütend sei, sich bremsen könne oder verhindern könne, einen Mitschüler so unkontrolliert zu verprügeln.

Wiedergutmachung muss nicht derart materiell verstanden werden, ich akzeptierte hier aber den Vorschlag des Schülers, der offenbar meine Haltung schon verinnerlicht hatte und selbst eine Lösung fand. Die Szenen zeigen, dass die emotionalen Reaktionen so massiv sein können, dass es der interpersonalen Unterstützung bedarf, um reflexionsfähig zu bleiben. Indem die Kollegin in der aktuellen Situation meine Reflexionsfähigkeit wieder in Gang setzte und die Erzieher zum Gelingen der Wiedergutmachung beitrugen, halfen sie mir interpersonal, meinen Schock zu bewältigen. Es besteht aber auch die Gefahr, dass Kollegen aufgrund der eigenen Betroffenheit nicht die Reflexionsfähigkeit unterstützen, sondern die Abwehr der unerträglichen Gefühle fördern.

In den ersten Wochen meiner Arbeit in der oben genannten Klasse äußerten viele Schüler immer wieder die Fantasie, dass sie lieber einen anderen Lehrer hätten, nämlich den Herrn X. Herr X. galt in der Schule als der strengste und gefürchtetste Lehrer. Um so mehr kränkte mich diese Fantasie. So stand ich etwa neben einem Schüler, und er sagte mir: »Wissen Sie, Sie müssen es machen wie Herr X., uns Kopfnüsse geben und uns an den Ohren ziehen. Herr X. ist stark, Sie sind schwach.« In diesem Augenblick packte mich fürchterliche Wut und ich hätte dem Schüler am liebsten eine Ohrfeige gegeben. Oft spürte ich den Wunsch in mir, so durchzugreifen, wie die Schüler es forderten. Nun war ich in dieser Anfangszeit zweimal je eine Woche krank. Bei meinem ersten Fehlen wurde die Klasse auf andere Klassen aufgeteilt. Als ich wieder in die Schule kam, waren die Schüler erleichtert, machten Bemerkungen wie »dass Sie auch mal wieder kommen« und arbeiteten zumindest kurzfristig motivierter als zuvor mit. Als ich das zweite Mal krank wurde, hatte die Klasse eine Woche Herrn X. in Vertretung. Als ich zurückkam, waren die Schüler völlig außer sich vor

Wut: Wieso ich krank gewesen sei, wie ich ihnen das hätte antun können? Sie machten mich dafür verantwortlich, dass ausgerechnet dieser Lehrer die Vertretung übernahm. Ich fragte sie, warum sie so empört seien, sie hätten sich doch immer diesen Lehrer gewünscht. »Ja, aber so doch nicht«, meinten sie.

Die Schüler drängten mich heftigst, mich mit ihrer Fantasie, ihren inneren Bildern (Objektimagines) zu identifizieren. Die Provokation der Wiederholung der Szenen von Macht und Ohnmacht bedeutet nicht, dass die Schüler die provozierten Reaktionen brauchen, sondern das Ausagieren der Gefühle der Pädagogen wiederholt nur die Traumatisierung. So ging es bei diesen Szenen auch nicht um die Probleme der Trennung von mir, denn nach meinem ersten Fehlen waren meine Schüler froh, als ich wiederkam.

Nun waren es gerade in der ersten Zeit nicht nur die Schüler, die mich zur Übernahme ihrer Fantasie drängten, sondern auch einige Kollegen. Man müsse bei diesen Schülern hart durchgreifen, die Schüler brauchten dies. Die Identifikation mit der von den Schülern provozierten Reaktion führte nicht zur Reflexion, sondern zur Abwehr in Form von Rationalisierungen in Gestalt pädagogischer Alltagstheorien.

Da aggressive Schüler Lehrer immer wieder in ohnmächtige, angstvolle Situationen drängen, in Angst, »mit der Klasse nicht fertig zu werden«, ist das harte Durchgreifen und Strafen ein Versuch, die Ängste vor Kontrollverlust und Ohnmacht durch Verkehrung ins Gegenteil abzuwehren. Für die psychische Entwicklung der Schüler ist es aber wichtig, eine realistische Position beizubehalten, nicht zwischen den beiden Extremen von Macht und Ohnmacht zu schwanken. Dies ist gerade in der Sonderschule für Erziehungshilfe ungeheuer schwierig.

Eine interpersonale Abwehrstrategie war ferner das ständige Verschieben von Schuld. Zerstörte ein Schüler Dinge oder griff er andere Schüler oder Pädagogen an, so war die erste Frage immer: »Wer ist dran Schuld?« Schuld hatte immer der gerade Aufsichthabende. Einer meiner Schüler, eben jener, der mich gegen die

Schienbeine trat, rannte vom Sportfest weg ins Heim. Dort schlug er heftig auf eine Erzieherin ein, die mit Hilfe von Kollegen diesen Schüler dann in die Toilette einsperrte. Von dort sprang der Schüler aus dem Fenster und brach sich ein Bein. Nun beschuldigten die Erzieher sofort mich, denn der Schüler sei vom Sportfest weggelaufen, also aus der Schule, und damit trüge ich die Verantwortung für den Vorfall. Ich war sofort froh und erleichtert, weil dieser Schüler nicht in der von mir beaufsichtigten Riege mitturnte, ich konnte also sagen, dass er nicht aus meinem Unterricht weggelaufen war.

So wurden Schuldzuweisungen zwischen Heim und Schule verschoben, die eigentlichen Ursachen und Schwierigkeiten des Schülers wurden dabei leicht vergessen. Ich habe ja schon beschrieben, dass meine erste Reaktion auf den Mercedesstern-Diebstahl ein Gefühl der Erleichterung war, nicht Schuld zu sein, weil die Schüler nach dem Unterricht eines Kollegen diesen Diebstahl ausführten. Eben diese Verschiebung von Schuldgefühlen war auch die Abwehrstrategie der Schüler. Indem Schuld zwischen Heim und Schule hin- und hergeschoben wurde, kam es zur interpersonalen Abwehrstrategie, Schuld nicht zu bearbeiten, sondern zu verschieben.

Neben diesen interpersonalen Abwehrstrategien bestehen auch so genannte institutionalisierte Abwehrkonstellationen. Nach Mentzos (1988, 80) sind Struktur und Prinzipien einer Institution nicht nur zweckrational aufgebaut, sondern diese können auch Abwehraufgaben übernehmen.

Nach dem Unterricht gingen die Schüler mit uns Lehrern täglich in den Speisesaal. Wir hatten während des Mittagessens Aufsichtspflicht. Zur Essensausgabe mussten die Schüler in einer Schlange warten. Damit nicht mehrere Klassen gleichzeitig zur Essensausgabe kamen, war genau geregelt, um wie viel Uhr jede Klasse in den Speisesaal gehen sollte. Dies klappte natürlich fast nie. So gab es immer Gedrängel beim Anstehen. Für die Schüler war dies unerträglich. Sie schubsten und schlugen sich die Tabletts auf die Köpfe usw. Da sie sich immer Unmengen zu essen nehmen wollten, war genau geregelt, wie viel ein

Schüler maximal nehmen durfte. Auf der Seite der Schüler erhöhten diese Regelungen die Angst, nicht schnell genug und ausreichend zu essen zu bekommen, was wiederum das Drängeln verstärkte.

Auf der Seite der Lehrer gab es immer wieder die komplementäre Fantasie. Einige Kollegen gerieten gelegentlich in heftige Wut und ärgerten sich, dass es verboten war, die Schüler, die drängelten, ohne Essen wegzuschicken. Sie meinten, wenn man zwei- oder dreimal einen Schüler hungrig wegschicke, werde er nicht mehr drängeln. Es entstand heftige Wut wegen des gierigen, unkontrollierten Verhaltens der Schüler und der Wunsch, diese hungern zu lassen.

So wundert es nicht, dass in der inoffiziellen Speisesaalregelung die Regel aufgestellt wurde: Wer nicht aufisst, bekommt eine Woche lang keinen Nachtisch! Die Schüler sollten dadurch lernen, sich die richtige Menge Essen zu nehmen. Diese Regel führte nun wiederum dazu, dass die Schüler Essensreste in einem Schälchen versteckten. Sie stapelten dann mehrere Schälchen übereinander, wobei das unterste die Essensreste enthielt. Dies wurde wiederum mit dem Verbot, Schälchen aufeinanderzustapeln, beantwortet, und wir Lehrer hatten die Aufgabe, die Einhaltung des Verbots zu kontrollieren.

So existierten institutionelle Regeln, die genau die Ängste der Schüler vertieften. Es entwickelte sich eine Macht-Ohnmacht-Spirale. Das Verhalten der Schüler löste bei Lehrern Angst vor Kontrollverlust und heftige Aggression aus. Die Regeln stellten dabei eine Art Kompromiss dar zwischen der Identifikation mit den von den Schülern provozierten Impulsen, z. B. dem Wunsch, diese hungern zu lassen, und der Abwehr dieses Wunsches. Der Kompromiss bestand dann darin, lediglich mit dem Entzug von Nachtisch zu drohen. Die Regeln dienten der Abwehr der unerträglichen Fantasien und Gefühle der Lehrer; sie bewirkten bei den Schülern wiederum Ohnmachtsgefühle und Aggression. Die Schüler wurden auf diese Weise regelrecht in die Dissozialität (Regelmissachtung) getrieben. Ähnlich »ungesetzliche« Lösungen wie das Verstecken von Essen in den Schälchen fanden die Schüler bei fast allen Regeln.

Da die Schüler häufiger die Toiletten verwüstet hatten, gab es die Regelung, dass die Toiletten nur noch zu bestimmten Zeiten geöffnet waren. Es durfte auch immer nur ein Schüler pro Klasse zur Toilette geschickt werden. Diese Regelung hatte zur Folge, dass die Schüler in der Pause hinter die Büsche pinkelten, was zwar verboten war, aber selten bestraft wurde, weil niemand im Stande war, die Einhaltung dieser Regel durchzusetzen.

Die Schüler provozierten das Aufstellen dieser Regeln aufgrund des Wiederholungszwangs. Die Regeln schwächten so weiter das Ich der Schüler, weil sie die Macht-Ohnmacht-Spirale aufrechterhielten und die Ängste der Schüler (Essen, Analität etc.) nur weiter schürten. Sie wurden erneut in die ohnmächtige Position gedrängt, gegen die sie sich aggressiv zur Wehr setzten.

Regina Clos (1987) hat in einem Aufsatz beschrieben, wie institutionelle Regelungen in der Sonderschule für Lernbehinderte gerade das Trennungstrauma der Schüler dieser Schule wiederholen.

Ich vermute, dass sich in den spezifischen Sonderschultypen ganz spezielle Abwehrkonstellationen gebildet haben, die gerade die Erfahrungen ihrer Schüler reproduzieren und dadurch deren Entwicklung hemmen können.

So fühlte ich mich in der Sonderschule für Körperbehinderte und Praktisch Bildbare sehr wohl, hatte nur vier bis sechs Schüler in der Klasse und konnte einen schönen, spielerischen und lustvollen Unterricht gestalten, so dass mich Schüler gelegentlich küssten vor Freude, wenn ich ein Arbeitsblatt austeilte. Als ich jedoch wollte, dass einer meiner Schüler, der leicht körperbehindert war, selbstständig mit den öffentlichen Verkehrsmitteln statt mit dem Behindertentransport in die Schule kam, hatte ich erhebliche Probleme, dies durchzusetzen.

So besteht die Gefahr, dass Schulen für bewegungsbeeinträchtigte Kinder dazu neigen, auf dieses Trauma ihrer Schüler mit einer Überbehütung zu reagieren, und es damit unbewusst verstärken.

Die Schule für Erziehungshilfe ist in der Gefahr, auf das Leitsymptom ihrer Schüler, die erhöhte Aggression, mit erhöhter Kontrolle zu reagieren und damit die Gefühle von Ohnmacht und

Kontrollverlust zu verstärken und so die Macht-Ohnmacht-Spirale und Aggression weiter anzutreiben.

Für die Förderung der Entwicklung der Schüler müssen wir auch diese institutionalisierten, unbewussten Prozesse in den Sonderschulen reflektieren. Balint-Gruppen-Angebote (vgl. Roth 1985) wären hier eine sinnvolle Einrichtung.

Diese institutionalisierten Abwehrprozesse sind jedoch nichts Spezifisches der Sonderschulen, sie sind in jeder Institution zu finden. Gerspach (1990) beschreibt, wie sich in integrativen Settings Abwehrstrategien der Eltern, die mit der Integration die Verleugnung der Behinderung unbewusst verbinden, durchsetzen können. Ich habe kürzlich beschrieben, welche unbewussten Fantasmen sich in der psychoanalytischen Ausbildung als Institution auswirken und einen schädigenden Einfluss auf die Ausbildungskandidaten haben (Heinemann 2003). Selbst eine psychoanalytische Institution wie die DPV ist noch weit davon entfernt, diese Prozesse zu reflektieren.

III. PSYCHOANALYSE UND PÄDAGOGIK IN EINER EINRICHTUNG FÜR ERZIEHUNGSHILFE
(Tilo Grüttner)

1. Therapeutisches und pädagogisches Zusammenwirken – das Modell

Es ist leicht einzusehen – besonders nach der Lektüre des vorangegangenen Kapitels –, dass in einem Heim für dissoziale Jugendliche eine Kooperation von psychoanalytisch orientierter Therapie und Pädagogik wünschenswert und notwendig ist. Es ist allerdings schwer, dies in die Praxis umzusetzen, weil es große Anforderungen an die mitmenschlichen Fähigkeiten der an dieser Kooperation Beteiligten stellt.

Soll das gemeinsame Vorhaben gelingen, ist Hilfe – z.B. als Supervision – unbedingt nötig. Aber Hilfe annehmen heißt auch, sich als hilfsbedürftig erleben und darstellen; und das ist nicht so einfach.

Ich möchte darüber berichten und reflektieren – auch zur Reflexion einladen –, wie in einem Heim* für dissoziale Jugendliche und junge Erwachsene im Alter von ca. 13 bis ca. 21 Jahren versucht wurde, mit Hilfe von Therapie und Pädagogik Entwicklung, Nachreifung und Problembewältigung zu schaffen. Meine Ausführungen werde ich so gliedern, dass ich zunächst das Modell therapeutischen und pädagogischen Zusammenwirkens beschreibe, dann facettenartig wichtige Situationen für Therapeuten und Erzieher im Heimalltag schildere und in einem letzten Kapitel anhand eines Beispiels darstelle, wie ein Jugendlicher und seine Bezugspersonen im Heim diese Stationen und Situationen durchlebt haben.

---

* Ich war in diesem Heim als Supervisor und später als therapeutischer Leiter tätig. Die berichteten Beispiele resultieren aus langjähriger Praxiserfahrung und sind aus Datenschutzgründen mit Hilfe paralleler und ähnlicher Beispiele so weit anonymisiert, dass Zuordnungen ausgeschlossen sind.

Im allgemeinen haben Erzieher und Therapeuten am meisten Angst vor besonders aggressiven oder besonders depressiven Jugendlichen. Entsprechend wichtig ist deshalb ein Setting, das effektive Hilfe verspricht:

Um Spaltungsvorgänge, die von den Jugendlichen erfahrungsgemäß häufig induziert werden, zu bearbeiten oder wenigstens halbwegs transparent machen zu können, ist jeder Jugendlichenwohngruppe im Heim ein Therapeut bzw. eine Therapeutin zugeordnet. Alle Wohngruppenmitglieder, also Jugendliche, das pädagogische Team und Therapeut/in, treffen sich einmal wöchentlich in einer Gruppenversammlung, in der alles Wesentliche besprochen bzw. angesprochen und zur Weiterbearbeitung delegiert wird. Darüber hinaus nehmen die Therapeuten nach Möglichkeit an der Arbeitsübergabe der Erzieher teil. Ferner treffen sie sich mit den Erziehern ihrer Wohngruppe zu gemeinsamen Besprechungen, in denen den Therapeuten Aktuelles aus dem Heimleben der Jugendlichen berichtet wird – das so therapeutischer Bearbeitung zugänglich werden kann, auch wenn es die Jugendlichen nicht selbst einbringen – und die Erzieher erfahren können, welche Sicht die Therapeuten vom Alltag der Jugendlichen und von ihren Handlungen haben. Dieser Austausch hat sich sehr bewährt, trägt den Therapeuten aber gelegentlich auch den Vorwurf ein, ihre Schweigepflicht zu verletzen – was aber real nicht geschieht, denn die Therapeuten informieren die Jugendlichen, wenn sie den Erziehern etwas aus der Therapie mitteilen möchten.

Neben dieser Möglichkeit, sich über die Arbeit auszutauschen, gibt es 14-täglich eine externe Supervision für das gesamte Wohngruppenteam (also Erzieher und Therapeut/in) und eine Supervision im Plenum, an der alle Mitarbeiter des Heimes teilnehmen. Am Montagmorgen wird eine so genannte Wochenendbesprechung abgehalten, in der vom Verlauf des Wochenendes in den Wohngruppen berichtet wird und Pläne für die kommende Woche besprochen werden; Teilnehmer dieser Gesprächsrunde sind Heimleitung, pädagogische und therapeutische Leitung sowie Vertreter der einzelnen Wohngruppen. Außerdem gibt es regelmäßige Besprechungen zwischen Heimleitung und den einzelnen Fachbereichen des Heimes und zwischen Heimleitung und Wohngruppen.

Schließlich wurde die so genannte Einzelfallbesprechung eingeführt: Zu dieser Besprechung treffen sich turnusgemäß oder bei besonderen Vorfällen alle mit einem Jugendlichen befassten Personen. Meistens tagt diese Runde mit dem Jugendlichen zusammen. Manchmal beginnt sie aber auch zur internen Meinungsbildung für die Bezugspersonen ohne den Jugendlichen; er wird dann später zum Gespräch hinzugebeten.

Durch dieses Konferenzsystem können Spaltungsvorgänge transparent und bearbeitbar werden. Den Erziehern werden so auch therapeutische Überlegungen zugänglich, und den Therapeuten wird der pädagogische Alltag vertrauter. Die Therapeuten bekommen zusätzliche Informationen über den Jugendlichen in den wöchentlichen Einzeltherapiesitzungen mit den Jugendlichen. In den alle vier bis sechs Wochen stattfindenden Familien- bzw. Elterngesprächen, an denen auch die jeweiligen Bezugspädagogen des Jugendlichen teilnehmen, ist eine weitere Möglichkeit zu pädagogischer und therapeutischer Kooperation gegeben.

Die Kooperation beider Bereiche wird auch schon im Aufnahmegespräch deutlich: Hier machen sich im allgemeinen pädagogische und therapeutische Leitung gemeinsam ein erstes Bild von dem Jugendlichen, der ins Heim kommen soll. Wenn geklärt ist, in welche Wohngruppe der Jugendliche kommt, nimmt auch ein Vertreter der betreffenden Wohngruppe am Aufnahmegespräch teil. Nach diesem Gespräch haben wir ein Orientierungsgespräch zwischen Aufnahmeteam und Team der Wohngruppe eingerichtet, in die der Jugendliche aufgenommen werden soll. Den Mitarbeitern der aufnehmenden Wohngruppe liegen die Unterlagen der anfragenden Stelle vor, und das Aufnahmeteam berichtet über das Aufnahmegespräch. Auf diese Weise wird die Sicht des Aufnahmegesprächsteams und die Sicht der Mitarbeiter der Wohngruppe wechselseitig relativiert, so dass eine Möglichkeit geschaffen ist, sich von Seiten der Wohngruppe möglichst umfassend auf die Aufnahme des Jugendlichen vorzubereiten.

Zur Orientierung für alle an der gemeinsamen Arbeit Beteiligten dienen auch die Heimregeln. Hier sind Mindeststandards festgehalten, die das Verhalten aller Beteiligten im Hinblick auf soziale Verträglichkeit ordnen und überschaubar machen sollen. Eine der wichtigsten Regeln lautet: »Die Heimgemeinschaft lebt gewaltfrei.« Diese Regel weist auf ein Ziel hin, das mit aggressiven Jugendlichen zu erreichen viel gemeinsame Beziehungsklärung erfordert und Mut auch zur Wahrnehmung aggressiver Potentiale bei Erziehern und Therapeuten. Die Übertragungs- und Gegenübertragungsreflexion ist hierbei eine wichtige Hilfe.

Da wir die Erfahrung gemacht haben, dass wir nur mit solchen Jugendlichen gut arbeiten können, die freiwillig zu uns kommen, bekommen diese nach dem Aufnahmegespräch die »Hausaufgabe«, uns zu schreiben, warum sie ins Heim kommen und was sie hier für sich erreichen wollen. Dabei sehen wir durchaus, dass dies als eine Art von Unterwerfungsritual im Sinne einer institutionalisierten Gegenübertragung missverstanden werden kann, bei dem die Jugendlichen der Einrichtung beteuern, was diese hören will. Uns geht es hier aber vor allem darum, dass die Jugendlichen selbst Verantwortung für sich übernehmen, wenn sie sich schriftlich festlegen. Von den Eltern der Jugendlichen erwarten wir, dass sie bereit sind, zu den Familiengesprächen zu kommen. Einzeltherapie ist verpflichtend, das heißt, die Therapeuten versuchen, mit den Jugendlichen ihrer Wohngruppe in Kontakt zu kommen. Diese Bedingungen sind insgesamt nicht so sehr als Voraussetzungen für die Aufnahme ins Heim zu sehen, sondern vielmehr als Ziele, die wir mit unserer Arbeit zu erreichen suchen.

Die Realität, die mit diesem Modell für alle Beteiligten handhabbar werden soll, sieht im Allgemeinen etwa so aus:

Die Eltern von Kurt H. wenden sich an das Heim mit der folgenden Klage:

»Wir haben mit unserem Sohn, seit er die Grundschule verlassen hat, vor jetzt ungefähr vier Jahren, dauernd Probleme, die sich so äußern, dass er die Hauptschule so gut wie gar nicht besucht und auch nicht nach Hause kommt. Sämtliche Maßnahmen wie Schulwechsel, Einschaltung des schulpsychologischen Dienstes, des Jugendamtes und der Familienhilfe haben nichts gebracht.

Unser Sohn verschwindet auf dem Weg zur Schule immer wieder. Er übernachtet sogar draußen oder in einem fremden Keller. Einmal ist er mit meinem ganzen Lohn verschwunden. Laden- und Mofadiebstahl hat er auch schon begangen. Er ist auch sehr aggressiv zu uns und zu anderen. Gegen seine Angriffe und seine schlimmen Ausdrücke sind wir wehrlos. Wir haben es immer wieder im Guten versucht, auch im Bösen. Aber nichts hat geholfen, auch nicht Sitzungen mit verschiedenen Therapeuten und Psychologen. Unser Sohn war auch schon mal kurze Zeit in einem Heim und sogar in der geschlossenen Abteilung der Landesklinik. Aber es ist alles bisher ohne Erfolg. Im Moment ist er ganz verschwunden, und wir wissen nicht, wo er ist. Aber wenn er wieder auftaucht, muss doch etwas geschehen. Nur wir wissen auch nicht, was noch hilft.«

Bei der Begegnung mit solchen Klagen pendeln die eigenen Gefühle und Gedanken zwischen »Hoffnungslos« und »Das kann doch nicht so bleiben!«, zwischen »Der bringt hier alles durcheinander« und »Mal sehen, wie er wirklich ist«. Dazu kommt noch der Druck der Eltern: »Sie sind doch die Fachleute, wir sind am Ende.«

Der Gedanke, dass ich mir im Gespräch mit meinen Kolleginnen und Kollegen Hilfe holen kann, bringt dann das Modell wieder in den Blick und gibt Hoffnung auf Entlastung.

Der Moment, in dem die äußere Realität in den Heimalltag einbricht, kommt dann, wenn eine Aufnahmeanfrage eintrifft. Wie wir mit Hilfe unserer Modellvorstellungen versuchen, den Heimalltag zu bewältigen, möchte ich im Folgenden näher schildern. Die Auseinandersetzung mit der Situation der Aufnahmeanfrage soll hierbei als Einstieg dienen.

2. Die Aufnahmeanfrage – eine Situation zwischen irrealer Angst und extremer Verleugnung

Bei der Auseinandersetzung mit einer Aufnahmeanfrage werden wir immer wieder mit menschlicher Not in einer oft extrem aggressiven Umwelt konfrontiert. Die geschilderten Einzelschicksale von Jugendlichen vollziehen sich in einer Atmosphäre von Hass, Neid, Gewalttätigkeit, Abwertung, Hilflosigkeit und Ohnmacht, aber auch von Anspruchlichkeit, Gier, Selbstüberschätzung und Realitätsverleugnung. Dabei kommen wir leicht in eine seelische Bewegung, die zwischen zwei Extremen schwankt: In fast irrealer Verzerrung kann die Lektüre der Berichte der anfragenden Stelle uns ängstlich-betroffen machen – weil plötzlich das Bewusstsein eigener Kompetenz ausgelöscht zu sein scheint – und ablehnende Tendenzen mobilisieren, z.B.: »Dieser Jugendliche bringt uns das gesamte Heim durcheinander« oder »Um dem gewachsen zu sein, müssten wir alle Karatekämpfer sein; dafür sind wir ja gar nicht ausgebildet.«

Es kann aber auch geschehen, dass wir uns in extremer Verleugnung der Realität ganz großartig finden – mit einer oft unbewussten Tendenz, die Personen und Stellen abzuwerten, die sich vorher mit dem Jugendlichen befasst haben – und meinen: »Für den sind wir gerade richtig, das ist kein Problem.« Dabei ist sicher eine – zumindest unbewusste – Versuchungssituation, sich geschmeichelt zu fühlen, dann gegeben, wenn in den Akten der anfragenden Stelle vermerkt ist, dass unser Heim geeignet sein könnte, diesem Jugendlichen effektiv zu helfen; und wenn dann überzeugte Vertreter der anfragenden Stelle auch noch persönlich anwesend sind, kann es sein, dass Befürchtungen, die beim Aktenstudium noch da waren, auf einmal verschwunden sind und eine Heimaufnahme geschieht, mit der alle Beteiligten überfordert sind – was man leider immer erst im Nachhinein feststellen kann. Ein solches Beispiel möchte ich jetzt schildern.

Johannes S., 16 Jahre alt

In der Anfrage nach einem Heimplatz stand über Johannes unter anderem Folgendes geschrieben:

»Die negative Entwicklung von Johannes, die sich in destruktivem Verhalten im Familienkreis, in Schule und Bekanntenkreis gezeigt hatte, hat sich nach einer kurzen Pause auch im Heim fortgesetzt. Er drangsaliert die jüngeren Kinder, die älteren versucht er zu Fehlverhalten zu verleiten, was ihm leider oft gelingt. Bei Ermahnung zeigt er vordergründige Einsicht, setzt aber anschließend sein destruktives Handeln fort. Das geht von Diebstahl über Zündeln bis zu Körperverletzung. Vor einiger Zeit meinte er sogar, er müsse immer eine Waffe bei sich haben. Das ging bis zu drohendem Realitätsverlust, woraufhin wir ihn in die Jugendpsychiatrie bringen mussten. Auch dort ist er aggressiv entgleist und musste dreimal fixiert werden. Jetzt hat er sich zwar wieder beruhigt, wir sind aber nicht mehr in der Lage, ihm die adäquate Betreuung zu geben, die er braucht.«

Aus der Vorgeschichte von Johannes wurde unter anderem mitgeteilt:

»Sowohl Kindesmutter wie Kindesvater haben Heimerfahrung. Der Vater ist alkoholabhängig und hat in der frühen Kindheit von Johannes häufig die Mutter geschlagen und wohl das Kind auch. Möglicherweise hat Johannes deshalb eine Haltung von Angst und Machtgehabe entwickelt, womit er seine Umgebung immer wieder bedroht und in Angst versetzt. Die Mutter ist inzwischen zum dritten Mal verheiratet und hat in dieser Ehe noch einen Sohn bekommen, auf den Johannes extrem eifersüchtig ist. Die Eltern wurden mit der zunehmenden Aggressivität von Johannes nicht mehr fertig und gaben ihn in ein Heim. Beratungsgespräche sagten sie oft zu, aber kamen dann nicht.«

Als ich die Akte las, hatte ich arge Bedenken, ob Johannes bei uns gefördert werden könnte. Für das Vorstellungsgespräch hatte ich mir notiert:

1. Johannes braucht unbedingt eine Therapie. Seine Therapiemotivation prüfen und feststellen, ob die Eltern regelmäßig zu den Familiengesprächen kommen können – und wollen!
2. Johannes braucht eine klare pädagogische Führung.
3. Herausfinden, ob wir das leisten können.

Zum Gespräch, das ich nur ausschnittweise darstellen möchte, kommen Johannes, seine Eltern, je ein Vertreter der Klinik und des abgebenden Heims sowie eine Vertreterin des Jugendamts. Da ich mit Schwierigkeiten gerechnet habe, bin ich froh, als mir Johannes auf meine Frage, weshalb er hier sei, ziemlich bereitwillig antwortet. Dabei kann er Schulschwänzen als Problem zugeben und noch sagen, dass es auch sonst im Heim »nicht so gut« geht. Ehe ich hierauf – wie ich es vorhatte – näher eingehen kann, fängt die Mutter an zu weinen. Ich lasse mich von Johannes ablenken und wende mich der Mutter zu. Sie bekäme immer Schuldgefühle, weil sie sich vorwerfe, dass sie ja im Grunde schuld sei, weil sie zu früh geheiratet hätte. Das habe man ihr schon vorgeworfen. Ich wende ein, dass das wohl weniger ein Thema von Schuld als vielmehr von Überforderung sei.

Wie schwer es die Mutter im Umgang mit Johannes hat – was ihr aber gar nicht deutlich wird –, kommt heraus, als sie schildert, dass sie »gut« mit ihm zurechtkommt, »wenn er machen kann, was er will: Man muss ihn einfach in Ruhe lassen.« Meine Kollegin wollte an dieser Stelle einwenden, dass das aber im Heim schwer sei. Sie kommt aber nicht dazu, denn hier schaltet sich der Vertreter der Klinik ein und hebt lobend hervor, dass sich Johannes nach anfänglichen Schwierigkeiten gut in den Klinikalltag eingepasst habe. Die Vertreterin des Jugendamts fügt ein, dass man sich in der Klinik auch habe »intensiver« um ihn kümmern können als im bisherigen Heim. Dem wird vom Vertreter dieses Heimes nicht widersprochen. Es wird vielmehr akzentuiert, dass man dort keine Therapie mache, Johannes diese aber »dringend« brauche. Deshalb habe man auch unser Heim empfohlen, weil man der Meinung sei, dass Johannes hier am besten geholfen werden könne.

Erst viel später verstanden wir, dass wir an dieser Stelle schon unsere Kritikfähigkeit verloren hatten. Wir glaubten nämlich auf einmal auch, dass Johannes bei uns richtig wäre. Statt nun weiterhin zu prüfen, ob er in unser Heim passt und ob er und seine Eltern auch unser Therapieangebot für sinnvoll halten, machen wir mit ihm einen Rundgang durchs Heim und sind erfreut, als ihm gefällt, was er dabei mitbekommt. Darüber sind wohl alle sehr erleichtert, so dass wir ihm danach nur noch die »Hausaufgabe« geben, uns innerhalb von acht Tagen zu schreiben, ob er zu uns ins Heim kommen möchte und wie er sich seinen Aufenthalt hier vorstellt.

Nach dem Gespräch sind wir fast ein wenig euphorisch, was noch durch den Brief bestärkt wird, den Johannes uns kurz danach schreibt:

»Ich möchte in das Heim aufgenommen werden. In der Klinik habe ich sehr viel gelernt und mir für den neuen Start bei Ihnen einige Sachen fest vorgenommen. Ich will zum Beispiel machen, was mir gesagt wird, ohne jedes Mal zu sagen, dass ich keinen Bock darauf habe. Außerdem will ich keine Scheiße mehr bauen und auch kein Messer mehr bei mir tragen, weil ich das nicht mehr nötig habe. Ich will auch nicht mehr jedes Mal ausrasten, wenn ich denke, dass ich ungerecht behandelt werde, sondern dann versuchen, ruhig zu bleiben. Ich hoffe auch, dass ich es schaffen werde, mich immer zu benehmen, damit ich Ihnen keinen Grund liefere, mich rauszuwerfen, weil mir das Heim bei dem Rundgang sehr gut gefallen hat und ich gern zu Ihnen kommen möchte.«

Was uns wieder »auf die Erde« holte, war das Gespräch mit dem Team der Wohngruppe, in die Johannes kommen sollte. An unserem anfänglichen Ärger über die – berechtigte – Skepsis des Teams merkten wir allmählich, dass wir in einem Akt von Realitätsverleugnung für Johannes und seine Betreuer zu idealisierten Objekten geworden waren. Auch Johannes war in dieser Verleugnung gefangen und hatte sich in seinem Brief unter den Zwang überhöhter Ansprüche seines Ideal-Ichs gestellt. Das konnte er im Heim nicht lange durchhalten.

Sein Therapeut merkte es als erster: Johannes hat »keinen Bock auf Therapie«, kommt aber anfangs und lässt sich sogar auf die Aufgabe ein, sich zu malen. Er produziert zwei Bilder: Auf dem ersten Bild malt er sich ganz groß in die Mitte und um sich herum ziemlich klein »lauter arme Schlucker«. Das zweite Bild zeigt umrahmt von Totenköpfen und Giftsymbolen eine Familie (Vater, Mutter und Kind), die höhnisch grinsend auf ein zweites Kind schauen, das etwas abseits gemalt ist und den Mund zum Weinen verzieht. »Die haben den rausgeschmissen und machen sich nun über den lustig«, brüllt Johannes und sticht mit dem Stift so lange auf das Bild ein, bis die Spitze des Stiftes abbricht. Dann läuft er aus dem Therapiezimmer.

Es gelingt in der Folgezeit nicht, diesen Prozess therapeutisch und pädagogisch zu bearbeiten. Im Gegenteil: auch wir als Einrichtung agieren leider im Sinne des unbewussten Wiederholungszwanges und Johannes dekompensierte, was eine Einweisung in die Jugendpsychiatrie nötig machte. Das brachte uns nun Vorwürfe von der Vertreterin des Jugendamts ein, Vorwürfe in dem Sinne, dass wir Johannes »abgeschoben« hätten, nachdem wir Erwartungen geweckt hätten, die wir jedoch nicht erfüllen könnten: »Und die Leidtragenden sind allemal die Jugendlichen!«

Die Enttäuschung war verständlich, aber leidtragend waren wir alle; und das ist schwer auszuhalten, so dass allzu verständlich wird, dass sich Verleugnungstendenzen immer wieder einschleichen und aufgrund von Schuldgefühlen auch Spaltungstendenzen auftreten in »Versager«, die man verurteilen muss, und in »idealisierte Helfer«, die sich ohne Rücksicht auf eigene Grenzen – ja bis zum eigenen Zusammenbruch – für andere einsetzen müssen. Der oralen Gier der dissozialen Jugendlichen entspricht das verzehrende Sich-Aufopfern der dann »hilflosen Helfer«. Reflexion von Übertragung und Gegenübertragung kann hier helfen, den Sog der Verleugnung zu stoppen und wieder fähig zu echter Hilfe zu werden.

Peter G., der 14-jährige »Zehnjährige«

Wenn Eltern sich persönlich an das Heim wenden, kann es vorkommen, dass ein Vorstellungsgespräch stattfindet, ohne dass wir vorher Unterlagen einsehen können. Ein solches Gespräch mit Peter, seinen Eltern, einem pädagogischen Kollegen aus dem Heim und mir möchte ich nun schildern:

Mein Kollege fragt Peter, weshalb er denn hier sei: »Weil es mir hier so gut gefällt und weil alle hier lieb zu mir sind.« Diese Antwort verwundert mich doch einigermaßen. Peter wird weiter gefragt, warum er denn nicht mehr zu Hause bleiben kann. »Langeweile« gibt er als Grund an. Dann erzählt er aber von seinen drei jüngeren Schwestern, mit denen er nicht klarkommt. »Wenn die mich ärgern, gebe ich denen eine Ohrfeige.« Sofort denke ich: Wie passt das zu diesem lieben Peter von eben? Und dann fügt er noch hinzu, dass er auch nicht in die Schule möchte, weil man dort »nicht lieb« zu ihm ist. Als wir ihn näher nach Erlebnissen in der Schule fragen, erzählt er Situationen, die gar nichts mit Liebsein zu tun haben, z. B.:

»Als der Y. mich geärgert hat, da habe ich mich gewehrt. Dem habe ich ein Veilchen verpasst; und dem X., dem langen Lulatsch, habe ich mit der Faust ins Gesicht geschlagen, als der am Boden lag, immer wieder. Da hat die Lehrerin geschrien. Dabei bin ich klein für mein Alter, die meisten schätzen mich auf neun oder zehn, aber ich bin schon 14.«

Während ich zuhöre, bin ich hin- und hergerissen zwischen Interesse und Entsetzen, zwischen Gedanken, ob Peter einen Hirnschaden hat oder seelisch krank ist. Was mich besonders verwundert, ist der Umstand, dass sich die Eltern die aggressiven Schilderungen ihres Sohnes mit deutlicher Gelassenheit anhören.

Als ich sie dann frage, weshalb Peter denn aus ihrer Sicht ins Heim solle, erzählen sie von seiner Krankheit. Dass er so leiden müsse, habe ihn ganz aggressiv gemacht. Das sei manchmal gar nicht auszuhalten. Früher sei es noch schlimmer gewesen. Peter sei jetzt auch medikamentös eingestellt, aber er nehme die Medikamente nicht selbst, man müsse sie ihm immer geben. Aber das sei ja nicht so schlimm. Beunruhigt seien die Eltern, wenn Peter verzweifelt sei. Als er z. B. vor kurzem das Lied »Weißt du, wie viel Sternlein stehen?« hörte, hätte er gesagt: »Wenn Gott mich lieb hätte, wäre ich nicht auf der Erde.« Ich kann mich an der Stelle gut in Peter hineinversetzen und sage, dass man oft verzweifelt ist, wenn man eine so schwere Krankheit hat, und dann lieber sterben möchte als weiter leiden. In einem solchen Moment könnten dann aggressive Gedanken, besonders wenn man sie auch ausdrücken dürfte, gegen die Depression helfen. Aber Aggression ausdrücken heiße in diesem Falle nicht: losprügeln – denn das schafft Verletzungen und Schuldgefühle –, sondern sich eher mit Farbe und Pinsel auf dem Papier oder in Worten mit Gebrüll austoben.

Dass man aggressive und depressive Gedanken so deutlich ausdrücken sollte, ängstigt die Eltern. Besonders die Mutter ist besorgt, ob das nicht »alles nur verschlimmert«. Dazu äußern die Eltern noch die Sorge, dass sich Peter nicht schont: Er hat geschädigte Nieren und ein schwaches Herz, aber immer wieder will er voll Sport treiben. »Da nimmt er keine Rücksicht auf seine Gesundheit.«

Als die Eltern schließlich fragen, ob wir uns eine Aufnahme Peters ins Heim vorstellen können, meine ich, dass das gehen könnte, wenn alle Beteiligten gleich zu Beginn über das Krankheitsbild und über den Umgang mit der Krankheit informiert werden, auch die Jugendlichen der Wohngruppe, in die Peter kommen würde. Mein Kollege ist skeptisch und »kann die Frage jetzt noch nicht beantworten«.

In der Nachbesprechung sagte mir mein Kollege, dass ihm immer unbehaglicher geworden sei, weil er den Eindruck hatte, ich sei regelrecht begeistert gewesen, und er hätte mich gern gebremst. Seine Fantasie ging beim Gespräch in die Richtung, dass es mit Peter »im Heim Mord und Totschlag« gäbe, während ich mir ausgemalt hatte, dass wir »in jedem Fall« mit Peter zurechtkommen würden, »vielleicht sogar besser als die Klinik«.

Mein Höhenflug war das eine, die Katastrophenfantasie meines pädagogischen Kollegen das andere Extrem. Jeder von uns hatte die Realität des anderen ausgeblendet: Ich hatte nicht bedacht, dass der pädagogische Heimalltag der Realisierung therapeutischer Vorstellungen Grenzen setzt, und er hatte nicht bedacht, dass der Therapeut den Erziehern beim Umgang mit Peters Aggressivität ja auch helfen könnte.

Im Gespräch mit dem Team der Wohngruppe, die Peter vielleicht aufnehmen konnte, wurde schließlich klar, dass seine Aufnahme ins Heim unsere Möglichkeiten übersteigen würde. Es war nicht ganz leicht, das als Anerkennung unserer Realität zu verstehen und nicht in gegenseitige Abwertungen und Vorwürfe zu geraten, etwa in dem Sinne, »dass die Therapeuten am grünen

Tische gut reden haben« oder »dass die Erzieher sich nicht genug anstrengen bzw. zu viel Angst und zu wenig Lebenserfahrung haben«.

Aus Angst vor Fehleinschätzungen haben wir früher darauf hingearbeitet, dass möglichst alle Personen, die mit dem Jugendlichen im Heim zu tun haben würden, ihn und seine bisherigen Bezugspersonen vor der Aufnahme sehen. Das hat uns nicht davor bewahrt, manche Jugendliche wieder entlassen zu müssen, mit denen wir »nicht klarkamen«. Inzwischen wissen wir, dass wir immer nur Facetten des Jugendlichen sehen und dass sich erst im Laufe des gegenseitigen Kennenlernens ein Gesamtbild ergibt. Daher erfolgt die Aufnahme jetzt nach Vorstellungsgespräch und Diskussion mit dem Team der Wohngruppe, die den Jugendlichen aufnehmen soll. Nach der Aufnahme geht es dann um ein immer besseres gegenseitiges Kennenlernen, das notwendigerweise zu Verwicklungen führt, die in den nächsten beiden Kapiteln näher beschrieben werden sollen.

3. Verwicklungen und die Gefahr des Scheiterns der Beziehung

Die Erzieher werden durch ihren täglichen Umgang mit den Jugendlichen schnell in Situationen verwickelt, die ihre Belastbarkeit sehr auf die Probe stellen. Dabei finden die Jugendlichen mit hoher Treffsicherheit die »schwachen« Punkte ihrer Bezugspersonen heraus. Aggressive Reaktionen der Erzieher als Folge fortgesetzter Provokation durch aggressive Jugendliche lösen dann häufig große Schuldgefühle aus. Deshalb höre ich oft die Frage: »Darf man denn, wenn man provoziert wird, mit gleicher Münze antworten?« Als ich darauf einmal etwas salopp sagte: »Nicht mit gleicher Münze, aber mit klarer Grenzsetzung, vielleicht auch etwas aggressiv im Ton«, wurde das fast mit Erleichterung aufgenommen.

Von Kind an sind ja oft nicht nur »böse Handlungen«, sondern schon »böse Worte und Gedanken« verboten. In vielen Familien sind »Grimms Märchen« verpönt »wegen der vielen grausamen Stellen«, dabei wird in diesen Märchen gerade auch ein Beispiel gegeben, wie man ohne Schaden mit aggressiven Impulsen umgehen kann. Zwei Verhaltensweisen, die Angst vor Aggression abzuwehren, sind sehr verbreitet: Entweder geht man streng dagegen vor – mit Regeln, Moral, »Krieg« –, oder man verleugnet bis zu Harmonie um jeden Preis.

»Krieg« statt Angsterfahrung

Die Lektüre der Lebensgeschichte von Christian B. löste bei möglichen Bezugspersonen schon Angst aus, bevor er seinerzeit mit 13 Jahren ins Heim kam:

Seine Eltern hatten früh geheiratet und sich kurz nach der Geburt des Sohnes wegen extremer Streitigkeiten, die bis zu Gewalttätigkeiten des Vaters führten, wieder getrennt. Die Mutter hatte danach noch zwei unglückliche Ehen geführt und lebte schließlich mit einem Freund zusammen. Seit seinem vierten Lebensjahr war Christian in drei Pflegefamilien gewesen. Die Aufenthalte waren immer wieder daran gescheitert, dass die Pflegefamilien mit Christians Schwierigkeiten überfordert waren: zeitweise einkoten und einnässen, lügen, aggressives Verhalten und zuletzt auch noch stehlen. Die Mutter versprach dem Sohn immer wieder die Rückkehr in ihren Haushalt, konnte das aber nie einlösen.

Beim Vorstellungsgespräch im Heim wird sehr schnell deutlich, dass Christian äußerst misstrauisch ist und eine besondere Begabung hat, herauszufinden, wann die Erwachsenen unsicher sind. Er reagiert geradezu »allergisch« auf moralische Vorhaltungen oder pädagogische Erklärungen, denn er spürt gut – so war es z. B. bei der letzten Pflegefamilie –, dass mit solchen Ermahnungen oder Erklärungen oft persönliche Unsicherheiten verdeckt werden sollen. Als das zur Sprache kommt, fällt der Mutter ein, dass Christian oft aggressiv statt z. B. traurig reagierte, wenn sie in der Vergangenheit von der Idee sprach, dass doch ein Heimaufenthalt für ihn gut wäre, weil er da besser gefördert werden könnte als bei ihr. Jetzt wird ihr klar, dass sie innerlich zwiespältig ist: Neben dem Gedanken, dass das Heim für Christian gut sei, ist auch ein Schuldgefühl, »dass ich ihn abschiebe und mich nicht genug um ihn kümmere«. Sie fügt hinzu: »Ich kann aber schlecht darüber reden, denn dann kommt alles wieder hoch, was ich inzwischen gut verdrängt habe.«

Als ein Mitarbeiter Christian das Heim zeigt, kommen wir noch auf ein Thema, das die Mutter ebenfalls verdrängt hat, zu sprechen: Als ich nach Christians leiblichem Vater frage, stellt sich heraus, dass er in der Nähe von Christians Oma wohnt. »Ich will aber nicht, dass mein Sohn das weiß, denn der Erzeuger von Christian ist ein Verbrecher!« Sie hasse ihn immer noch. Dass es für den Sohn wichtig sein könnte, sich nun am Anfang seiner Pubertät ein realistisches Bild vom Vater zu machen, kann seine Mutter »nicht einsehen«.

Im Gespräch mit den Erziehern von Christians Wohngruppe erinnerte ich mich an mein Gefühl und das Bild, das ich von Christian hatte, als seine Mutter den leiblichen Vater so abwertete:

»Ich sah den vierjährigen Jungen trotzig-unzugänglich bei seiner ersten Pflegefamilie sitzen. Er wird ermahnt, weil er wieder mal was angestellt hat, und getadelt, weil er keine Reue zeigt. Was die Erwachsenen nicht wissen: Innerlich ist der Junge tief traurig und sehnt sich nach seinem Vater: Wenn Papa jetzt hier wäre, der würde es denen geben, mir helfen und mich mitnehmen.«

Beim Erzählen wusste ich plötzlich, warum mir wohl das Bild gekommen war und mich so tief berührt hatte. Aus eigener Erfahrung weiß ich, wie sich ein Junge fühlt, wenn er in diesem Alter seinen Vater verliert und zu »fremden« Leuten kommt, auch wenn die es »gut mit einem meinen«. Ich hoffte, dass dieses Bild und die Mitteilung meiner persönlichen Erfahrung den Erziehern helfen würden, mögliche Aggressionen Christians auch als Abwehr von Trauer oder Sehnsucht nach guten Eltern zu verstehen. Solche Aggressionen wären nämlich dann nicht wie Regelverstöße und Grenzverletzungen zu behandeln, sondern wie Hilferufe, die im Moment doch nur verzerrt oder »völlig verkehrt« zum Ausdruck kommen können.

Leider klafft immer wieder eine große Lücke zwischen therapeutischem Verständnis bei einem Kontakt von jeweils einer Stunde pro Woche und pädagogischen Alltagsnotwendigkeiten mit Kontakten rund um die Uhr. Das war auch so im Umgang mit Christian seitens des Therapeuten und seitens der Erzieher. Im Therapiegespräch kamen sehr schnell die Beziehung zur Mutter in den Blick und die Sehnsucht nach einem verständnisvollen Vater. Das führte zu Gefühlen schmerzlicher Enttäuschung, aber auch zu Hassgefühlen angesichts des Gedankens, dass er von den Pflegefamilien »wohl nur wegen des Geldes« versorgt und von der Mutter »betrogen« worden sei, weil sie ihr Versprechen, ihn zu sich zu holen, nie eingelöst hat. »Verständnis« fand Christian bei einem anderen Jungen mit einem ähnlichen Schicksal. Statt aber zu trauern, bekämpften die beiden nun die in ihren Augen lieblosen und verständnislosen Erwachsenen. Das ging über verbale Beleidigungen, Verweigerung von Pflichten bis zum Werfen mit Gegenständen.

In reflektierenden Gesprächen mit dem Therapeuten gelang es den Erziehern anfangs, mit den sie treffenden Aggressionen fertig zu werden. Aber diese Auseinandersetzungen zermürbten auch. Erschwerend kam hinzu, dass einige Erzieher durch Christians Biografie an eigene schmerzliche Erlebnisse erinnert wurden. Ähnlich wie bei Christians Mutter mobilisierte der durch Christians Verhalten ausgelöste Einbruch der eigenen Vergangenheit bei den Erziehern Verdrängungstendenzen, die schließlich darin gipfelten, dass Christian das Heim verlassen musste. Im Streit mit einer Erzieherin, die in ihrer Not sehr moralisierend auf der Erfüllung einer Pflichtaufgabe bestand, hatte Christian ein scharfes, spitzes Messer auf sie geworfen. Da er auch sonst schon gedroht hatte, »alle Sozis (= Sozialarbeiter) abzustechen«, war hier für das Team die Grenze der eigenen Belastbarkeit erreicht; die Angst vor der Wiederholung solch aggressiver Bedrohung und Gefahr von Verletzung im Team war so groß, dass Christian gehen musste.

Angesichts solcher Schwierigkeiten in der Arbeit mit dissozialen Jugendlichen ist es verständlich, wenn da der Wunsch nach Harmonie sehr stark aufkommt – wie im Fall von Walter N.

Harmonie statt Konflikterleben
Walter, seinerzeit knapp 17 Jahre alt, war wegen verschiedener Diebstahlsdelikte zu vier Wochen Jugendarrest verurteilt worden. Sein Richter war der Meinung, dass Walter eine intensive Betreuung benötige, und veranlasste, dass sich ein Sozialarbeiter noch während der Arrestzeit mit Walter beschäftigte. Im Bericht über diese Kontakte fällt auf, dass der Sozialarbeiter Walter schon nach dem zweiten Kontakt das »Du« anbietet und die Delikte sehr verharmlost:

Walter wurde zum Diebstahl verführt. Er tat es nicht aus eigenem Verschulden, sondern weil er eine freundschaftliche Beziehung zu einem älteren Jugendlichen hatte. Diese Beziehung, die er zu Hause nicht finden konnte, weil da nur Krach mit der Familie war, war für Walter wie ein Strohhalm, an den er sich klammerte. Um Beziehungen zu Mädchen aufzunehmen, war er viel zu gehemmt.

Als vorletzter von acht Geschwistern hatte Walter von seinen überforderten Eltern wenig Förderung erfahren. Die Mutter war verwöhnend, der Vater eher jähzornig: »Wenn er schlechte Laune hatte, trank er, prügelte und warf mit Flaschen nach uns.« Obwohl Walter die Wutausbrüche seines Vaters sehr verurteilte, konnte auch er »ausrasten«, was ihm eine Anzeige wegen Körperverletzung einbrachte.

Der Sozialarbeiter setzte sich sehr dafür ein, dass Walter in unser Heim kam. In der Begründung heißt es unter anderem:

»Walters bisheriger Lebensweg und besonders seine Entwicklung zum delinquenten Verhalten zeigen, dass er den alltäglichen Lebensanforderungen nicht gerecht werden kann. Auch die Familie kann ihm dabei nicht helfen. Aus der Wahrnehmung seiner Defizite sucht er Anlehnung an Ältere, mit deren Hilfe er seine Defizite auszugleichen sucht. So ist er leicht lenk- und beeinflussbar. Damit er berufliche und soziale Kompetenz aufbauen kann, braucht er einen schützenden Raum, wo er pädagogische und therapeutische Unterstützung bekommt, damit er die erlebten Enttäuschungen und Rückschläge verarbeiten kann und eine eigene gesicherte Identität erlangt.«

Das Team der Wohngruppe hatte richtig Mitleid mit Walter,

und dieser »dankte« mit sehr angepasstem Verhalten, das auf die anderen Jugendlichen in der Gruppe eine Art moralisierenden Druck ausübte. So war Walter oft Zielscheibe von Aggressionen der anderen Jugendlichen. Er verstand nicht, wieso diese ihn angriffen, wo er doch »gar nichts getan« hatte. Die Erwachsenen, die »froh« waren, »dass mal einer nicht gleich Terror macht«, schützten ihn und verurteilten die anderen, was natürlich keine Beruhigung, sondern nur eine »seltsame Ruhe« brachte.

Die Erwachsenen kamen erst unter Druck, wenn sie bei Walter »berechtigte Kritikpunkte« anzusprechen versuchten. Er reagierte nämlich dann mit stummem, vorwurfsvollem Rückzug, was bei den Erwachsenen Schuldgefühle auslöste. So gab es keine fruchtbaren Auseinandersetzungen, sondern es entstand ein ungesundes Schonklima. Statt Walter z. B. auf eine regelmäßige Teilnahme am Heimprogramm zu verpflichten, machte man sich Sorgen, wieso er schon wieder Magenschmerzen hatte oder ob man ihn vielleicht »zu sehr rangenommen« habe. Weil er andererseits den Erwachsenen oft zur Hand ging – er wusste z. B. immer, wo der Schraubenzieher oder Hammer war, den andere nicht zurückgebracht hatten, oder er half beim Saubermachen – und sich sehr mit ihnen identifizierte, sah man ihm vieles nach. Die Erzieher hatten z. B. unendliche Geduld, ihm einen beruflichen Einstieg zu ermöglichen. Innerhalb von eineinhalb Jahren versuchte man sechs (!) verschiedene Maßnahmen, die Walter jeweils nach drei bis vier Wochen wieder aufgab. Nun vermutete man »psychische Blockaden, z. B. übergroße Angst vor der Auseinandersetzung mit anderen Menschen«, und stellte ihn in einer Tagesklinik vor. Dort hat er »keinen Bock« und wird darauf »verstärkt« einzeltherapeutisch betreut. Weil der Therapeut ärgerlich auf die Klinik war, gelang es ihm nicht, Walters Anteil am Scheitern der Klinikinitiative zu problematisieren.

Nach zwei Jahren stellt das Team fest: »Alle Bemühungen, Walter zu einem Einstieg in den Beruf zu verhelfen, sind bisher gescheitert.« Dennoch hält es weiter daran fest, »dass Walter hochmotiviert ist, eine Ausbildung zu beginnen«. Man war richtig mit Walter fusioniert. Das zeigte sich besonders, als Walter zu diesem Zeitpunkt wieder einmal einen Diebstahl beging. Der Bezugspädagoge begründete das Delikt mit »Frustrationen bei der Berufsfindung« und verwies darauf, dass man gerade eine neue Stelle für Walter gefunden habe, dass er »hochmotiviert« sei und dass man diese Entwicklung durch eine Gefängnisstrafe nicht gefährden dürfe. Auch der Richter geriet in diesen Sog von Realitätsverlust, und Walter bekam eine Bewährungsauflage.

So ging es weitere eineinhalb Jahre, bis ein neuer Therapeut in die Wohngruppe kam – der bisherige Therapeut hatte an einem anderen Ort ein neues Betätigungsfeld gefunden. Der neue Therapeut konnte unbelastet von der Vorgeschichte der Wohngruppe mit Walter Kontakt aufnehmen. Er hatte zwei Bilder vor Augen, wenn er Walter sah: Er sah ihn als eine Art »Hausmeister« für die Wohngruppe, aber auch als das »Baby« der Gruppe, zu dem man immer lieb sein musste, wollte man nicht einem vorwurfsvollen Schmollen ausgesetzt sein, das Schuldgefühle machte, oder einer endlosen Argumentationskette wie bei einem altklugen Kind. Dem Therapeuten kamen im Kontakt mit Walter auch immer wieder Erinnerungen an die Babyzeit und an die Trotzphase seiner eigenen Kinder.

Als der Therapeut dem Erzieherteam seine Eindrücke schilderte und auch hinzufügte, dass der Kontakt mit Walter sehr anstrengend sei und ärgerlich mache, kam als erste Reaktion, dass man doch mit so einem »armen Schwein« – »ehrlich gesagt« – »mehr Mitgefühl« haben müsse. Und dann kamen viele Schuldgefühle seitens des Teams, dass man Walter »nicht gerecht« geworden sei; manche meinten sogar, dass man »versagt« habe.

Es war für das Team nur ein schwacher Trost zu merken, dass die – oft unbewusste – eigene Bedürftigkeit mit der Bedürftigkeit der dissozialen Jugendlichen unbemerkt eine unheilvolle Allianz einging sowie eine Identifikation mit den projizierten Schuldgefühlen der Jugendlichen stattfand, die dann zu Fusionierung und Realitätsverlust führte. Aber es wirkte erleichternd und führte zu einem realitätsgerechteren Umgang mit Walter. Die überhöhten Anforderungen konnten reduziert werden, und sowohl das Team als auch Walter konnten mit der Perspektive auseinander gehen, dass er eine Lagerarbeitertätigkeit einigermaßen zufrieden stellend ausüben und auch in einer Wohngemeinschaft leben konnte. Besonders wichtig war für alle die Erfahrung, »dass wir uns auch harte Sachen gesagt und es ausgehalten haben«. Als »etwas späte« Erkenntnis kam dann noch hinzu: »Die Harmonie in der Gruppe war doch auch ganz schön anstrengend. Aber unsere Angst vor Ablehnung war größer als unser Mut, mal was zu sagen. Das merkt man erst jetzt so richtig, wo es anders ist.« Der Zwang zur Harmonie dient in erster Linie der Bewältigung von Angst vor scheinbar unkontrollierbarer Aggression. Aggression wird so vermieden, nicht bearbeitet.

Die »wahre« Not der Jugendlichen
Gegen den Wunsch, dass der Umgang miteinander harmonisch sein soll, ist nichts einzuwenden. Es ist nur wichtig, dass daneben auch der Wunsch Platz hat, sich auseinander zu setzen, wenn es nötig ist. Ein Problem wird der Wunsch nach Harmonie, wenn er notwendige Auseinandersetzung und Angst vor Ablehnung verdrängen oder überdecken soll. Dann entsteht eine Atmosphäre von gespannter Ruhe ohne die Möglichkeit klarer Orientierung. Das bringt alle Beteiligten in Not; zuerst zeigen das die Jugendlichen – wenn auch oft zunächst sehr verdeckt. Ein solcher Jugendlicher war der 13-jährige Horst T.:

Die Bezugspädagogin fand eines Tages bei einem Rundgang in Horsts Zimmer eine zum Teil eingerissene, mit Brandlöchern versehene Heftseite, auf der folgender Text stand:

»Liebe F... Wie geht es dir eigentlich mit mir? Bestimmt nicht gut. Ich habe echt bei euch nicht eingebrochen. Das könnt ihr ruhig der Kripo sagen. Das ist ein Testament. Ich werde auch einen Einzelfall anmelden. Tschüß bis bald. Horst. Alle Sozis (= Sozialarbeiter) sind nett außer manchmal du F...lein. Horst. Ich liebe mein Zuhause. Ich will gern bald wieder hin.«

Dieses Blatt beunruhigt die Erzieherin sehr. Deshalb kommt sie zu mir, um sich Rat zu holen. Sie hat besonders Angst bei der Vorstellung, »dass der sich was antut«. Aber sie erzählt vom Umgang mit ihm vor allem Begebenheiten, die in mir eher Gefühle wie Wut und Ärger aufkommen lassen statt Besorgnis. Dabei fällt mir auf, dass die Erzieherin beim Erzählen viel lächelt, was so gar nicht zu den erzählten Begebenheiten passt. Dafür passt für mich zum Lächeln der Erzieherin die Verkleinerungsform ihres Vornamens (»F...lein«) auf Horsts Blatt. Offenbar können weder Horst noch seine Erzieherin ihren Ärger und vielleicht auch ihre Sorgen angemessen ausdrücken. Ich lasse mir deshalb erzählen, wie es mit Horst im pädagogischen Alltag aussieht:

»Der ist eine richtige Nervensäge. Kaum hat man ihm etwas verboten, macht er es schon wieder oder gleich etwas anderes. Oder er tut, als habe er nichts gehört. Bei dem muss ich mich sehr zurückhalten. Manchmal denke ich: Den könnte ich stundenlang verprügeln. Und das macht mir richtig Angst, dass es mal mit mir durchgehen könnte.«

Da ich den Jugendlichen kenne und erlebt habe, dass andere Erzieher ihn mit einer deutlichen Ermahnung durchaus bremsen können, kommt mir die Reaktion dieser Erzieherin auffällig vor, so dass ich sie frage: »Erinnert Sie Horst vielleicht an jemanden?« »Nicht, dass ich wüßte«, kommt als spontane Antwort. Da mich das nicht zufriedenstellt, sage ich, sie könne sich ja Zeit lassen, vielleicht fiele ihr dann doch jemand ein. Nach einiger Zeit kommt ihr dann ein Einfall:

»Mein jüngerer Bruder. Da spreche ich nicht gern drüber, deshalb ist mir der wohl auch nicht gleich eingefallen. Den habe ich richtig gehasst. Wir haben uns oft geprügelt, und einmal hatte ich so eine Wut auf den, da hätte ich den wohl totgeschlagen, ich war total außer mir, wenn mein Vater uns nicht getrennt hätte. Meine Eltern haben unheimlich getobt; und seitdem habe ich den nicht mehr angerührt. Seitdem bin ich überhaupt viel ruhiger geworden.«

Wir haben noch einige Male über die Ähnlichkeit von Horsts Verhalten mit dem ihres Bruders gesprochen. Dadurch veränderte sich allmählich ihr Umgang mit diesem Jugendlichen. Vor allem änderte sich der Umgang mit den eigenen aggressiven Impulsen. Die Erzieherin verstand auch, dass sie entgegen der Meinung ihrer Eltern kein »Teufel« war, sondern viel Wut hatte, wenn der Bruder sie ärgerte, aber sie merkte auch, dass hinter ihrer Wut oft große Verzweiflung darüber steckte, dass sie mit dem Bruder, den sie auch liebte, nicht »klarkam«. Besonders diese letzte Erkenntnis erleichterte sie sehr von Schuldgefühlen, die sie von Kind an in sich trug.

Eines Tages sah Horst, dass sie ein Mikadospiel wegräumte, das einer der Jugendlichen auf dem Tisch liegengelassen hatte. Horst kommentierte das mit: »Damit kann man einen umbringen.« Die Erzieherin antwortete: »Geht's dir heute nicht gut?« Horst sah erstaunt-nachdenklich auf und ging aus dem Raum. Der Kommentar von Horsts Bezugspädagogin: »Ich war selber erstaunt über meine Reaktion, aber ich glaube, bei ihm ist viel, was ich von mir kenne. Das ist manchmal richtig unheimlich.« An diesem Beispiel zeigt sich sehr deutlich, wie wichtig es ist, dass sich die Erzieher im Rahmen ihrer Arbeit auch mit ihrer eigenen Psyche beschäftigen; denn diese behindert oft ein Verstehen von Schwierigkeiten, die bei der Erziehungsarbeit aufkommen.

Wenn wir uns trauen, die im Umgang mit den Jugendlichen entstehenden Übertragungs- und Gegenübertragungsverwicklungen im Sinne eines szenischen Verstehens anzunehmen, profitieren alle Beteiligten davon. Das ist ein Paradox: Indem wir uns verwickeln lassen und auch unsere Ängste spüren, erreichen wir Klärungen. Wenn wir mit Harmonie oder »Krieg« unsere Ängste überdecken müssen, kommen alle Beteiligten in Not. Spaltungen, Abwertungen oder Ausstoßungen sollen dann helfen, die Not nicht wahrzunehmen. Aber das ist eine Sackgasse. Solche Sackgassen gibt es in ängstlichen Heimgemeinschaften, sie gibt es genauso in ängstlichen Familien. Thea Bauriedl beschreibt einen Weg aus der Sackgasse:

»Wenn ich es zum Beispiel mit einer derart verklammerten und verfeindeten Familie psychotherapeutisch zu tun habe, versuche ich herauszufinden, welche Lebensinteressen jedes einzelne Familienmitglied hat und weshalb es diese Lebensinteressen bedroht sieht. Unter Lebensinteressen verstehe ich z. B. Wünsche nach Kontakt, Nähe, Verständnis, Sicherheit, Geborgenheit, Versorgung, Sexualität. Diese Wünsche machen in solchen Familien so viel Angst, das heißt, es würde so viel Angst machen, sie zu äußern bzw. auch geäußert zu hören, dass sie zunächst verleugnet werden und dann durch moralische oder ›militärische‹ Formen von ›Krieg‹ bzw. Drohung und Erpressung ersatzweise befriedigt werden müssen. Durch den direkten Ausdruck der Wünsche würden Konflikte entstehen, die die Beteiligten nicht aushalten können, weil sie nicht glauben, sie durchstehen zu können. Man kann sich in solch einer Beziehung nicht vorstellen, durch vertrauensvolle Annäherung und ›Aushandeln‹ von Wünschen und Bedürfnissen miteinander zufrieden werden zu können.

Die Alternative zu ›Entweder-oder‹, ›entweder du – oder ich‹, heißt ›und‹. Wenn in einer gelingenden Familientherapie das Bewusstsein zunimmt, dass jeder nur mit dem anderen wirklich zufrieden werden kann, ja, dass er die Zufriedenheit des anderen unbedingt dazu braucht, um selbst zufrieden sein zu können, dann lösen sich die oben beschriebenen ›kriegerischen‹ Fantasien und Verhaltensweisen von selbst auf. Der Friede, der so entsteht, hat allerdings nichts mit Harmonie zu tun. Friede in diesem Sinn bedeutet vielmehr, dass die Konflikte zwischen den unterschiedlichen Interessen und Bedürfnissen ausgetragen werden, ohne dass die Beziehung an den Punkt kommen muss, an dem es nur noch heißt: ›Entweder ich oder du.‹ Es handelt sich um eine Beziehungsstörung, wenn aus einem Konflikt ein Krieg wird« (Bauriedl, 1985, 158f.).

Weil die eigene Bedürftigkeit nicht wahr sein darf, gibt es leider im Heim wie in der Familie oft »Krieg« oder Harmonie um jeden Preis. Die jeweils geschilderten Beispiele sollen ermutigen, sich – wenn auch mit Angst – der Vielfalt der Realität zuzuwenden und sich nicht unter der Einengung von Verleugnung, Entwertung oder Spaltung zu bekämpfen und dabei krank zu werden.

4. Psychoanalyse – Hindernis oder Hilfe für die Pädagogen

Es ist zwar schon ziemlich lange her, aber ich erinnere mich noch sehr gut an die erste Sitzung mit Therapeuten und Pädagogen, die ich als Supervisor im Heim abhielt. Drei Vorfälle wurden berichtet:

1. Ein Erzieher erwischt einen Jugendlichen, der gerade dabei ist, den Kleinbus des Heimes für eine Spritztour aufzubrechen. »Ich wollte ihn zur Rede stellen und fragen, was das soll; da ist er gleich mit einem Schraubenzieher auf mich losgegangen und hat mich am Arm verletzt. Ich konnte ihn doch nicht zusammenschlagen.«
2. Ein zweiter Erzieher kommt zufällig vorbei, als ein Jugendlicher sein Auto beschädigt. »Am liebsten hätte ich den sofort geschüttelt und angebrüllt, aber ich habe versucht, vernünftig mit dem zu reden. Aber der war nur unverschämt und wurde ausfallend.«
3. Ein dritter Erzieher berichtet, dass ihn ein Jugendlicher den ganzen Abend mit lauter Musik genervt hat. Als der Erzieher an die Zimmertür kam, war sie verschlossen. Er schimpfte, die Musik wurde kurz leiser gestellt. Als der Erzieher wieder weg war, wurde die Musik wieder lauter. Der Erzieher ging wieder zur immer noch verschlossenen Tür – obwohl nach der Heimregel die Zimmer für die Erzieher jederzeit zugänglich sein müssen –, schimpfte, die Musik wurde leiser. Dann wieder laut. Das ging so einige Male. Beim letzten Mal roch der Erzieher auch noch Rauch hinter der Zimmertür. Er mahnte nun dringlich, die Tür zu öffnen. Statt dessen hämisches Lachen hinter der Tür. Dem Erzieher riss der Geduldsfaden, und er trat die Tür ein. Der Jugendliche beschuldigte ihn der Sachbeschädigung, er hätte sowieso gerade aufmachen wollen. Der Erzieher war daraufhin von Schuldgefühlen wie gelähmt und entschuldigte sich.

Mir fiel das Zuhören schwer, denn ich hatte richtig aggressive Fantasien in bezug auf die Jugendlichen; das Wenigste war, sie gehörig anzubrüllen und zu ohrfeigen. Ich dachte auch: »Was die Erzieher sich alles gefallen lassen! Mit wir würden die Jugendlichen das nicht machen!« – und ich spürte einerseits Mitgefühl,

»was die Erzieher alles bei ihrer Arbeit erdulden«, und andererseits Sorge: »Wie die das alles aushalten, ohne krank zu werden!« Als ich die Runde nach Äußerungen und Eindrücken zu den geschilderten Beispielen befragte, war ich erstaunt, dass man sich vor allem damit befasste, »was wohl in den Jugendlichen vorgegangen und wie das zu verstehen ist«. Wie ein roter Faden zog sich durch die einzelnen Beiträge die Ansicht: »Ich bin ja gar nicht gemeint. Der hat was auf mich übertragen: wahrscheinlich die Wut auf seinen Vater oder vielleicht auch auf die Mutter.«

Großes Befremden kam auf, als ich fragte, ob die Betreffenden die Jugendlichen denn bei der Polizei angezeigt hätten. Was das denn mit Psychoanalyse zu tun habe, wurde gefragt. Dass man dann »gar nicht mehr mit denen arbeiten« könne, wurde befürchtet. Dass es um Delikte wie Sachbeschädigung, Körperverletzung und um versuchten Einbruch ging, wurde sofort weggewischt. Realitätsprüfung fand nicht statt; eher spürte ich eine starke Tendenz zu verleugnen, aus Angst, von den Jugendlichen abgelehnt zu werden.

Als ich nach dieser Sitzung nach Hause fuhr, musste ich mich »richtig sortieren«. Ich kam mir wie aus einer fremden Welt zurückgekehrt vor. Jemand hatte in der Sitzung auch gesagt: »Das Heimgelände ist exterritoriales Gebiet. Hier gilt auch die Schulpflicht nicht.« Stärker konnte die Verleugnung der Realität nicht formuliert werden. In diesem Sinne war auch der oft geäußerte Satz: »Ich verstehe das« kein Beweis für erfolgte Realitätsprüfung, die zu pädagogischem Handeln hätte führen müssen. Statt pädagogisch zu handeln, hieß es: »Wir müssen uns das erst einmal ansehen und abwarten.« Ergebnis des Wartens war dann eine versuchte psychoanalytische Deutung. So kamen die Erzieher auf einmal unbemerkt in eine traditionelle therapeutische Haltung, und wo pädagogisches Handeln erforderlich war, entstand eine Lücke. Diese füllten die Jugendlichen mit aggressiven Handlungen bis hin zu Selbstjustiz.

Einmal wurde z. B. ein Junge verprügelt, der die anderen immer wieder dadurch ärgerte, dass er seinen Hausdienst nicht oder nicht ordentlich versah – dabei ist es Aufgabe der Erzieher, sich um die Einhaltung der Regeln zu kümmern. Ein anderes Mal wurde ein Junge von anderen festgebunden und gequält, »weil er immer wieder störte«. Die Erzieher waren hilflos; denn sie hatten Schuldgefühle: Einerseits hätten sie das Opfer schützen und die Täter zurechtweisen müssen, andererseits »verstanden« sie die Täter, »denn wir hatten auch selbst Wut auf das Opfer«. Aber Schuldgefühle angesichts solch aggressiver Regungen in ihnen hinderten die Erzieher, selbst zu handeln. So kamen sie aufgrund falsch verstandener psychoanalytischer Pädagogik in eine gleichsam masochistische Haltung.

Weil so die »Not«-Rufe der Jugendlichen, z. B. »Der X muss mal einen drüber kriegen«, von den Erwachsenen nicht aufgegriffen wurden, begannen die Jugendlichen nun selbst, das Handeln in die Hand zu nehmen. Dieses Tun der Jugendlichen hatte den Charakter von Not-Reaktionen, um die Erwachsenen zu zwingen, nun endlich Grenzen zu setzen und für Schutz zu sorgen. Bei soviel Zurückhaltung der Erwachsenen hatten die Jugendlichen auf einmal kein schützendes Gegenüber mehr. Das versetzte sie unbewusst in Panik, die sie dann mit aggressiven Handlungen zu kanalisieren versuchten, denen die Erwachsenen hilflos gegenüberstanden.

Gleichsam gefangen in psychoanalytischen Deutungsbemühungen, konnten die Heimerzieher keine Handlungsfreiheit erlangen. Die anstrengende Arbeit förderte ein Regressionsklima, in dem die Erzieher immer ohnmächtiger wurden. Sie ließen sich »zu viel bieten«, sie wurden von den Jugendlichen beleidigt und entwertet, reagierten aber gar nicht, denn sie meinten: »Die sind immer so! Dafür können die nichts.«

Eine Wende im Umgang mit dem Verhalten der Jugendlichen kam, als die Erzieher endlich Grenzen setzten und die Jugendlichen mit der Realität konfrontierten. Ein neuer Kollege brachte diesen Impuls ein. Er bestand z. B. deutlich darauf, nicht beleidigt oder entwertet, sondern ernst genommen zu werden. Er bestand nicht in moralisierender Weise darauf, dass die Jugendlichen »bestimmte Dinge doch einsehen müssen und dass man bestimmte Dinge voraussetzen können muss«. Er setzte auch nicht voraus, dass die Jugendlichen »wissen müssen, dass sie bestimmte Dinge tun sollen«, sondern er bestand darauf, dass sie diese Dinge taten. Wenn das nicht »von selbst« geschah, verzweifelte er nicht, weil er ja damit rechnete, »dass sie es nicht von selbst tun«; er ging dann zu dem betreffenden Jugendlichen und sorgte dafür, dass dieser es »jetzt« tat. Das gab zwar einige Male Ärger, manchmal auch heftige Wut, aber es entstanden keine Schuldgefühle: Die Jugendlichen litten nicht mehr darunter, dass sie wieder mal versagt hatten und das nicht wiedergutmachen konnten, weil sie »es ja schon gestern« hätten erledigen sollen; und der Erzieher litt nicht mehr darunter, dass er sich als persönliches Versagen vorwarf, »wenn die das immer noch nicht aus sich heraus tun«.

Hier begann ein Umdenken und damit ein Abbau von Missverständnissen in Bezug auf das, was Psychoanalyse ist und was sie den Erziehern nützen kann. »Reine« Triebbefriedigung stand nicht mehr im Vordergrund, sondern Ichstärkung wurde in den Mittelpunkt der Arbeit gestellt. Das fiel vielen Erziehern sehr schwer, denn mit dem Umdenken kam auch ein Neuordnen der bisherigen pädagogischen Prioritäten und Wertvorstellungen in Gang. Dabei erwies es sich als ganz besonders schwierig, den eigenen Umgang mit den Ansprüchen der Jugendlichen zu problematisieren. Im Extrem fühlen sich die Erzieher verpflichtet, die Wünsche der Jugendlichen zu erfüllen, »weil die es ja sowieso bisher so schwer gehabt haben und ja auch hier nicht zu Hause, sondern nur im Heim sind«. Das geht so weit, dass die Erzieher zugunsten der sofortigen Triebbefriedigung der Jugendlichen riskieren, selbst mit den Heimregeln in Konflikt zu kommen:

Der Turnhallenbesuch ist z. B. nur in Anwesenheit der Erzieher erlaubt. Ist nun ein Erzieher zufällig mit anderen Verpflichtungen beschäftigt, fällt es meist sehr schwer, den Jugendlichen einen Triebaufschub zuzumuten; eher geschieht es, dass man die Jugendlichen in die Turnhalle lässt und sich dem Risiko aussetzt, von der Heimleitung eine Rüge wegen Aufsichtspflichtverletzung zu bekommen. Das führt dann zu ärgerlichen Auseinandersetzungen mit der Heimleitung, die anscheinend leichter zu ertragen sind als Vorwürfe der Jugendlichen, dass sie »den Sozis (= Sozialarbeitern) ja egal sind« und »dass die nur hier sind, um Geld zu verdienen«. Um der Angst vor der Aggression der Jugendlichen und den Schuldgefühlen zu entgehen, die aus solchen Vorwürfen entstehen, überfordern sich die Erzieher und kommen oft in arge Bedrängnis.

Wie hier Psychoanalyse eine Hilfe sein kann, möchte ich an zwei Beispielen verdeutlichen.

Der überforderte Erzieher

Herr S. kommt eines Tages zu mir und möchte einen Rat, wie er besser mit Situationen zurechtkommt, in denen mehrere Jugendliche zugleich etwas von ihm wollen, z. B. bei der Taschengeld-Auszahlung oder bei der Joghurt-Ausgabe. In solchen Situationen versucht er alles schnell zu erledigen. Wenn dann ein Jugendlicher noch etwas anderes will, kann Herr S. »ungeheuer wütend« werden: »Da muss ich mich bremsen, dass ich nicht handgreiflich werde. Und das verunsichert mich doch stark.« Da ich Herrn S. als einen sehr freundlichen Erzieher kenne, dachte ich beim Zuhören: »Der will es allen recht machen und überfordert sich dabei.« Diesen Gedanken teile ich mit, und Herr S. fühlt sich sofort verstanden:

»Stimmt! Ich will es allen recht machen, alle gleich behandeln. Wenn vier kommen, sage ich zwar: einer nach dem anderen, aber irgendwie will ich die alle auf einmal bedienen.«

Mir fällt spontan dazu ein: »Wie eine Mutter, die sich bemüht, alle ihre Kinder gleich zu lieben.« Dazu Herr S.:

»Wir waren zu Hause vier Kinder, und wir haben die Mutter auch genervt. Aber die hat uns immer geholfen – wie ich das beim Hausdienst mache. Zusammen geht es ja auch besser. Da kann man auch miteinander reden. Aber dann bekomme ich meine andere Arbeit nicht mehr erledigt.«

Herr S. ist einigermaßen beeindruckt, dass sein Verhalten im Heimalltag unbewusst so sehr davon geprägt ist, wie er als Kind den Alltag zu Hause mit der Mutter erlebt hat. Ich sage ihm, dass es jetzt erst einmal wichtig sei zu sehen, ob ihm die Erinnerung an früher sein Verhalten den Jugendlichen gegenüber verständlicher machen kann. Nachdem er das dann einige Zeit geprüft hat, wollen wir noch einmal über seine Erfahrungen sprechen.

In dieses Gespräch kommt Herr S. mit neuen Einsichten: Er habe sich erinnert, dass er als kleiner Junge die Mutter sehr geliebt habe und genauso werden wollte wie sie. Aber dann sei ihm jetzt eingefallen, dass die Mutter auch sehr mit den Kindern geschimpft hat – wozu er ja auch neigt –, wenn sie sich »genervt« fühlte. Aber das sei für die Kinder sehr schlimm gewesen, weil sie sich dann wegen ihres Verhaltens der Mutter gegenüber schuldig gefühlt hätten. »Das konnte man auch nicht wiedergutmachen; und das war besonders schlimm.« Als Herr S. das erzählt, kommt ihm plötzlich eine ganz wichtige Frage: »Meinen Sie, dass die Jugendlichen deshalb auch oft gegen mich aggressiv sind, weil ich zu spät etwas sage?«

Diese Frage öffnet Herrn S. einen ganz neuen Verstehenshorizont. In der Reflexion von aggressiven Situationen mit den Jugendlichen in seiner Wohngruppe merkt er, dass er sehr oft – wie seine Mutter – etwas sagt, »wenn es schon zu spät und nicht wiedergutzumachen ist«. Dann ist es nicht verwunderlich, dass die Jugendlichen aggressiv reagieren – wie er früher –, weil sie sonst von Schuldgefühlen erdrückt würden. Die Konsequenz aus dieser Erkenntnis war für Herrn S., dass er nun versuchte, schneller auf die Jugendlichen zu reagieren – das brachte ihm auch seine pädagogische Kompetenz zurück. Wenn er jetzt zu einem Jungen sagt: »Das ärgert mich«, heißt das: »Hör auf mit dem, was du gerade machst!« Schlimmstenfalls kommt dann eine ärgerliche Bemerkung zurück und dann ist es gut. Früher hieß »Das ärgert mich«: »Das hättest du nicht tun sollen.« Das ließ den Jugendlichen mit einer nicht wieder gutzumachenden »Schuld« zurück, auf die er – um sie loszuwerden – höchst aggressiv reagierte, was wiederum neue Schuld auf ihn häufte, weil Herr S. solche Aggression als »unberechtigt« verurteilte. So entstand jeweils ein Teufelskreis, in dem beide gefangen waren.

Indem Herrn S. durch die Gespräche und entsprechende Reflexion klar geworden war, dass er bisher durch das ihm unbewusste Wirken der in der Kindheit verinnerlichten Beziehungsszene (»Ich muss gut sein und es allen recht machen und alle gleich behandeln«) zu Selbstüberforderung neigte, konnte er allmählich davon Abstand gewinnen und nach und nach immer besser klare Grenzen setzen, womit er sich – und auch die Jugendlichen, die mit ihm zu tun hatten – entlastete.

Der überforderte Jugendliche

In einer Wohngruppe mit vorwiegend älteren Jugendlichen ist Thema, dass Gregor (18 Jahre alt) überhaupt keine Pflichten erledigt. Er geht nicht in die Lehrwerkstatt, er geht nicht zur Berufsschule, er weigert sich, den Hausdienst zu tun. Gleichzeitig fällt auf, dass er sich sehr an einen anderen Jugendlichen aus der Wohngruppe klammert und sich so kleidet, als wäre er der Zwillingsbruder des anderen. Als nun Kritik an seiner Verweigerungshaltung geübt wird, brüllt er: »Ihr seid ja alle blöd! Wieso soll ich denn überhaupt arbeiten gehen, einer muss mich doch versorgen!« Das klang so unverschämt, dass mein erster Impuls war: »Sofort rauswerfen!« So ging es auch den Erziehern, die das wütende Brüllen erst einmal stoppten.

Neben meinem ärgerlichen Gefühl über Gregors Wutausbruch entdeckte ich aber auch ein trauriges Gefühl. Beide Gefühle führten mich zu einem neuen Bild: Ich sah plötzlich in Gregor auch ein kleines Kind, das vor lauter Unglücklichsein unausstehlich wird und um sich tritt, wenn man Mitgefühl für sein Unglück zeigt. Als ich das äußerte, kam kein Protest, wie es sonst häufig seitens der Jugendlichen geschieht. Sie fühlten wohl ebenfalls, dass hinter Gregors Wutausbruch auch eine Sehnsucht nach Anlehnung und Gehaltenwerden stand – wie es auch in seiner »Zwillings«-Kleidung zum Ausdruck kam.

Das führte schließlich zu einer ganz neuen Einschätzung von Gregors weiterem Werdegang. Berufsausbildung und Verselbständigung erwiesen sich als Perspektiven, welche die Erzieher gern für Gregor gesehen hätten. Gregor selbst war noch nicht so weit. Für ihn ging es erst einmal darum, etwas Zuhause nachzuholen, um sich auf diese Weise seelisch für seinen weiteren Lebensweg zu rüsten. Statt in den Beruf ging er erst einmal wieder in sein Elternhaus zurück.

Anfangs sahen das die Erzieher als »Niederlage« an. Später konnten sie einsehen, dass sie überhöhte Ansprüche an Gregor gestellt hatten, deren Erfüllung mehr der eigenen narzisstischen Befriedigung gedient hätte, als dass sie Gregor von Nutzen gewesen wäre. Dass er dagegen rebelliert hat, war gesunder Widerstand.

Ein Fazit
Ist man in der Auseinandersetzung mit den Jugendlichen unbemerkt in einem Macht-Ohnmacht-Konflikt gefangen, kann man psychoanalytisches Denken benutzen, um zu rationalisieren, wieso ich den Jugendlichen nicht mit der Realität konfrontiere. In dieser Funktion dient es pathologischer Angstabwehr und behindert die pädagogische Arbeit. Als Anleitung zum Umgang mit Übertragung und Gegenübertragung, als Hinweis, dass die eigene Biografie und die eigene Person Hilfe für das Verständnis des Gegenübers werden können, und als Methode für das Begreifen, dass unser Handeln nicht nur von bewussten, sondern auch von unbewussten Motiven gesteuert wird, ist psychoanalytisches Denken eine wertvolle Hilfe für das Erfassen der Realität. So genutzt, stärkt Psychoanalyse die pädagogische Kompetenz und wird zu einer fruchtbaren Basis für die Zusammenarbeit von Therapeuten und Erziehern.

5. Genutzte psychoanalytische Hilfe – ein Fallbeispiel: Tom

In diesem Kapitel möchte ich an einem Beispiel schildern, was in meinen bisherigen Ausführungen eher facettenartig zur Sprache kam. Dazu erzähle ich die Geschichte von Thomas F. im Heim von seiner Aufnahme bis zu seinem Weggang. Thomas selbst fand seinen Vornamen »ätzend« und wollte mit »Tom« angeredet werden.

In der Aufnahmeanfrage für den damals 15-jährigen Tom fanden sich Charakterisierungen, die uns Angst machten, zumindest Bedenken auslösten, ob es mit ihm hier im Heim gut gehen könnte. Da stand z. B.:

»Thomas schwänzt öfter die Schule. Er unterdrückt Klassenkameraden und verleitet sie zu Streichen; wenn sie sich weigern mitzumachen, droht er ihnen Prügel an. Er ist vorwiegend aggressiv-aufsässig, wobei er auch schon einmal eine Lehrerin geschlagen hat, aber er neigt auch zu depressivem Rückzug. Er entfernt sich in den Pausen oft vom Schulhof und hat dabei schon zwei Ladendiebstähle begangen. Zur Rede gestellt, leugnet er oder entweicht. Er hat schon im Schlafsack nachts draußen übernachtet, wobei ihm Kälte und Hunger nichts auszumachen schienen. Von Anzeigen wurde bis auf eine Ausnahme bisher abgesehen, weil es der Junge sowieso schon sehr schwer hat.«

Dass es Tom »schwer hat«, bezog sich auf seine Vorgeschichte:

»Vater und Mutter waren schon einmal verheiratet gewesen und hatten jeder zwei Kinder mit in die neue Ehe gebracht. Tom war das erste gemeinsame Kind der neuen Verbindung. Als die Mutter nach 13 Monaten wieder schwanger wurde, war der Vater damit sehr überfordert und begann zu trinken. Streitigkeiten bis hin zu Prügeln folgten. Dadurch wurde auch die Mutter bis ans Ende ihrer Kräfte gebracht, so dass sie sich kurz nach der Entbindung umbrachte. Der Vater zog dann mit seinen Kindern zu seiner Tante, die für ihn ›schon immer wie eine Mutter‹ gewesen war, lernte kurz darauf eine neue Frau kennen, die auch schon eine Ehe hinter sich hatte und drei Kinder mitbrachte. Nach vier Monaten Kennenlernen heiratete das Paar, obwohl es auch in dieser kurzen Beziehung schon schwere Auseinandersetzungen gegeben hatte. Der neuen Familie gelang es nicht, sich zu stabilisieren. Die Streitigkeiten eskalierten bis zu einer unglücklichen Auseinandersetzung: Im Verlauf eines heftigen – auch zum Teil handgreiflichen – Ehestreits geht der alkoholisierte Vater in den Keller und kommt nicht wieder. Die Stiefmutter dachte, er würde unten – wie oft – weiter trinken und dann seinen Rausch ausschlafen. Er stürzte aber schwer und verblutete. Eine Anklage wegen unterlassener

Hilfeleistung gegen die Stiefmutter wurde fallengelassen. Seit dem Tod des Vaters wurde Tom ›äußerst schwierig‹ und war ›nicht mehr zu führen‹.«

Die erste Begegnung
Meine Kollegin und ich waren einigermaßen gespannt, wie die erste Begegnung sich gestalten würde. Sorgen gab es bei ihr, weil Tom eine Lehrerin angegriffen hatte. Wie würde er sich hier gegenüber den Erzieherinnen verhalten? Ich hatte eher Befürchtungen in der Richtung, dass er womöglich Unruhe unter den Jugendlichen stiften könnte, aber ich war auch fasziniert davon, dass Tom in der Lage war, Entbehrungen auf sich zu nehmen.

Tom kommt mit Stiefmutter und einer Vertreterin des Jugendamts zum Vorstellungsgespräch. Zunächst stellen wir die Einrichtung vor. Tom hört aufmerksam zu, und ich bekomme das Gefühl, dass es ganz gut mit ihm gehen könnte. Dann fragen wir Tom nach dem Grund seines Kommens. »Die Schule«, sagt er etwas lustlos. Er fügt auf Nachfragen noch hinzu, dass der Schulweg zu lang war. Da sei er auf halber Strecke aus dem Bus gestiegen, wieder nach Hause gegangen – die Stiefmutter war auf der Arbeit – und habe dann Videos geschaut, Computer gespielt oder sich mit gleich gesinnten Freunden verabredet.

Die Stiefmutter schaltet sich hier ein und korrigiert, dass das ja wohl keine echten Freunde gewesen sein können, wenn sie ihn von der Schule abgehalten haben. Als wir die Länge des Schulwegs als Grund für das Schwänzen in Zweifel ziehen und Tom noch »keine Lust eben« als weiteren Grund angegeben hat, zieht er sich in sich zurück. Wir Erwachsenen mühen uns vergebens, ihn weiter zum Sprechen zu bewegen. Ich merke, wie ich etwas ärgerlich werde, beachte das aber nicht weiter. So geht es wohl auch den anderen Erwachsenen; denn es wird überlegt, ob und wie wohl Tom im Heim zurechtkommen könnte.

Die Stiefmutter erwähnt als eine Stärke von Tom, dass er Hausarbeiten gut verrichten könne, »aber nur, wenn er will!« Als ich dabei dann aber erneut das Gefühl bekomme, dass es im Gespräch nicht vor und nicht zurück geht, fällt mir wieder ein, dass Tom ja auch allein ganz gut zurechtkommt, wenn er es sogar schafft, trotz Hunger und Kälte draußen zu schlafen. Ich sage dann laut, dass ich es erstaunlich fände, dass Tom zu solcher Leistung fähig sei, und er könne ja vielleicht auch so weiterleben. Hier stimmt die Vertreterin des Jugendamts zwar zu, fügt aber dennoch hinzu, dass er ja erst 15 Jahre alt sei, so dass er noch nicht in die Selbststständigkeit entlassen werden könne.

Ehe das Gespräch hier weitergehen kann, sagt Tom wütend: »Der Bastard!« Seine Stiefmutter fragt irritiert: »Wen meinst du denn?« Tom: »Den Wichser da! Den mach' ich kaputt« – und dann schlägt dieser doch etwas schmächtige Jugendliche plötzlich mit aller Gewalt auf den Tisch. Obwohl mich sonst nichts so schnell aus der Ruhe bringt, spüre ich etwas Angst, und ich bin froh zu merken, dass mir der Gedanke, mich im Ernstfall wehren zu können, Entlastung bringt.

An dieser Stelle des Gesprächs sind alle Erwachsenen erst einmal erschrocken. Die Mutter sieht es als »ungehörig« an und drängt auf eine Entschuldigung. Ich merke auf einmal, als ich mich innerlich etwas distanziert habe und im Sinne eines szenischen Verstehens das Geschehene zu begreifen suche, dass hinter meiner anerkennenden Äußerung auch etwas von ohnmächtiger Wut zu finden war, weil Tom uns mit unseren Bemühungen um ihn so ignorierte. Ich hatte mittels der Anerkennung von Toms Überlebensfähigkeit meine Ohnmacht und entsprechenden Ärger ins Gegenteil verkehrt und damit meine Angst, Tom ausgeliefert zu sein, verleugnet; so konnte ich mich in diesem Augenblick nur als jemanden erleben, der Tom etwas Gutes tun wollte, nicht aber als den, der ich auch war, nämlich jemand, der Tom an einer ganz empfindlichen Stelle getroffen hatte.

Diese Überlegungen halfen mir zu verstehen, dass Toms starke Wut, die fast zu Hass geworden war, in Wirklichkeit als ein Ausdruck von Panik verstanden werden musste. Dieser vordergründig plötzlich so aggressive Jugendliche hat panische Angst! Das spürte ich auf einmal ganz deutlich und meine Angst ließ nach. Jetzt wusste ich, dass Tom gar nicht so selbstständig ist, wie es schien.

Das Gegenteil ist der Fall: Sein größter Wunsch ist offenbar, dass man ihm Halt gibt, ihn umsorgt und beschützt.

In dem Maße, wie mir das alles klar wird, fühle ich, dass ich Tom innerlich näher komme, und ich kann mich wieder in das Gespräch aktiv einschalten. Ich teile meine Überlegungen laut mit. Tom reagiert nicht direkt, aber die Mitarbeiterin des Jugendamts greift das auf und bietet Tom an, mit ihm nach dem Gespräch darüber zu reden. Tom bleibt hier stur. Er sagt: »Der hat gesagt, ich soll draußen schlafen, also bin ich gleich weg.« Ich versuche klar zu stellen, dass ich das so nicht gemeint habe. Aber das kommt nicht an.

Ich werde wieder etwas ärgerlich, merke aber auch einen Anflug von Schuldgefühlen wegen meines Ärgers von eben. Das hilft mir, mich nicht wieder von Tom abzuwenden. Und so spüre ich hinter seiner provokanten Äußerung wieder seine Unsicherheit und Angst. Also sage ich ihm nochmals, dass ich seine Äußerungen als Ausdruck seiner Panik verstehe. Die Vertreterin des Jugendamts erneuert nochmals ihr Angebot. Weil Tom weiterhin stumm bleibt, beenden wir an dieser Stelle das Gespräch, und weil er mir Prügel angedroht hatte, überlegte ich vor der Verabschiedung, ob ich ihm die Hand geben sollte. Ich merkte, dass ich mich innerlich mit ihm »ausgesöhnt« hatte, und bot ihm meine Hand zum Abschied an – auch damit rechnend, dass er vielleicht aggressiv würde. Er drehte sich aber weg und ging auch in weitem Abstand vor Mutter und Sozialarbeiterin zum Auto, das alle drei nach Hause brachte.

Ich hoffte, dass Tom wahrgenommen hätte, dass ich ihn mit meiner »Anerkennung« nicht ausstoßen wollte, und dass es ihm gelingen würde, seine innere Abwehrhaltung ähnlich zu ändern, wie es mir glücklicherweise während des Gesprächs gelungen war. In Erinnerung an meine kurzzeitigen Schuldgefühle wegen meiner Wut hoffte ich auch, dass er sich seinen Wutausbruch nicht allzu übel nehmen würde, sondern erlebt hätte, dass wir damit fertig geworden sind. Allerdings hatte ich Bedenken, wie die Stiefmutter damit umgehen würde, weil sie in der Gesprächssituation sehr vorwurfsvoll und Schuldgefühle auslösend reagiert hatte, was wiederum von der Angst getragen zu sein schien, wir könnten ihr das Verhalten des Stiefsohnes als Beweis mangelnder Erziehungsfähigkeiten anlasten.

Etwa zwei Monate nach diesem Gespräch meldet sich die Vertreterin des Jugendamts wieder und teilt mit, dass nach einigen Gesprächen mit Tom und seiner Stiefmutter nun bei allen der Wunsch gewachsen sei, zu einem weiteren Gespräch ins Heim zu kommen.

Das zweite Gespräch – die Aufnahmesituation
Vor diesem Gespräch waren wir noch gespannter als vor dem ersten, auch etwas ängstlich in der Erwartung, dass es vielleicht wieder schwierige Situationen geben könnte. Zu merken, dass wir durchaus zwiespältige Gefühle angesichts der bevorstehenden zweiten Begegnung mit Tom hatten, half uns, nicht gleich zu verzagen, als Tom bei der Begrüßung erst mal einen ziemlich abweisenden Eindruck machte. Wir gestanden ihm und uns allen zu, dass es das letzte Mal für alle ziemlich schwierig war und dass wir diesmal versuchen wollten, uns weiter kennen zu lernen, um herauszufinden, ob es einen gemeinsamen Weg geben könnte.

Unsere Einstellung, Schwierigkeiten als »ganz normal« anzusehen und die Schwierigkeiten des ersten Gespräches als zur Gesamtproblematik zugehörig, half wohl Tom und auch seiner Stiefmutter, sich auf das Gespräch einzulassen, ohne Vorwürfe fürchten zu müssen. Denn diesmal konnten wir sogar »in die Tiefe« gehen. Als erstes bringt die Stiefmutter ihre Sorge, dass Tom in der Clique, in der er ist, »abgleiten und auf die schiefe Bahn kommen« könnte. Besonders der Anführer sei »schlimm«: Er sei »groß wie ein Baum«, »brutal« und trinke »mit seinen knapp 17 Jahren schon Alkohol wie ein Säufer«. Sie könne gar nicht verstehen, wieso Tom diesen Jungen so bewundere. Das »weiß« Tom auch »nicht«.

Als wir später über den Vater und seinen Tod sprechen, fällt auf, dass die Stiefmutter den Vater genauso schildert wie den Anführer der Clique. Kein Wunder, dass Tom sich für ihn interessiert. Da Tom weiß, dass die Stiefmutter nicht gut auf den Vater zu sprechen ist – er war »brutal, Alkoholiker, arbeitsscheu« –, wagt Tom nicht offen auszudrücken, dass er den Vater auch anders sieht und dass er ihn geliebt hat. In unbewusster Verschiebung kann er nun in seiner Bewunderung für den Anführer der Clique seine Liebe zum Vater pflegen. Sogar die Ambivalenz seiner Beziehung zum Vater ist dort lebbar: So wie natürlich Tom Angst vor der aggressiven Seite des Vaters hatte, so hat er auch Angst, dass die Clique ihm brutal zusetzen könnte, wenn er etwas täte, was dort nicht gutgeheißen wird.

Als ich diese Überlegungen, die mir halfen, Tom zu verstehen, der Gesprächsrunde mitteile, hört Tom aufmerksam zu, seine Stiefmutter wird dabei eher unruhig. Sie betont nochmals ihre Sorge, dass die Clique doch für Tom nicht gut sein könne; sie hatte nämlich meine Ausführungen so verstanden, als habe ich sagen wollen, die Clique und der Vater seien ganz in Ordnung gewesen. Dass es darum ging, Toms Vorliebe für diese Clique zu verstehen, kam nur bei Tom und den anderen an. Über den Tod von Toms Mutter wollte die Stiefmutter gar nicht reden. Sie sagte auch, dass sie der Großmutter mütterlicherseits seinerzeit verboten habe, mit den Kindern über die Mutter zu reden, »damit die nicht unnötig beunruhigt werden«. Ihr eigener Wahlspruch sei: »Ich gehe immer nur vorwärts, nie zurück!«

Da ich die Angst der Stiefmutter spürte, machte ich hier nicht zum Thema, dass natürlich Tom auch ihr gegenüber eine zwiespältige Einstellung haben musste: Sie hat sich zwar gut um die Kinder gekümmert, aber nicht dafür gesorgt, dass der Familie der Vater erhalten blieb. Im Bewusstsein der Schwere der Thematik sage ich an dieser Stelle nur allgemein, dass wir es für wichtig halten, dass die Vorgeschichte der Jugendlichen und ihrer Familien besprochen wird, weil nach unserer Auffassung nur so ein Verständnis der Probleme erreicht werden kann, die den Jugendlichen schließlich ins Heim gebracht haben. Dafür gebe es Einzeltherapie für die Jugendlichen und Familiengespräche für ihn zusammen mit seiner Familie und den Bezugspersonen im Heim. Das Angebot wird sowohl von Tom als auch von seiner Stiefmutter sofort interessiert aufgegriffen. Überhaupt wird Tom aufgeschlossener und will nun auch bereitwillig das Heim besichtigen. Als dies geschehen ist, bekommt er die schon erwähnte »Hausaufgabe«, innerhalb einer Woche zu schreiben, ob er ins Heim kommen will und wie er sich seinen Aufenthalt hier vorstellt. Die Verabschiedung war fast herzlich, und alle waren sichtlich erleichtert. Wir waren gespannt, ob und was Tom schreiben würde. Nach fünf Tagen kam der folgende Brief:

»Mein Name ist Tom F., und ich wurde am … 1969 als ältestes Kind von H… und C… F. geboren. Im Mai 1974 starb meine Mutter und mein Vater im September 1979. Zur Zeit lebe ich bei meiner Stiefmutter in X., da meine Eltern verstorben sind. Ich habe noch drei Geschwister, und die Kinder von meiner Stiefmutter leben auch noch bei uns. 1975 wurde ich eingeschult, aber ich musste nach einigen Wochen in die Vorschule. Ich musste auch zweimal eine Klasse wiederholen und bin jetzt auf der Hauptschule. Mit meinen Geschwistern verstehe ich mich nicht sehr gut. Deshalb würde ich gern in Ihr Heim kommen. Der Rundgang bei dem letzten Gespräch hat mir sehr gut gefallen. Ich finde auch gut, dass man mit jemand über seine Probleme reden kann.«

Der Verlauf des zweiten Gespräches und dieser Brief versetzten uns fast in Begeisterung. Wir reagierten daher ziemlich unwillig, als das Team der Wohngruppe, in die Tom kommen sollte, Befürchtungen äußerte, ob das mit ihm wohl gut gehen würde »bei der Vorgeschichte!« Die Reaktion des Teams holte uns wieder auf die Erde herunter. Unsere Verleugnung der schwierigen Seiten Toms verstanden wir als Auswirkung einer Überich-Problematik bei uns: Im ersten Gespräch mussten wir extreme Selbstentwertungen ertragen, was wir ja auch für das zweite Gespräch befürchtet hatten.

Als es nun im zweiten Gespräch anders lief und der Brief so positiv ausfiel, unterlagen wir einer Selbstüberhöhung; unsere Selbstunsicherheit wurde einfach abgespalten. So erlebten wir eine narzisstische Befriedigung, die unseren Blick für die Realität trübte – eine Situation, die im anstrengenden Heimalltag nur allzu leicht auftreten kann. Hier bewährte sich, dass wir im Heim als Schutz vor solchen unrealistischen Verzerrungen das Orientierungsgespräch zwischen Aufnahmeteam (therapeutische und pädagogische Leitung) und Team der aufnehmenden Wohngruppe eingerichtet haben; denn unser Gespräch mit dem Wohngruppenteam ermöglichte eine halbwegs realistische Einschätzung dessen, was Wohngruppe und Heim bei der Aufnahme von Tom erwartete: Wir rechneten mit Regelverstößen, wie Schulschwänzen oder Nichteinhaltung von Ausgehzeiten, wir befürchteten weiterhin aggressive Durchbrüche in Enttäuschungssituationen, wir sahen auch Schwierigkeiten in Therapie und Familiengesprächen, wenn die Rede auf die leiblichen Eltern käme oder wenn die Beziehung der Stiefmutter zum leiblichen Vater und zu Tom besprochen würde. Schließlich waren wir auch nicht sicher, wie Tom wegen der vorhandenen Geschwisterrivalität mit der Wohngruppe zurechtkommen würde.

Toms Werdegang im Heim und unseren Umgang mit ihm werde ich nun an exemplarischen Situationen schildern.

Toms Einstieg ins Heimleben und erste Schwierigkeiten

Toms erste Wochen im Heim und die Reaktion der Bezugspersonen auf ihn erinnern an die Situation im zweiten Aufnahmegespräch. Tom zeigt sich von seiner besten Seite, die Erwachsenen, besonders der Bezugspädagoge, sind sehr angetan von ihm. »Dass er das so schafft, hätten wir nicht gedacht«, war einhellige Meinung über Tom; denn er bemühte sich sogar, in Konflikten einsichtig zu sein und nicht aggressiv, wie er es gewohnt war.

Als Tom nach etwa fünf Wochen eine Freundin fand, reagierte er bei Konflikten nicht mehr einsichtig, sondern eher bockig: »Ihr versteht mich ja nicht, aber meine Freundin, die versteht mich.« Das brachte allmählich Ärger in die Wohngruppe und Aufspaltungen in solche, die »in Ordnung« waren, weil sie Tom verstanden, und solche, die »blöd« oder »Asi« waren, weil sie eigene Positionen behaupteten.

Das Wohngruppenteam ist »enttäuscht« von Tom, kann aber zusammen mit dem Therapeuten ein Verstehen von Toms unbewussten Inszenierungen entwickeln. Es wird allen sehr deutlich, dass sich hier wohl Toms Geschwisterrivalität reinszeniert. Da auch Tom in der Therapie über dieses Thema sprechen konnte, trat wieder eine Beruhigung ein, jedoch nicht für allzu lange Zeit: Ein Mitglied der ehemaligen Clique Toms wurde von einem Auto überfahren und starb. Kurz darauf trennte sich Toms Freundin von ihm, weil sie sich in einen Jugendlichen einer anderen Wohngruppe verliebt hatte.

Trotz der Versuche von Therapeut und Wohngruppenpädagogen, Tom zu ermutigen, seinen Schmerz über den Verlust von Freund und Freundin auszudrücken, verschloss er sich dem Gespräch. Er handelte: Mittels dreier Einbrüche in zwei Kioske und eine Gastwirtschaft suchte er Trost und »Entschädigung« für das erlittene »Unrecht«. Tom konnte den Verlust wichtiger Bezugspersonen nicht als Unglück erleben, sondern empfand es als »ungerecht«, dass er das erleiden musste, und entwickelte Vorstellungen darüber, wer daran »Schuld« war. Dass er mit einer Anzeige rechnen musste und ihm Sozialstunden oder sogar Jugendarrest drohten, fand er »total mies«. Auch sein Bezugspädagoge fand diese Aussicht für Tom »zu hart«. In seiner Stellungnahme, die das Gericht angefordert hatte, beschrieb er dann auch, dass Toms Delikt doch vor dem Hintergrund seiner schwierigen Familiengeschichte verständlich sei, dass es Tom leid tue und dass man »noch einmal von einer Bestrafung absehen« solle, zumal Tom ja auch in Therapie sei. Dass Tom in dieser Zeit die Therapie eher schwänzte als anwesend zu sein – weil der Therapeut darauf bestand, sich mit Tom über die Bedeutung der Delikte zu unterhalten –, ließ der Bezugspädagoge in seinem Bericht unerwähnt. Vom Therapeuten darauf angesprochen, sagte der Erzieher, dass Tom im Moment eher eine »positive Zuwendung« brauche als Arrest oder anstrengende Therapiegespräche; und er kümmerte sich verstärkt um Tom.

Der persönliche Einsatz des Bezugspädagogen für Tom brachte jedoch keine Beruhigung, er intensivierte nur Toms Tendenz, die ihn umgebenden Personen in Gute und Böse aufzuspalten, bis das in einer Wohngruppenversammlung eskalierte: Tom hatte sich immer wieder störend bemerkbar gemacht, was zunächst von den

Erziehern geduldig hingenommen wurde. Dann aber war der protokollführende Erzieher so »genervt«, dass er Tom zurechtwies: Er solle doch versuchen, produktiv mitzumachen, oder hinausgehen, wenn ihm das nicht möglich wäre. Daraufhin brach es aus Tom heraus: »Lass mich in Ruhe oder ich bring' dich um, du Schwein!«

Die Erzieher sind schockiert und unterbrechen die Versammlung. Angst kommt auf, man besteht auf einer Entschuldigung und beschließt, dass Tom erst einmal für acht Tage zu einer Familie kommt, die mit dem Heim in der Weise zusammenarbeitet, dass sie von Zeit zu Zeit Jugendliche betreut, die durch Konflikte so sehr mit den Wohngruppenpädagogen verwickelt sind, dass sowohl Jugendliche als auch Erzieher erst einmal Abstand voneinander brauchen, um wieder Kraft für weitere Klärungen zu finden. Tom erklärt sich damit einverstanden, und alle Beteiligten sind froh in der Hoffnung, dass nun wieder Ruhe einzieht.

In diesem Versuch, erst einmal weitere Eskalationen zu verhindern, wiederholt sich leider auch das Schicksal, das die Jugendlichen zu Hause immer wieder erleben: Wenn es zu schlimm wird, werden sie weggeschickt. Insofern muss im Nachhinein gefragt werden, ob dieses Vorgehen des Heims nicht ein Agieren, eine institutionalisierte Gegenübertragung ist. Wir nahmen dies wegen der Notwendigkeit einer Entlastung der Beteiligten in Kauf, hofften aber, dass durch die jeweilige gemeinsame Arbeit an dieser Szene eine erneute Traumatisierung verhindert werden konnte.

Problematisch ist hierbei auch eine Tendenz zur Verleugnung der eigentlichen Not, die auch schon zu einer gewissen Fusion zwischen Bezugspädagogen und Tom geführt hatte. Beide waren sich zumindest unbewusst einig, dass die Delikte doch verständlich und »so schlimm eigentlich auch nicht sind«. In dieser Phase des Geschehens war auch der Wohngruppentherapeut in die Verleugnung mit einbezogen: Er hatte zwar daran »gedacht, dass ja in Toms Geschichte schlimme Situationen vorkommen«, z. B. der tragische Tod des Vaters nach dem Streit mit der Stiefmutter, aber er hatte auch »gedacht, dass es für ein Gespräch darüber noch zu früh« sei. Die in Tom vorhandene, aber noch sehr unbewusste Angst vor einem erneuten Ausbruch seiner aggressiven Impulse wurde neben der Verleugnung dadurch abgewehrt, dass er solche Impulse mittels Projektion auf Personen verschob, die ihn bedrohten, z. B. die Polizei, den Jugendrichter, aber auch diejenigen Erzieher, die ihn an seine Aufgaben im Heim erinnerten oder ihn bei Verstößen zurechtwiesen.

Zuspitzung: Die aggressiven Impulse lassen sich nicht länger verleugnen
Der Aufenthalt Toms in der betreuenden Familie verschafft allen Beteiligten genügend Distanz, um es nach acht Tagen wieder miteinander zu versuchen. Das geht auch ganz gut. Es fällt allerdings auf, dass Tom in der Therapie überhaupt nicht über den Verlust von Freund und Freundin und auch nicht über die Delikte reden will, schon gar nicht will er »darüber traurig sein müssen«, wie er entsprechende Angebote seines Therapeuten für sich interpretiert.

In diese Situation relativer Ruhe bricht eine massive Störung ein: Tom hat in einem Wutanfall auf dem Flur vor seinem Zimmer einen Stuhl zerschlagen. Der Bezugspädagoge fordert ihn auf, die Trümmer wegzuräumen. Tom tut das nicht. Einige Zeit später hört der Erzieher laute Musik aus Toms Zimmer. Er bittet Tom, die Musik auf Zimmerlautstärke zu stellen. Tom reagiert nicht. Als mehrmalige Aufforderungen nichts fruchten, dreht der Erzieher die Sicherung heraus. Bei dieser Tätigkeit wird er von Tom überrascht, der ihn von hinten umklammert und droht, ihm den Hals zuzudrücken, wenn er nicht sofort die Sicherung wieder hineindreht. Der Erzieher überspielt seine Angst und droht seinerseits, dass »gleich etwas passiert«, wenn Tom ihn nicht loslässt. Tom lässt von ihm ab. Es gelingt, sich zu beruhigen, und Tom wünscht selbst eine erneute Ruhepause in der Betreuungsfamilie.

Dieser Vorfall geschah am Vorabend eines Plenums und verbreitete große Angst unter den Bezugspersonen. Das Plenum am nächsten Tag ist deshalb ein geeignetes Forum, die Ängste zu bearbeiten. Da aber Toms Bezugspädagoge an diesem Tag verhindert war, gab es keine Möglichkeit, geäußerte Ängste zu relativieren, so dass Realitätsverzerrungen zunächst nicht auszuschließen waren.

Erste Verarbeitungen im Plenum
Während es sonst einige Zeit dauert, bis sich die Mitglieder des Plenums dazu äußern, was sie besprechen möchten, meldet sich diesmal gleich ein Erzieher und beginnt: »Der H. (= Vorname von Toms Bezugspädagogen, weil man sich untereinander duzt) ist mit einem Knüppel bedroht worden, und ich fühle mich auch bedroht.« Sofort sind alle sehr aufmerksam, und mit Hilfe der Erzieher aus Toms Wohngruppe wird rekonstruiert, dass Tom einen Stuhl zerschlagen und dann laute Musik gemacht hat, dass der Bezugspädagoge die Sicherung herausdrehte und dann bedroht worden ist. Beruhigend wird noch hinzugefügt, dass Tom keinen Knüppel hatte; er hätte den Bezugspädagogen »nur am Kragen gepackt«. Herr A., der Erzieher, der das Thema eingebracht hat, lässt sich nicht beruhigen:

»Knüppel oder Stuhlbein, das ist mir egal, der Junge muss raus. Da wünsche ich mir auch Hilfe von der Heimleitung im Sinne der Fürsorgepflicht. Denn man kann doch nur ohne Angst und Aggression richtig arbeiten. Ich jedenfalls möchte geschützt werden. Ich kann so nicht arbeiten!«

Am liebsten hätte ich an dieser Stelle gesagt: »Dann suchen Sie sich doch ein anderes Heim!«, aber der Heimleiter kommt mir zuvor und stellt fest, dass es natürlich die Heimregel mit dem Verzicht auf Gewalt gibt und auch die Fürsorgepflicht der Heimleitung, aber man müsse jeden Fall auch individuell sehen und könne nicht »pauschal« die Heimregel anwenden. Allerdings habe er Sorge, dass sich der Bezugspädagoge vielleicht mit Tom überfordert. Das wiederum wird von seinen Teammitgliedern verneint, die betonen, man habe ihn das schon gefragt und hätte auch »eine Ablehnung der Weiterbetreuung von Tom mitgetragen«, aber H. habe gesagt, er wolle auch weiterhin Bezugspädagoge für Tom bleiben. Am Ende wird im Plenum der Wunsch geäußert, dass man doch das nächste Mal das Thema nochmals aufgreifen wolle, wenn H. wieder dabei sei. Ich verstärke das, indem ich meinerseits sage, dass ich gut fände, mit Hilfe von H. noch genauer zu klären, wie sich der Vorfall denn nun abgespielt habe.

Hier ertappe ich mich, dass ich von »H.« spreche statt von

Herrn M., obwohl das gar nicht meine Art ist, Mitarbeiter des Heims mit Vornamen zu benennen. In der Reflexion darüber entdecke ich Ärger über Herrn M. in dem Sinne, dass er den aggressiven Ausbruch Toms vielleicht hätte verhindern können, wenn er dafür gesorgt hätte, dass Tom den angerichteten Schaden (zerbrochener Stuhl) wiedergutmacht, damit nicht Schuldgefühle entstehen, deren Unerträglichkeit oft aggressive Impulse auslöst. So verstanden hieß mein Ärger: Ein kompetenter »Herr M.« hätte die Situation gemeistert, »der H.« hat das leider nicht geschafft. Solcher Ärger bezog sich auch auf Herrn A.; denn ich verstand seine Klage auch als Vorwurf an die therapeutische und pädagogische Leitung, dass wir bei den Aufnahmeterminen nicht die »richtigen« Jugendlichen für die Wohngruppen auswählen.

Hier zeigte sich eine starke narzisstische Thematik, verstärkt noch durch eine Ideal-Ich-Problematik bei allen Beteiligten. Selbstunsicherheit wurde abgewehrt durch unrealistische Größenvorstellungen. Die eine Seite sagte: Wir schaffen das mit Tom, und er gehört auch in unser Heim. Die andere Seite sagte: Wir müssen es ohne Angst und Aggressivität schaffen. Beides zusammen führt wegen mangelnder Realitätserfassung zu Überforderungssituationen, die aber wegen der eigenen narzisstischen Bedürftigkeit leicht der Verleugnung anheim fallen.

Im nächsten Plenum ist Herr M. anwesend und wird sofort gebeten, den Vorfall nun »authentisch« zu schildern. Der Ärger mit Tom habe schon am Nachmittag angefangen, erklärt er. Tom wollte seine Verpflichtungen im Heimprogramm nicht erfüllen. Herr M. hatte ihm daraufhin angekündigt, dann könne er auch bei einem Ausflug am Wochenende nicht teilnehmen. »Das liegt ganz bei dir!« Sofort kommt der Einwand im Plenum: »Wer sein Programm nicht selbst erledigen kann, der ist auch nicht in der Lage, mit H.s Ankündigung selbst fertig zu werden.« So wundert es das Plenum nicht, dass Tom wohl infolge des Überfordertseins mit dieser Entscheidung seinen Stuhl zerschlägt. Herr M. hatte das nicht so erfassen können, er war nur »einfach sauer«, hatte aber nicht für Wiedergutmachung des Schadens sorgen können, »weil der Stuhl ja Tom selbst gehörte«. Auch beim Abendessen ist

Tom unleidlich. Herr M. sagt aber nichts. Als dann gegen 22 Uhr laute Musik aus Toms Zimmer kommt, geht Herr M. »schon ziemlich genervt« dorthin:

»Ich habe ihm nur gesagt: Mach die Musik leise, mehr will ich heute von dir gar nicht mehr, alles Weitere morgen. Als dann nichts passiert, bin ich an den Sicherungskasten gegangen und habe begonnen, die Sicherungen rauszudrehen. Auf einmal ist Tom da und packt mich am Hemd. Ich hatte Angst: Hau ich ihn, oder haut er mich? Soll ich ihn schlagen? Nein! Hoffentlich schlägt er mich nicht. Soll ich meine Angst zeigen? Nein! Also sage ich: Lass bitte los, sonst passiert was. Hör auf! Glücklicherweise lässt er los und geht weg in sein Zimmer. Weil ich nicht wusste, ob Tom nochmals kommt, habe ich dann C. (Herrn A.), der in der anderen Wohngruppe Dienst hatte, geholt und mit ihm erst mal eine Tasse Kaffee getrunken.«

Durch die Schilderung von Herrn M. entsteht im Plenum eine ganz andere Atmosphäre als vorher. Der Eindruck, er sei mit Tom überfordert, weicht dem allgemeinen Eindruck, dass er Tom gewachsen sei. Seine Wohngruppenkollegen und -kolleginnen versichern sich dessen auch noch einmal im Plenum. Aber Herr A. ist nicht zufrieden. Er ist nach wie vor in Angst und erhebt nochmals seine »Forderung: Pädagogik muss angst- und gewaltfrei sein, und die Leitung hat die Voraussetzungen dafür zu schaffen!« Da die Zeit für dieses Plenum dem Ende zuging, wurde dieser Forderung nur noch einmal die andere aus dem letzten Plenum entgegengestellt: »Man muss jeden Fall individuell gewichten. Wir können die Heimregeln nicht einfach pauschal anwenden.« Allerdings wurde Tom von Seiten der Leitung in einem Brief nach dem Hinweis auf den Vorfall mit Herrn M. mitgeteilt:

»... dass Du ab sofort solche oder vergleichbare Angriffe auf Mitarbeiter und Mitarbeiterinnen oder auch Jugendliche zu unterlassen hast. Wie in den Heimregeln aufgeschrieben ist, lebt die Heimgemeinschaft gewaltfrei. Wenn es Dir nicht möglich ist, Dich künftig daran zu halten, müssen wir ernsthaft überlegen, ob Du in der Wohngruppe bleiben kannst. Das Jugendamt werden wir auch von dem Vorfall unterrichten.«

Mit Hilfe der beiden Plenen, mit dem Brief der Leitung und einem erneuten Aufenthalt Toms bei der Betreuungsfamilie und einer Entschuldigung Toms beim Bezugspädagogen nach zwei Wochen schien erst mal wieder Ruhe eingekehrt zu sein.

Wenn man im Nachhinein betrachtet, wie wir mit der Situation umgegangen waren, wird deutlich, dass wir in dieser Situation die Schwere der Traumatisierung Toms nicht erfasst haben. Tom muss wohl den Aufenthalt in der Betreuungsfamilie als Retraumatisierung erlebt haben: Die Situation mit dem Erzieher H. ist dann gleichsam als Reinszenierung der Not Toms zu verstehen, und die Klage von Herrn A. kann auch in diesem Sinne verstanden werden: Ich fühle mich hier so bedroht, versteht mich denn keiner? Er und Tom wurden leider damals so nicht verstanden. Es ist sehr tragisch, dass es immer wieder zu solchen Retraumatisierungen kommt. Um so wichtiger ist es, dafür sensibel zu werden.

Vertiefung der Auseinandersetzung mit Toms Aggressivität
Ehe Tom zu der Betreuungsfamilie fuhr, fand noch eine Wohngruppenversammlung statt. Die Erzieher hatten sich vorgenommen, das Thema »Gewalt und Hilfe gegen Gewalt« einzubringen. Das führte zu Fragen an Tom, wie: »Warum hast du denn deinen Stuhl zertrümmert?« »Weil ich Bock hatte.« Es führte zu Fragen an die Gruppe: »Wieso hat keiner von Euch dem H. geholfen?« Die Antworten: »Ich hatte einfach Schiss.« »Kein Bedarf.« »Ich habe mich ins Bett verkrümelt.« Ein Jugendlicher stellt die Frage: »Was löst überhaupt die Gewalt aus?« Dabei fällt einem anderen ein Vorfall ein, der vor einiger Zeit passiert ist. Da hatte ein Jugendlicher einen anderen so gereizt, dass dieser zuschlug, woraufhin er vom Opfer bei der Polizei angezeigt wurde. Da dem Therapeuten in diesem Zusammenhang einfiel, dass ja das Opfer früher viel misshandelt worden war, und er wagte, das hier zu sagen, war allen eine Möglichkeit gegeben, solche aggressiven Handlungen als unbewusste Wiederholungen früherer Erfahrungen zu begreifen.

Das gab viel Stoff für Gespräche mit dem Therapeuten und mit den Erziehern. Es entstand bei den Erwachsenen ein gutes Gespür dafür, dass der gute Rat, in solchen Fällen doch »in den anderen Häusern Hilfe zu holen«, oder die Drohung, dass »bei Wiederholung der Heimaufenthalt gefährdet« sei, wenig ausrichten.

Dass aggressive Handlungen und Fantasien unbewusste Wiederholungen früherer Traumata sind, konnte auch der Therapeut von Tom einmal sehr anschaulich erfahren. Tom war zur Therapie mit dem Wunsch gekommen, »ein Beil« zu malen. Spontan spürte der Therapeut Angst, denn ihm kam die Fantasie, Tom könne mit einem Beil hinter ihm stehen und ihn verletzen. Der Therapeut sagt aber nichts, sondern sieht zu, wie Tom das Beil malt. Dabei kommt ihm das Bild eines kleinen Jungen, der da sitzt und ganz vertieft mit Buntstiften malt; aber das Thema des Malens erzeugt auch ein leichtes Schaudern. Da fällt dem Therapeuten der Tod von Toms Mutter ein, und er äußert: »Das war vielleicht wie ein Beil im Rücken, als du damals hörtest, dass deine Mutter tot ist.« »Nein, nicht bei meiner Mutter, sondern bei meinem Vater war das wie ein Schlag in den Rücken, als ich das sah.« Mehr wollte er an dieser Stelle erst einmal nicht sagen.

Dieser Vorfall half den Erwachsenen – der Therapeut teilte dieses wichtige Ereignis in der Therapeuten- und in der Wohngruppenteambesprechung mit –, einen anderen Aspekt von Toms Aggressivität zu verstehen. Seine Aggressivität gegen andere war nicht nur ein Kampf gegen die auf böse Angreifer projizierten eigenen aggressiven Anteile, sondern sie war auch ein Hinweis auf gewaltsame Schicksalsschläge, die er erlitten hatte. In diesem Zusammenhang entstand dann noch eine Verstehensmöglichkeit für Toms aggressiven Ausbruch gegen Herrn M.: Herr M. hatte Tom an jenem Nachmittag auch gedrängt, zur Therapie zu gehen, weil Tom mal wieder »keinen Bock« hatte. Dieser Tag war »zufällig« der Tag, an dem sein Vater nach dem Streit mit der Stiefmutter gestorben war. Bewusst konnte das an diesem Tag noch nicht Thema werden, aber unbewusst fand eine Reinszenierung dieses schlimmen Erlebnisses statt.

Eine weitere Vertiefung der Bearbeitung von Toms Schicksal trat mehr zufällig ein. In die Wohngruppe kam eine Studentin, die ein Praktikum absolvieren wollte. Es ergab sich, dass Tom Zutrauen zu ihr fasste und sich öfter mit ihr unterhielt. Er sprach mit ihr auch über den Vorfall mit Herrn M., seinem Bezugspädagogen. Dabei wurde deutlich, dass ihm gar nicht bewusst war, dass er mit seinem Verhalten Herrn M. bedroht hatte. Er ist ganz erstaunt, als die Praktikantin ihm dies sagt – was uns im Nachhinein wieder erstaunte, weil wir ja dachten, wir hätten es ihm eindringlich genug deutlich gemacht.

Als Beispiele für Bedrohlichkeit erzählt Tom dann der Praktikantin Erlebnisse aus seiner Familiengeschichte: dass er erlebt hatte, wie der Vater die Mutter schlug, dass er von einer Fehlgeburt der Mutter und von ihrem Selbstmord wusste, dass er den Vater in seinem Blut gesehen hatte, weil er am Morgen nach dem Streit mit der Stiefmutter zusammen in den Keller gegangen war. Dass Tom dies alles wusste, erfuhren wir erst auf diesem Umweg über die Praktikantin. Uns gegenüber hatte er immer nur davon gesprochen, dass die Eltern »tot« seien oder eben »verstorben«.

Ihre Gegenübertragungsgefühle beschrieb die Praktikantin so:
»Manchmal kommt mir Tom wie ein Freund vor oder wie ein Bruder. Dann möchte ich am liebsten vergessen, dass ich Praktikantin bin, und mit ihm herumalbern oder sogar in die Disko gehen. Manchmal komme ich mir auch so vor wie eine Mutter. Mir tut es dann richtig gut, wenn er mir erzählt und ich ihn trösten kann.«

Als die Praktikantin das in der Therapeutenrunde, in der sich die Therapeuten mit mir über die Therapien der einzelnen Jugendlichen austauschen, berichtet, fällt Toms Therapeuten als erstes ein: »die Clique«. So verstanden wie von der Praktikantin muss sich Tom in der Clique gefühlt haben. Die Praktikantin hat auch das »Gefühl, dass Tom mich nicht wie eine Erwachsene sieht, sondern eher wie einen Kumpel«.

Wir besprechen dies auch in der Runde des Wohngruppenteams. Den dortigen Mitarbeiterinnen fällt in diesem Zusammenhang auf, »dass sich Tom mehr den Männern anschließt, uns meidet er irgendwie«. Also entsteht die Frage: »Von wem bekommt er mütterliche Zuwendung, wer kann sie ihm geben?« Die Erzieherinnen wollen dieser Frage nun nachgehen und erhoffen sich,

»dass er dann vielleicht etwas weicher wird«. Der Therapeut will das Thema in die Therapie und auch in die Familiengespräche einbringen.

Erneute Zuspitzung und Lösung
Ermutigt durch die Erzählung der Praktikantin traut sich nun auch der Therapeut an das schwere Thema »Schicksal von Mutter und Vater« bei Tom heran. Tom erzählt auch, entzieht sich aber, sobald er traurig wird. Spricht der Therapeut aus, dass er Toms Traurigkeit wahrnimmt, wird er als »Spinner« beschimpft; manchmal rennt Tom auch aus dem Zimmer. Im Familiengespräch ist es vor allem die Stiefmutter, die unwirsch reagiert: Beim Gespräch über Toms Mutter und Vater fühlt sie sich angegriffen; sie berichtet, wie schwer sie es in der Familie hatte, und dann schimpft sie über Tom, wie schwer er ihr das Leben gemacht hat und dass sie auch vom Heim schon »viel Schlimmes« über ihn gehört hat. Auch hier läuft Tom hinaus. Seine Stiefmutter ist getroffen, dass er sie »so blamiert«.

In dieser Phase des Heimaufenthalts Toms fühlen sich alle Beteiligten sehr unbehaglich. Es ist eine Atmosphäre von enttäuschten Ansprüchen, Selbstvorwürfen, Schuldgefühlen, Entwertungen. Auf einmal ist nicht mehr die größte Angst, dass Tom aggressiv »ausrasten« könnte, sondern »dass er sich vielleicht etwas antut«. Spricht der Therapeut eine solche Sorge an, wird er mit der Bemerkung »Quatsch« abgewiesen.

Bei Tom ist eher eine andere Tendenz zu bemerken: Er wird wieder häufiger aggressiv und verweigert sich. Gleichzeitig besorgt er sich einen ausgedienten »Kampfanzug« von der Bundeswehr, mit dem er fast stolz umherläuft – sehr zum Ärger eines seiner Wohngruppenpädagogen, der »stundenlang« mit ihm über die »Unsinnigkeit« von Waffen, Uniformen und Kriegsgerät diskutiert, weil er das »total ablehnt«. Das hatte jedoch nur zur Folge, dass sich Tom entweder verschloss oder höchst aggressiv reagierte, was wiederum den Erzieher entnervte. So entstand wieder einmal ein Klima, »wo er jederzeit explodieren kann«. Tom bat dann von sich aus um einen Aufenthalt in der Betreuungsfamilie, was alle erleichtert befürworteten, wobei sich in dieser Befürwortung wie auch schon vorher beim Umgang mit Toms »Kampfanzug« wiederum das Unverständnis und die Hilflosigkeit der Erwachsenen ausdrückt. Tom wehrte die seiner Aggression zugrunde liegende tiefe Depression ab. Näherte er sich seinen depressiven Gefühlen, half ihm die Aggression, nicht in Trauer und Schmerz zu ertrinken. Der Kampfanzug diente so seinem Abwehrmanöver, das nicht verstanden wurde. Statt Tom zu verstehen und ihn bei der Arbeit an seiner Depression und Aggression zu unterstützen, wurde er erneut in die Betreuungsfamilie gegeben.

So wundert es nicht, dass der Aufenthalt in der Betreuungsfamilie keine Entlastung bewirkte. Im Gegenteil: Als Tom zurückkam, wurde uns mitgeteilt, dass in der Betreuungsfamilie ein Pullover fehlte. Bei einer anschließenden Zimmerkontrolle wurde dieser in Toms Gepäck gefunden. Tom schien darüber fast erleichtert zu sein, die anderen waren tief enttäuscht, und einige Mitarbeiter äußerten: »Wir werden mit ihm nicht mehr fertig, der muss weg!« Hellhörig wurden alle Erwachsenen, als Tom auf einmal von sich aus den Wunsch äußerte: »Ich will hier weg, wohin, weiß ich auch noch nicht, aber weg von hier.«

Es kam zu einer Einzelfallbesprechung, die zunächst nur mit den beteiligten Erwachsenen stattfand: »Wenn er gehen will, dann soll er doch gehen. Das müssen wir respektieren.« »Das meint der doch nicht im Ernst«, sagt sein Bezugspädagoge, »aber ich gebe zu: Als ich im Urlaub war, habe ich gedacht: Schön wäre es, wenn er weg wäre, wenn ich wiederkomme. Der ist so anstrengend.« »Vielleicht ist das für Tom genauso anstrengend«, sagt ein anderer Mitarbeiter. Dem Therapeuten fällt ein, dass auch die Stiefmutter immer beklagt, wie sehr sie sich stets bemüht hat und wie anstrengend für sie die Wochenenden sind, an denen Tom die Familie besucht.

Mir kommt auf einmal das Bild von Tom im Kampfanzug, und ich erinnere mich an das Ende des Krieges, als ich einen verrosteten Stahlhelm fand und mich von da an sicher fühlte. Damals dachte ich auch: »Wenn du jetzt noch ein Gewehr hättest, könnte dir nichts mehr passieren.« Dabei war mir aber auch ganz klar, dass ich »von mir aus nicht schießen« würde. Als mir das so klar wird, kann ich mich wieder mit Tom verbunden fühlen. Ich spüre sehr deutlich seine große Angst vor Verletzung und sein großes Schutzbedürfnis, das bisher so wenig verstanden wurde.

Als ich meine Gedanken der Runde mitteilte, erzählt auch der Erzieher, der gegen den Kampfanzug so sehr zu Felde gezogen war, von seiner Angst vor Aggressivität und Krieg. Auf einmal wird es »ganz persönlich«, Verstehen wird möglich, und die vorher so vehement vertretenen pädagogischen Einsichten entpuppen sich nun ganz deutlich als Abwehr eigener schlimmer Ängste. Als dann Tom in unsere Runde kommt und wir berichten, was uns so durch den Sinn gegangen ist, kann er zuhören und muss nicht rauslaufen. Er selbst sagt wenig. Wir aber stellen fest, dass wir uns alle überfordert haben. Aus Angst, die vorhandene Not nicht aushalten zu können und zu versagen, trauten wir uns gar nicht mehr, die Realität anzusehen, sondern steigerten uns in immer höhere Ansprüche an uns und an Tom, womit die Angst vor Versagen und die Bereitschaft zu Vorwürfen einherging und wuchs. Tom schützte sich, indem er uns in gute und böse Partner spaltete. Dabei war er ein Guter, der mittels projektiver Identifikation seine aggressiven Anteile auf die »Bösen« verschoben hatte.

Aber »nur« gut zu sein ist auch eine große Last, die niemand lange tragen kann. Das wurde als unbewusster Sinn des Diebstahls in der Betreuungsfamilie in der Therapie deutlich. Durch unseren »persönlicheren« Umgang mit ihm war es ihm auch möglich, näher an sich heranzugehen. Er offenbarte z. B. dem Therapeuten nach und nach, dass er immer nach Vorfällen, bei denen er aggressiv reagiert hatte, dachte: »Ich bin so brutal wie mein Vater. Das habe ich von dem geerbt, das ist mein Schicksal. Da habe ich sogar schon an Selbstmord gedacht.« Hier wurde deutlich, dass Tom sehr an Schuldgefühlen litt, den anderen eine Last zu sein. Das hatte er ja auch oft von der Stiefmutter gehört. Tom hatte ein sehr starkes verbietendes Überich; so konnte er lange auch »nicht verstehen, wieso meine Stiefmutter nicht vor Gericht musste, sie hat ihm ja nicht geholfen!« Diese »Ungerechtigkeit« half Tom aber später zu akzeptieren, dass es auch Situationen gibt, »die passieren, ohne dass man sie verhindern kann«. Die angemessene Reaktion auf ein solches Unglück ist dann das Erleben von Ohnmacht, Verzweiflung, Wut und Trauer und nicht das Erheben endloser Vorwürfe und das Sich-Quälen mit Schuldgefühlen, d. h. einer depressiven Reaktion.

Ausblick

Die Wende im Umgang mit Tom kam, als es uns gelang, mit Hilfe des szenischen Verstehens zu begreifen, dass Toms Geschichte im Heim reinszeniert worden war. Ähnlich wie die Stiefmutter dachten wir zunächst, wir könnten Tom ein neues Zuhause geben. Natürlich wussten wir »theoretisch«, dass seine Vergangenheit auch hier eine Rolle spielen würde. Unsere Angst davor führte zu Verleugnung und Selbstüberschätzung. Toms Ausbrüche kamen deshalb oft »wie aus heiterem Himmel«, wo wir doch als »Professionelle« damit hätten rechnen müssen.

Die theoretische Einsicht, dass man bei einer Vorgeschichte wie der von Tom gleichsam »mit allem rechnen« muss und dass das vor allem ein wirksamer Schutz ist, weil man vorbereitet ist und dem Verursacher deshalb keine Vorwürfe machen muss, geht leider bei der Arbeit mit dissozialen Jugendlichen immer mal wieder verloren. Denn die anstrengende Arbeit ist auch immer von dem verständlichen Wunsch begleitet, »dass es doch auch mal gut sein muss«. Aber leider ist eher Vorsicht statt Beruhigung notwendig, wenn es in der Arbeit mit dissozialen Jugendlichen harmonisch zugeht; denn zu echter Harmonie sind sie zunächst gar nicht fähig. Schaffen sie es anfangs trotzdem, ist es meist »nur« eine Kraftanstrengung – wie bei Tom –, die bald wieder zusammenbrechen muss. Damit an dieser Stelle keine »unnötigen« Schuld- und Versagensgefühle entstehen, ist es wichtig, dass die Erwachsenen sich und die Jugendlichen nicht mit überhöhten Ansprüchen überfordern, was immer dann geschieht, wenn die eigene Bedürftigkeit verleugnet wird.

Solche Überlegungen halfen uns, auch mit der Stiefmutter nachsichtiger umzugehen, was bei ihr zu einer gewissen Lockerung führte, die wiederum Tom zugute kam. Hierbei war für Tom besonders wichtig, dass sie in einem Gespräch einmal sagen konnte, dass sie den Vater Toms anfangs doch geliebt hat. Das half Tom, auch seinerseits Gutes am Vater und an sich zu finden. In der Berufswahl, Handwerker zu werden wie sein Vater, fand er eine Annäherung an den lange entwerteten Vater. Auch die Beziehung zur Stiefmutter besserte sich, aber er zog später nicht in ihre Nähe, wie sie es sich doch »im Stillen« gewünscht hatte. »Dort zu wohnen würde mich immer an den Tod meines Vaters erinnern«, war für Tom Grund genug für seine Entscheidung. Nach drei Jahren Heim zog Tom im 2. Lehrjahr in eine Wohngemeinschaft, die einmal wöchentlich von einem Sozialarbeiter betreut wurde, um sich dann nach einem weiteren Jahr ganz auf eigene Füße zu stellen.

Als Tom das Heim verließ, war er immer noch anfällig für aggressive Ausbrüche. Aber er hatte auch gelernt, sich zu schützen, so dass er auch ab und zu seine weiche mitfühlende Seite zeigen konnte – auch wenn es nur eine Art depressive Stimmung war, die er zwar »ätzend« fand, aber nicht mehr zudecken oder überspielen musste.

Bei der Darstellung von Toms Zeit im Heim ging es mir darum, an einem überschaubaren Beispiel das Zusammenwirken von Therapie und Pädagogik aufzuzeigen. Insgesamt kam es mir bei meinen Ausführungen nicht nur darauf an darzustellen, wie Pädagogik und Therapie sich gegenseitig beim Prozess, die Jugendlichen im Heim zu verstehen und zu betreuen, helfen können. Mir kam es auch sehr darauf an zu zeigen, dass effektive Hilfe durch Therapie und Pädagogik auch eine sinnvolle Organisation der gemeinsamen Arbeit verlangt.

Schlussbetrachtung

Heute gibt es dieses Heim mit dem dargestellten psychoanalytischen Konzept nicht mehr. Trotz beinahe vollständiger, 96,7-prozentiger Auslastung wurde es vor einigen Jahren geschlossen und einer anderen Verwendung zugeführt. Trägerwechsel innerhalb eines großen Verbands und damit verbunden auch ein »Politikwechsel« hatten vordergründig zu diesem Ergebnis geführt. Wesentlich bei dieser Entscheidung war aber die auch heute immer wieder geäußerte Frage, ob psychoanalytische Therapie denn nicht eigentlich zu teuer und zu ineffizient sei, eine Ansicht, die im Zusammenhang mit dem gesellschaftlichen Trend zur Ausrichtung von Therapie auf effiziente Psychotechnik Konjunktur hat. Angesichts immer knapper werdender Budgets der einweisenden Stellen liegt es nahe, dass ein Heimträger der Versuchung unterliegt, ein bewährtes, aber zeit- und arbeitsintensives Konzept aufzugeben zugunsten der Hoffnung, Therapie schneller, billiger und weniger aufwendig anbieten zu können. Thea Bauriedl (2001) kommentiert dies u. a. so:

»In einer Zeit, in der alles schnell und ›effizient‹ vor sich gehen soll, vermehren sich auch die Methoden der Dressur und der Selbstdressur von Menschen. Eine Psychoanalyse, die diese Formen des Umgangs mit Menschen prinzipiell als Ursache von Beziehungsstörungen versteht, ist in solchen Zeiten weniger gefragt. Das wird sich wohl erst ändern, wenn sich die ›Erfolge‹ der Selbst- und Fremdmanipulation deutlich als Misserfolge herausstellen, als Misserfolge in dem Sinne, dass ein längerfristiges Wohlbefinden des Einzelnen in seinen Beziehungen auf diese Weise nicht erreicht werden kann. Kurzfristige ›Siege‹ über sich selbst – und gleichzeitig über andere – können das nicht erreichen, was jeder Mensch braucht: die Möglichkeit, sicher und zufrieden mit anderen Menschen zusammenzuleben« (S. 30 f.).

Der therapeutische und pädagogische Umgang mit gewalttätigen Kindern und Jugendlichen ist aus psychoanalytischer Sicht keine Frage der Einübung von Techniken zur Verhaltensänderung. Er setzt vielmehr eine ganz persönliche Auseinandersetzung mit der Thematik voraus im Sinne einer Veränderung, die im Therapeuten (Herberth/Maurer 1997) und im Erzieher beginnt, und er erfordert eine grundsätzliche Beschäftigung mit dem Thema Gewalt, denn:

»Das Thema Gewalt ist eines der wichtigsten Probleme in unseren privaten Beziehungen (sexueller Missbrauch und Misshandlungen von Kindern, Gewalt zwischen Männern und Frauen in Paarbeziehungen), in der Innenpolitik (organisierte Kriminalität, offene und verdeckte Korruption, rechts- und linksradikale Gewalttaten, Feindseligkeit und Fremdheitsgefühle zwischen West- und Ostdeutschen), in der Außenpolitik (deutsche Soldaten als weltweit operierende ›Eingreiftruppe‹, wirtschaftliche Unterdrückung und Ausbeutung der Völker der Dritten Welt) und in der Umweltpolitik (Zerstörung unserer eigenen Lebensgrundlagen und imperialistischer Umgang mit den Lebensbedingungen unserer Nachkommen)« (Bauriedl 2001, S. 28 f.).

IV. PSYCHOTHERAPIE MIT AGGRESSIVEN, DISSOZIALEN KINDERN, JUGENDLICHEN UND ERWACHSENEN
(Udo Rauchfleisch)

Den therapeutischen Umgang mit aggressiven Patientinnen und Patienten werde ich vor allem am Beispiel von Manfred, einem bei Therapiebeginn zwölfjährigen Knaben mit schweren Verhaltensauffälligkeiten, schildern. Diese Darstellung werde ich zum einen nach dem zeitlichen Ablauf der Behandlung, zum andern nach bestimmten Persönlichkeitsaspekten und ihrer Bedeutung im therapeutischen Prozess unterteilen. Den Themen »Übertragung« und »Gegenübertragung« werden keine speziellen Unterkapitel gewidmet sein, weil diese Phänomene in den verschiedensten Zusammenhängen zu diskutieren sind.

Der Bericht über Manfreds Therapie wird sich wie ein »roter Faden« durch meine Ausführungen ziehen, und ich werde am Beispiel dieses aggressiven Kindes mein therapeutisches Vorgehen schildern und einige grundlegende theoretische Probleme aufzeigen. Indes wird es im Rahmen des vorliegenden Beitrags nicht möglich sein, diese über fünf Jahre sich erstreckende Psychotherapie ausführlich darzustellen und den Weg bis zu Manfreds psychischer Gesundung und einem erfolgreichen Abschluss seiner Ausbildung in einem handwerklichen Beruf im Detail zu schildern. Ich werde mich vielmehr auf einige zentrale Aspekte beschränken müssen.

Die Ausführungen über Manfred werde ich durch kasuistische Vignetten adoleszenter und erwachsener aggressiver Patienten mit dissozialen Fehlentwicklungen ergänzen, um das Spektrum über das Einzelschicksal des geschilderten Knaben hinaus zu erweitern und um aufzuzeigen, wie sich diese Phänomene bei erwachsenen Delinquenten äußern und welche Behandlungsstrategien bei ihnen indiziert sind.

1. Im »Vorfeld« der Behandlung

Frau L. meldete telefonisch ihren zwölfjährigen Sohn Manfred zur Konsultation an. Dabei überschüttete sie mich geradezu mit einer Flut von Klagen über den Sohn, und es war erst nach längerem Zuhören und mehrmaligen Versuchen, sie darauf hinzuweisen, dass wir bei der Konsultation ausführlich über alle Probleme sprechen könnten, möglich, mit ihr einen Termin für ein Gespräch zu vereinbaren. Immer wieder unterbrach sie mich und führte aus, wie »unerträglich für die ganze Familie« die Situation sei. Sie halte es einfach nicht mehr aus mit ihm. Permanent stehe sie unter der Angst, er habe wieder »etwas Verrücktes« angestellt. Sie könne ihn eigentlich keine Sekunde unbeaufsichtigt lassen. Entweder stehle er ihr – seltener auch dem Bruder und dem Vater – Geld, oder er treibe sich in Warenhäusern und an Kiosken herum und entwende dort fast wahllos »alles, was nicht niet- und nagelfest« sei, Süßigkeiten, Spielwaren, Bleistifte und Kugelschreiber, Radiergummis, aber auch völlig »nutzloses Zeug« (z. B. Knöpfe, Haushaltsgegenstände, Handwerkszeug), das er nachher wegwerfe. Immer wieder entdecke sie unter seinem Bett und in seinem Schrank auch Esswaren, die er mitunter nur teilweise esse und verschimmeln lasse, sowie »Horror- und Schundromane«, insbesondere für sein Alter völlig ungeeignete brutale Krimis. Hinzu komme, dass Manfred beim geringsten Anlass – in zum Teil »brutaler Weise« – auf den kleineren Bruder einschlage und dabei »völlig außer Kontrolle« gerate. So habe er vor einigen Tagen dem Bruder »einen Stuhl über den Kopf geschlagen«, und es sei »ein Glücksfall«, dass dieser nicht schwere Verletzungen davon getragen habe. Sie sei sicher, es werde mit Manfred noch ein böses Ende nehmen.

Bei diesem ersten telefonischen Kontakt war für mich besonders auffallend die Heftigkeit, mit der Frau L. ihre Klagen vorbrachte. Es war spürbar, dass sie unter einem enormen Druck stand und selbst in großer Not war. Zugleich erlebte ich bei ihrem Bericht bei mir selbst zwiespältige Gefühle: Einerseits sprachen aus ihren Worten ein starkes eigenes Leiden, Angst und Sorge bezüglich Manfreds weiterer Entwicklung und auch Schuldgefühle, dass sie als Mutter »versagt« habe und nun nicht mehr weiter wisse. Andererseits besaßen ihre Klagen über den Sohn aber auch etwas ausgesprochen Anklagendes, und ich erlebte in ihrem Bericht geradezu einen Triumph darüber, dass er eine solche Entwicklung durchlaufen habe.

Ein weiteres ambivalentes Gefühl registrierte ich bei mir, als es um die Vereinbarung des Termins für die erste Konsultation ging: Auf der einen Seite zwang Frau L. mich durch ihren ausführlichen Bericht über die Probleme des Sohnes, mich ihr wesentlich länger zu widmen, als ich es im allgemeinen bei einem ersten telefonischen Kontakt tue. Sie klammerte sich förmlich an mich, wobei sie trotz der eigenen Hilflosigkeit, die sie signalisierte, ausgesprochen dominierend mit mir umging und auf eine mir damals noch nicht verständliche, aber deutlich spürbare Weise »eindringend« und »überwältigend« auf mich wirkte. Auf der anderen Seite zeigte Frau L. neben dieser anklammernden Tendenz die mich im ersten Moment sehr irritierende Haltung eines abrupten, fast feindseligen Rückzugs, als es darum ging, einen verbindlichen Konsultationstermin zu vereinbaren: Eigentlich sei ein weiteres Gespräch mit mir »sowieso sinnlos«, weil Manfred doch ins Heim müsse. Außerdem wisse sie nicht, ob sie den Sohn zum Mitkommen bewegen könne. Schließlich wies Frau L. bei drei von mir vorgeschlagenen Terminen jeweils darauf hin, dass dieser Tag oder die betreffende Zeit aus nicht genauer erklärten Gründen »ganz ungünstig« seien, und selbst der am Ende abgemachte Termin blieb insofern unverbindlich, als Frau L. betonte, sie sei nicht sicher, ob sie ihn werde einhalten können.

Fazit dieses ersten telefonischen Kontakts war bei mir das Gefühl großer Irritiertheit. Ohne genauere Details zu kennen, stand ich unter dem Eindruck, es nicht nur mit einem schwer gestörten Kind, sondern auch mit einer sehr komplizierten Familiensituation zu tun zu haben. Es war mir völlig unklar, ob von Seiten der Familie L. überhaupt der Wunsch nach einer Therapie bestand. Außerdem spürte ich bei mir ein Distanzbedürfnis und – falls ich mich auf die Behandlung einließe – den deutlichen Wunsch, »Ordnung« und »Struktur« in das erahnte »Chaos« zu bringen.

Dieser »Einstieg« in die Behandlung ist charakteristisch für Kinder und Jugendliche mit schweren Verhaltensauffälligkeiten ebenso wie für dissoziale Erwachsene: Der Therapeut wird vom ersten Moment an in die Interaktion »hineingezogen« und erlebt heftige eigene – zumeist ausgesprochen ambivalente – Gefühle. Diese Klienten lassen keinen, der mit ihnen und ihren Familien zusammentrifft, »kalt«. Man ist als Lehrerin, Erzieher oder Therapeutin entweder »für« oder »gegen« sie, in der Regel – als Abbild ihrer gespaltenen Selbstbilder – beides zugleich.

Auch ich fühlte mich einerseits von Frau L. völlig »vereinnahmt« und ließ mich bereits beim ersten telefonischen Kontakt emotional weitgehend in die Familie hineinziehen. Andererseits aber spürte ich fast instinktiv bei mir den Wunsch nach Distanz sowie ein Gemisch von Angst bezüglich der chaotischen Situation, auf die ich mich bei Übernahme der Behandlung einlassen würde, und aggressiver Gespanntheit, die ich bei mir als Reaktion sowohl auf die »vereinnahmende« Art von Frau L. als auch auf ihren abrupten Rückzug registrierte. Zugleich kam bei mir eine gewisse Neugier auf, diese Familie und vor allem Manfred selbst genauer kennen zu lernen und zu erfahren, was sich unter der schillernden, mich so irritierenden Oberfläche verbarg.

Es ist nach meiner Erfahrung gerade bei Patienten wie Manfred außerordentlich wichtig, die eigenen Gegenübertragungsgefühle möglichst umfassend wahrzunehmen und sorgfältig zu reflektieren, weil sie uns im Rahmen des szenischen Verstehens (Lorenzer 1973) wichtige Informationen über unsere Patienten zu vermitteln vermögen. Gewiss ist in einem so frühen Stadium der Therapie, wie ich es hier geschildert habe, vieles weitgehend hypothetisch und muss vom Therapeuten dementsprechend kritisch betrachtet werden. Dennoch ist es, wie die dargestellte Sequenz zeigt, oft schon vor Beginn der eigentlichen Behandlung möglich, anhand der eigenen Reaktionen gewisse Einblicke in die Psychodynamik der Patienten und ihrer Familien zu erhalten.

Hatte ich aufgrund des Telefongesprächs mit Frau L. erwartet, in Manfred ein expansives, aggressives Kind kennen zu lernen, so sah ich mich beim ersten Zusammentreffen mit ihm einer völlig anderen – mich nochmals irritierenden – Situation gegenüber: An der Hand von Frau L., die mir eine Viertelstunde vor dem vereinbarten Termin noch telefonisch mitgeteilt hatte, sie werde sich etwas verspäten, trat ein für sein Alter relativ kleiner, etwas adipöser, blasser Knabe ins Zimmer, der einen ausgesprochen passiven, geradezu unterintelligenten Eindruck auf mich machte. Einerseits stumpf wirkend, anscheinend seine Umgebung kaum wahrnehmend und – erst auf Aufforderung der Mutter hin – mir wie geistesabwesend die Hand zur Begrüßung hinstreckend, fixierte er andererseits mitunter ganz plötzlich ängstlich-misstrauisch irgendeinen Gegenstand in seiner Nähe. Blickkontakt mit mir oder Frau L. vermied er anfangs völlig und saß, dumpf vor sich hinbrütend, neben der Mutter, die – wie schon bei der telefonischen Anmeldung – sofort begann, mich mit einem wahren Schwall von (anklagenden) Klagen über den Sohn zu überschütten.

Erst in einer späteren Phase des Gesprächs, in dessen Verlauf sich Manfred spontan nicht äußerte, schoss mitunter wie hinter einem Vorhang, der sich für Sekunden öffnet, plötzlich ein scharfer Blick von ihm hervor und verlieh seinem sonst schlaffen, völlig teilnahmslosen Gesichtsausdruck etwas Lauerndes. Dies waren die einzigen sichtbaren Anzeichen dafür, dass Manfred überhaupt wahrnahm, was um ihn herum vor sich ging. Auf Fragen meinerseits reagierte er mit Schulterzucken, mit einem ausweichenden »Ich weiß nicht« und gelegentlich mit dem Hinweis, es sei so, wie die Mutter es darstelle.

In diesem persönlichen Gespräch mit Frau L. fiel mir nicht nur wie beim Telefongespräch ihre anklammernde, alles geradezu »überrollende« Art auf. Ich fühlte mich schon nach kurzer Zeit vielmehr auch noch aus einem anderen Grund zunehmend unbehaglich: Frau. L. sprach nie zu dem Sohn, forderte ihn auch nie auf, selbst etwas zum Gespräch beizutragen. Sie sprach über ihn vielmehr wie über einen abwesenden Dritten, und zwar in einer ausgesprochen entwertenden, ironischen Art – etwa indem sie, auf ihn zeigend, völlig unvermittelt sagte: »Sehen Sie, wie er da hockt, wie ein Idiot« oder: »Mit dem wird das noch ein böses Ende nehmen, der landet noch mal im Gefängnis.« Jeden Versuch meinerseits, sie davon abzuhalten, in Gegenwart des Sohnes weiter ausführlich über seine »Schandtaten« (wie sie sein Fehlverhalten bezeichnete) zu berichten, vereitelte sie, indem sie unerbittlich fortfuhr, mir klar zu machen, dass er sich »auf dem Weg zum Verbrecher« befinde und jede Hilfe »bei so einem« völlig sinnlos sei.

Obwohl derartige Äußerungen den Eindruck vermittelten, Frau L. sei eine völlig uneinfühlsame, von ungeheuren Aggressionen Manfred gegenüber erfüllte Mutter, kehrte sich die Situation abrupt um, wenn sie von Personen des außerfamiliären Kreises, etwa von Mitarbeitern schulpsychologischer Dienste, sprach. Voller Empörung berichtete Frau L., alle diese »angeblichen Fachleute« täten nichts für den Sohn. Sie seien letztlich Schuld daran, dass Manfred sich so entwickelt habe, weil beispielsweise die erste Lehrerin in der Volksschule »überhaupt kein Verständnis für dieses Kind« gehabt und ihn »völlig eingeschüchtert« habe. Selbst ein Klassen- und danach ein Schulwechsel hätten nichts genützt, weil »die Lehrer ja zusammenhalten und einer dem anderen weitertratscht, was los war«. In dieser Schilderung erschien Manfred unversehens als armes Opfer einer ihm übel wollenden Umwelt, die sich feindselig der Familie L. entgegenstellte.

Auffallend war in diesem Zusammenhang auch die Tatsache, dass Frau L. zwar, angesprochen auf eigene lebensgeschichtliche Situationen, die sie zweifellos gefühlsmäßig berührten, völlig emotionslos über diese Themen hinwegging und offensichtliche Betroffenheit in ironischer Weise als ihre »Anwandlungen« kommentierte. Zugleich war für mich jedoch auch deutlich spürbar, dass bei ihr eine äußerst fragile Abwehr bestand und die emotional geradezu »eisig« wirkende Distanzierung den hilflosen Versuch dieser Frau darstellte, sich vor einem totalen Zusammenbruch zu schützen (und, wie ich erst später begriff, ein völliges Auseinanderbrechen der Familie zu verhindern).

Es ist kein Zufall, dass in meiner bisherigen Schilderung Manfred selbst weit in den Hintergrund getreten ist und Frau L. den größten Raum einnimmt. Dies war die Situation, die sich mir in den Vorgesprächen und mitunter während der Therapie selbst bot. Es ist jedoch nicht nur der Wunsch, dem Leser ein möglichst genaues Abbild meiner ersten Kontakte mit Familie L. zu vermitteln, der mich bewogen hat, Manfreds Mutter so weit ins Zentrum zu rücken.

Mein Vorgehen ist vielmehr auch durch eine theoretische Überlegung bestimmt, die nach meiner Erfahrung erhebliche therapeutische Konsequenzen besitzt: Bei aggressiven Kindern und Erwachsenen sind wir – vielleicht mehr noch als bei Menschen mit anderen psychischen Störungen – oft geneigt, ihre Fehlentwicklung darauf zurückzuführen, dass ihre Mütter »versagt« haben. Ob wir mit Spitz (1974) vom »entgleisten Dialog« und dem damit in Verbindung stehenden narzisstischen Missbrauch der Kinder durch ihre Mütter sprechen oder in der Terminologie Winnicotts (1976) darauf verweisen, die Mütter hätten für diese Kinder keine »holding function« erfüllt und, nach dem Entwicklungsmodell von Mahler (1980), dem Kind in der Wiederannäherungsphase nicht die Möglichkeit zum »emotionalen Wiederauftanken« geboten – immer sind es in einem letzten Sinne die Mütter, auf die als die Fehlentwicklung verursachender Faktor rekurriert wird.

Zweifellos treffen diese Beschreibungen bei vielen aggressiven Menschen sehr wohl zu. Es ist aber gerade bei diesen Patientinnen und Patienten problematisch und therapeutisch kontraproduktiv, wenn der Behandelnde von einer solchen Auffassung ausgeht: Ist es doch eine allzu vereinfachte, nicht der Realität entsprechende Sicht, wenn er nur die »Schuld« der Mutter thematisiert und nicht zugleich sieht, dass die Mutter ihrerseits in ein soziales System eingebunden ist, das mit dafür verantwortlich ist, ob sie die von ihr erwarteten und für die Entwicklung des Kindes notwendigen Funktionen erfüllen kann oder nicht. Zu diesem System gehört – ob präsent oder nicht – zumindest der Vater, der gerade für die Entwicklung von Knaben eine besondere Rolle spielt. Hinzu kommt aber auch die nähere und weitere soziale Umgebung mit ihren die Eltern unterstützenden oder behindernden Einflüssen. Es ist aus diesem Grund allzu verkürzt, lediglich die Mütter als Verursacherinnen der Fehlentwicklungen ihrer Kinder zu nennen und außer Acht zu lassen, dass diese Frauen in ein soziales System eingebettet sind, das es ihnen zum Teil unmöglich machen, ihren Kindern gerecht zu werden. Man kann deshalb mit Rohde-Dachser (1989b) allenfalls von einer »strukturellen Schuld« der Mütter sprechen (vgl. Rauchfleisch 1992).

Diese Überlegungen mögen manchen Leserinnen und Lesern vielleicht sehr theoretisch und ohne praktische Relevanz erscheinen. Dass ihnen jedoch auch eine erhebliche therapeutische Bedeutung zukommt, wird deutlich, wenn man sich vor Augen hält, dass die Mutter (ebenso wie der Vater) nicht nur in ihrer realen Gestalt besteht, sondern ihre Wirkung vor allem als internalisiertes Bild (als Objektrepräsentanz) entfaltet. So »schlecht« die Erfahrungen der Kindheit auch gewesen sein mögen, immer finden sich – oft gerade geschützt durch eine Wand von Hass und Wut – auch Inseln realer positiver Beziehungserfahrungen oder zumindest mehr oder weniger illusionäre Bilder »guter« Eltern, die kompensatorisch zur enttäuschenden Realität aufgebaut worden sind. Vermittelt der Therapeut einem solchen Patienten verbal oder nonverbal, dass er diesen internalisierten Eltern gegenüber eine ablehnende Haltung einnimmt (und dazu gehört auch, dass er sie zu »Schuldigen« am Schicksal des Patienten erklärt), so wendet er sich – ungewollt – gegen einen Teil des Patienten selbst, und zwar unheilvollerweise gegen einen Teil, der für einen konstruktiven Aufbau der Persönlichkeit in der Therapie von zentraler Bedeutung ist.

Von diesen Überlegungen ausgehend, war es für mich bei Familie L. nicht nur aus familiendynamischen Gründen und zur Erfassung von Manfreds individueller Psychodynamik hilfreich, dass die Mutter zunächst so sehr im Zentrum stand. Indem sie sich mir in so eindeutiger Weise mit ihrer ganzen Not und inneren Zerrissenheit präsentierte, begriff ich, dass Manfred nicht lediglich das »Opfer« dieser Frau war, die nicht fähig war, sich in ihn einzufühlen, und ihn aus noch nicht ersichtlichen Gründen ablehnte. Es wurde durch die Art unserer Interaktion für mich vielmehr von Anfang an spürbar, dass in dieser Familie eine unheilvolle Verstrickung zwischen allen Mitgliedern bestand und dass beide Eltern aus ihren Herkunftsfamilien bereits als traumatisierte Persönlichkeiten hervorgegangen waren. Das geradezu »eisige« Hinweggehen von Frau L. über die Gefühle des Sohnes und über alle eigenen emotionalen Belange erwies sich ebenso als – wenn auch hilflose, so letztlich doch bis zu einem gewissen Grade erfolgreiche – Überlebensstrategie wie der hochgradig narzisstische Rückzug des Vaters, den ich erst Monate später kennen lernte.

Im folgenden – zumindest in den wichtigsten Zügen – die »Biografie« von Familie L. Frau L. war als jüngere von zwei Töchtern in einer Familie aufgewachsen, die durch eine sehr strenge, moralisierende Haltung der Mutter und einen »weichen« Vater, der alle Verantwortung an seine Frau delegierte, gekennzeichnet war. Sie habe sich als ungewolltes Kind, so berichtete Frau L., von jeher von der Mutter abgelehnt gefühlt und sich gegenüber der älteren, viel erfolgreicheren Schwester niemals behaupten können. Schon früh sei sie deshalb ihre eigenen Wege gegangen und habe sich als Siebzehnjährige eng an einen zehn Jahre älteren Mann angeschlossen, der ein unstetes Leben geführt habe. Als sie im Alter von 18 Jahren von ihm ein Kind erwartete, hätten die Eltern sie – vor allem auf Betreiben der Mutter – »rausgeworfen«. Es sei eigentlich nur der Unterstützung ihres Lehrmeisters, der sie in dieser krisenhaften Zeit in seine Familie aufgenommen habe, zu verdanken, dass sie nicht »auf die schiefe Bahn« gekommen sei.

Während Frau L. selbst jahrelang das Elternhaus nicht habe betreten dürfen, habe die Mutter aus ihr völlig unverständlichen Gründen nach der Geburt der Tochter Beate darauf bestanden, das Kind zu sich zu nehmen. Da sich Frau L. in dieser Zeit außerstande fühlte, allein für ihr Kind zu sorgen (zumal Beates Vater »verschwunden« war und keine Alimente zahlte), war sie, wenn auch widerstrebend, mit der von der Mutter vorgeschlagenen Lösung einverstanden. Es kam in der Folge zu einem für Beates Entwicklung unheilvollen Machtkampf zwischen Frau L. und ihrer Mutter, wobei Beate zum Spielball der alten Konflikte wurde. Erst als Frau L. im Alter von 28 Jahren die Ehe mit Herrn L. schloss, konnte sie die Tochter, die inzwischen bereits erhebliche

Verhaltensauffälligkeiten aufwies, zu sich nehmen. Die Konflikte eskalierten weiter, und wenige Jahre später wurde Beate als »Verwahrloste« in ein Erziehungsheim eingewiesen.

Herr L. stammte – im Gegensatz zu seiner Frau – aus einer sozial erfolgreichen Familie. Seine Eltern und Geschwister waren, so Frau L., »feine Leute«, die bei den ohnehin seltenen Begegnungen mit Frau L. diese ihre soziale Benachteiligung deutlich spüren ließen. Herr L. selbst galt in seiner Familie als »Versager«, der es beruflich nicht so weit gebracht hatte wie seine Eltern und Geschwister. Er weigerte sich zunächst strikt, zu einem Gespräch zu mir zu kommen, und ließ mir auf meine mehrfachen Einladungen hin jeweils von seiner Frau mitteilen, er habe keine Zeit für derartige Gespräche. Manfreds Probleme gingen ihn ohnehin nichts an, sondern seien ausschließlich Sache seiner Frau (was mir Frau L. in geradezu triumphierender Weise, bei der aber der bittere Unterton nicht zu überhören war, mitteilte).

Frau L. betonte bei solchen Anlässen auch, dass diese Haltung »typisch« für ihren Mann sei. Er entziehe sich stets jeglicher Verantwortung in der Familie und wälze alles auf sie ab. Dabei sei eigentlich er allein schuld an Manfreds Entwicklung: Er beachte den Sohn, den er bis zum Schuleintritt verwöhnt und gegenüber dem jüngeren Bruder extrem bevorzugt habe, seit Manfreds schulischen Misserfolgen überhaupt nicht mehr. Er schlage Manfred viel, schreie ihn bei den geringsten Anlässen an und halte ihm beständig vor, die ältere Schwester sei schon im Heim, das gleiche Schicksal erwarte ihn auch bald. So verletzend Frau L. selbst sich in Manfreds Gegenwart über den Sohn äußerte, so sensibel erwies sie sich nun jedoch im Hinblick auf die Kränkungen, denen Manfred von Seiten des Vaters ausgesetzt war. Ferner hob Frau L. hervor, dass bereits zwei frühere Therapieversuche an ihrem Mann gescheitert seien: Er habe sich – wie auch jetzt bei mir – strikt geweigert, zu einem Vorgespräch zu kommen, geschweige denn an der von einem Therapeuten vorgeschlagenen Familientherapie teilzunehmen. Allein wegen seiner »Sturheit« sei keine Therapie zustande gekommen.

Als Herr L. sich schließlich einige Monate nach Therapiebeginn doch noch zu einem Gespräch mit mir bereit fand, lernte ich ihn als einen hochgradig kränkbaren, selbstunsicheren, nach außen jedoch überkompensierend-protzig wirkenden Menschen kennen. Dabei zeigte sich, dass er keineswegs unsensibel war und Manfred gegenüber mitunter viel mehr Einfühlung erkennen ließ als Frau L. Er stellte sich mir als erfolgreichen Geschäftsmann dar, der kostspielige Hobbys pflege und das Leben »aus vollen Zügen« genieße – obwohl er, wie ich aus Äußerungen seiner Frau und aus schulpsychologischen Berichten, die mir vorlagen, wusste, erhebliche berufliche Probleme hatte und sich durch sein großspuriges Auftreten vielfach in soziale Konflikte verstrickt hatte.

Sein Verhältnis zu Manfred charakterisierte er selbst, ähnlich wie es Frau L. bereits geschildert hatte, als das einer »tiefen Enttäuschung«. Er habe große Erwartungen in den Sohn gesetzt und sei sehr stolz darauf gewesen, als erstes Kind einen Sohn zu bekommen. Er habe ihm deshalb auch den Vornamen seines eigenen Vaters, den er sehr bewundert habe, gegeben. Anfangs habe sich Manfred auch unauffällig entwickelt und sei ein sehr aufgewecktes, originelles Kind gewesen. Seine Frau habe jedoch nie ein rechtes Verhältnis zum Sohn gefunden, und ihre Schuld sei es, dass Manfred mit der Zeit »immer komischer« geworden sei. Zu gröberen Verhaltensauffälligkeiten sei es bei Manfreds Eintritt in den Kindergarten gekommen: Er habe sich nicht anpassen können, habe entweder anderen Kindern Spielsachen weggerissen und sie geschlagen oder habe völlig verschüchtert und weinend in der Ecke gestanden.

Im Grunde treffe Manfred dabei aber keine Schuld; er habe eine »unmögliche« Kindergärtnerin gehabt, »die hat ihn kaputt gemacht«. Sie habe Manfred den anderen Kindern gegenüber eindeutig benachteiligt und sei unfähig gewesen, auf »dieses sensible Kind« einzugehen. Das Gleiche sei dann in der Schule geschehen: Auch hier sei Manfred »in die Hände einer unmöglichen Person geraten«, einer Lehrerin, die ihn ungerecht behandelt und nicht angemessen gefördert habe. Als auch ein Klassen- und selbst ein Schulwechsel keine Verbesserung gebracht hätte, sei bei ihm »der Laden runtergegangen«. Er habe jegliches Interesse an Manfred verloren, »so einer landet am Ende sicher im Gefängnis«.

Aus den Berichten der Eltern sowie aus Unterlagen, die mir von psychologischen Abklärungen in der Kindergarten- und Schulzeit vorlagen, ergab sich von Manfreds Entwicklung folgendes Bild: Wenige Monate nachdem Herr und Frau L. sich kennen gelernt hatten, wurde Frau L. ungewollt schwanger. Obwohl beide Partner einer Eheschließung gegenüber nicht prinzipiell abgeneigt waren, kam ihnen der Zeitpunkt doch insofern ungelegen, als Frau L. ihrem Beruf, in dem sie erste Erfolge erlebte, gern weiterhin nachgegangen wäre und Herr L., wie er formulierte, »gern noch etwas Freiheit gehabt hätte«. Die Schwangerschaft stellte für Frau L. insofern auch eine Konfliktsituation dar, als sie zum zweiten Male unehelich schwanger war und eine Wiederholung des Schicksals, das die ältere Tochter Beate erlitten hatte, befürchtete. Zugleich hoffte sie darauf, dass die Eheschließung es ihr ermögliche, Beate endlich zu sich zu nehmen, was, wie erwähnt, auch tatsächlich stattfand.

Manfreds erste Lebensjahre sind, so weit aus den Berichten der Eltern ersichtlich, überschattet von den Auseinandersetzungen, die Frau L. und ihre Mutter um Beate führten. Als die Tochter dann endlich in der Familie L. lebte, begannen Beates Schwierigkeiten immer größer zu werden und führten schließlich, als Manfred dreijährig war, zur Einweisung der Tochter in ein Erziehungsheim. In die gleiche Zeit fällt die Geburt des jüngeren Bruders Klaus, der schon bald zum »Sonnenschein« der Familie wurde – dies um so mehr, je sozial auffälliger Manfreds Verhalten wurde. Frau L. berichtete, dass sie Manfred nicht habe stillen können; sie sei viel zu »angespannt« gewesen durch die familiären Probleme und habe infolge ihrer beruflichen und familiären Belastungen auch gar nicht die nötige Ruhe gefunden, um Manfred angemessen zu versorgen. Sie sei wie »gehetzt« gewesen.

Von ihrem Mann habe sie keinerlei Unterstützung erfahren. Da er auch nicht über ein regelmäßiges Einkommen verfügt habe, sei sie gezwungen gewesen, schon kurz nach Manfreds Geburt ihre Berufstätigkeit zumindest halbtags wieder aufzunehmen. Es sei ihr deshalb nichts anderes übrig geblieben, als auch Manfred nun stundenweise zu ihrer Mutter zu geben. Wie schon bei Beate habe die Mutter sie einerseits als »Hure« beschimpft; andererseits aber habe sie Manfred mit einer wahren »Affenliebe« und durch extreme Verwöhnung an sich zu binden versucht. Das bis zum dritten Lebensjahr (bis zur Heimeinweisung von Beate und zur Geburt von Klaus dauernde) »Wechselbad« zwischen Mutter und Großmutter habe Manfred sicher »nicht gut getan«. Er sei mitunter ganz verstört gewesen und habe bei der geringsten Versagung jeweils nach der gerade Nicht-Anwesenden geschrieen.

An Verhaltensauffälligkeiten in der Kindheit berichtete Frau L. von ausgeprägter Dunkelangst, unter der Manfred gelitten habe. Wenn er – mitunter erst nach mehrstündigem Wachliegen – eingeschlafen sei, sei er immer wieder, von Alpträumen geplagt, schreiend aufgewacht. Manfred selbst berichtete später, er gerate vor dem Einschlafen oft in große Angst, weil er vor sich riesige Berge von Schuhen sehe, die umgebrachten KZ-Häftlingen gehörten. In einem immer wieder auftretenden Alptraum befand er sich auf der verzweifelten Flucht vor einer riesigen Frauen-Faschingsfigur, die ihn habe fressen wollen. Er erwache dann jeweils voller Panik und schweißnass. Untersucht man diesen Traum daraufhin, welche Impulse und Ängste darin artikuliert werden, so ist auf der einen Seite an Manfreds ungeheuren oral-aggressiven Impulse zu denken. Auf der anderen Seite findet sich eine gewisse Parallelität zwischen der verfolgenden Frauenfigur und der überwältigenden Art, wie Frau L. mit dem Sohn und auch mit mir umging.

Wie bereits beschrieben, eskalierten die Konflikte in der Kindergarten- und Schulzeit. Manfred zeigte ein schließlich extrem unangepasstes Verhalten, das zwischen totalem Rückzug und jäh hervorbrechender Aggressivität schwankte, und er war in der Kindergartengruppe ebenso wie nachher in der Schulklasse sozial untragbar.

Diese hier in den Hauptzügen skizzierte Biografie Manfreds ist in vielerlei Hinsicht charakteristisch für die Entwicklung und Symptomatologie aggressiver Kinder und Erwachsener mit dissozialen Tendenzen. Obwohl er – im Gegensatz zu den Familien vieler anderer, später sozial auffällig werdenden Menschen – aus einer sozial mehr oder weniger integrierten Familie stammte, ließen sich bei genauerer Erhellung der Lebensgeschichte und der Familiendynamik bei ihm, wie in der Einleitung skizziert, bereits in früher Kindheit erlittene schwere Traumatisierungen erkennen: die intrafamilialen Konflikte zwischen Mutter und Großmutter, sein Hin- und Hergerissenwerden zwischen ihnen und die daraus resultierenden Loyalitätskonflikte, die hohen narzisstischen Erwartungen des Vaters, der Manfred aus Enttäuschung dann jedoch abrupt »fallen ließ«, die Konflikte zwischen Familie L. und der älteren Schwester, die schließlich aufgrund ihrer sozialen Fehlentwicklung ins Heim »abgeschoben« wurde, ein Schicksal, das nun drohend auch über Manfred schwebte – und nicht zuletzt durch die Geburt des jüngeren Bruders, der an Manfreds Stelle in der Familie die Rolle des Projektionsträgers aller positiven Erwartungen übernahm und offensichtlich zunächst zu wesentlichen Teilen auch zu erfüllen vermochte.

Ich habe bei der Schilderung der ersten Kontakte mit Familie L. auf einige Charakteristika hingewiesen, die wir auch bei der Arbeit mit aggressiven Adoleszenten und Erwachsenen regelhaft finden. Dies sind ihr uns Professionelle *bedrängendes, mit enormen Forderungen an uns* verbundenes *Verhalten*, unsere ausgesprochen *ambivalente und schnell wechselnde Gegenübertragung* und die Tendenz dieser Menschen, uns *vom ersten Augenblick an in ihre Dynamik hineinzuziehen*. Diese Phänomene seien im folgenden noch an einigen kasuistischen Vignetten dargestellt:

Das erste Beispiel betrifft einen jungen Klienten, der mir von einer Sozialdienststelle angemeldet worden war. Schon bei der Vereinbarung eines ersten Gesprächstermins erwies er sich als außerordentlich drängend. Am liebsten wollte er einen Termin am gleichen Tag und betonte, er werde bei dem dann vereinbarten Termin sicher früher bei mir sein, weil ich es vielleicht doch einrichten könne, ihn früher zu empfangen. Bei unserer ersten Zusammenkunft warf er geradezu eine Flut von Unterlagen auf meinen Tisch (Steuerbescheide, Rechnungen und andere Schreiben) mit dem Hinweis, ich müsse ihm dringend bei der Lösung dieser Probleme helfen, »Mir steht das Wasser am Hals, ich kann nicht mehr weiter!« Außerdem berichtete er von schweren depressiven Verstimmungen, verbunden mit Suizidgedanken, Beziehungsproblemen, sozialen Ängsten, Selbstwertproblemen und von mitunter, vor allem bei Kränkungen, unvermittelt einschießenden heftigen aggressiven Impulsen. Ich fühlte mich von dieser Fülle von Problemen wie erschlagen und hilflos angesichts der schwierigen sozialen und psychischen Situation, mit der er mich in dieser *fordernden und anklammernden* Weise konfrontierte.

Eine ähnliche Art der Kontaktnahme erlebte ich mit einem 18-jährigen Lehrling, der mir von seinem Lehrmeister und einer Sozialarbeiterin, die ihn betreute, geschickt wurde. Der Jugendliche hatte nach einer schwierigen Schulkarriere zwar eine Lehrstelle in einem handwerklichen Betrieb gefunden, war dort aber von Anfang an durch Unpünktlichkeit, stark schwankende Leistungen und ein wenig kooperatives Verhalten, das sich gelegentlich bis zu aggressiven Ausbrüchen steigerte, aufgefallen. Außerdem konsumierte er in erheblichem Maße Cannabis, so dass der Lehrmeister einen Abbruch der Lehre erwog. Er war nur noch zu einer Fortsetzung der Lehre bereit, wenn der junge Mann eine Behandlung aufnehme.

In unserem ersten Gespräch erlebte ich den Klienten als einen Jugendlichen, der sich hilflos und anklammernd, alle Verantwortung an mich delegierend, präsentierte, dann aber unvermittelt in aggressive Schimpftiraden über den nach seiner Meinung ungerechten Chef ausbrach, der ihm nur »eins reinzudrücken« versuche. Mein Gegenübertragungsgefühl war beherrscht von dem Eindruck, der Fülle von anstehenden Problemen (soziale Gefährdung durch drohenden Lehrstellenverlust, Suchtentwicklung, diverse psychische Probleme, große Erwartungen des Lehrmeisters an die Therapie) nicht gewachsen zu sein und davon schier erdrückt zu werden.

Hinzu kam, dass ich über längere Phasen der Behandlung angesichts der Fülle von Problemen oft keinen roten Faden mehr wahrzunehmen vermochte und mitunter auch in Bezug auf Daten, Zeiten und Personen, von denen der Jugendliche mir berichtete, total verwirrt war. Dies ging so weit, dass ich anlässlich eines geplanten gemeinsamen Gesprächs, an dem der Lehrmeister, der Jugendliche und ich teilnehmen sollten, völlig desorientiert war, wo und um welche Zeit wir uns treffen wollten. Selbst ein Blick in meine Agenda, in der ich Ort und Zeit notiert hatte, beruhigte mich nicht, und noch auf dem Weg zum Betrieb, in dem mein Klient arbeitete, zweifelte ich daran, ob ich den Notizen in meiner Agenda trauen dürfe. Diese extremen Gegenübertragungsgefühle ließen mich indes hellhörig werden für ein Phänomen, von dem der Lehrmeister und die den Jugendlichen betreuende Sozialarbeiterin mehrfach berichtet hatten, das mir bisher aber nicht recht nachvollziehbar gewesen war. Sie hatten berichtet, der Jugendliche veranstalte, wo immer er auftauche, innerhalb kürzester Zeit »das totale Chaos«. Mit den Worten: »Er macht uns im Betrieb einfach verrückt, und man weiß nicht, wo einem der Kopf steht, wenn man mit ihm zusammen ist« hatte der Lehrmeister seine Eindrücke und die Meinung seiner Mitarbeiter einmal zusammengefasst.

In der Gegenübertragung und meiner extremen Desorientierung anlässlich des geplanten Gesprächs erlebte ich nun selbst diese Verwirrung, die der Jugendliche nicht nur in anderen Menschen auslöste, sondern die ich als Ausdruck seiner eigenen Desorientierung verstand. Als ich ihm von meiner Gegenübertragung berichtete, wurde er sehr nachdenklich (ein Verhalten, das er in dieser Zeit äußerst selten zeigte) und meinte schließlich, er fühle sich tatsächlich oft genauso. Er »vergesse« dann Termine, wisse nicht mehr, was er wie tun solle, und werfe dann alles hin, weil er »einfach genug habe«. Mitunter gerate er in solchen Situationen aber auch in eine maßlose Wut, in der er »alles kurz und klein schlagen könnte«.

2. Das therapeutische Setting

Nach den Vorgesprächen mit Frau L. und Manfred, den ich nun auch allein sah (wobei er allerdings verbal zunächst kaum irgendwelche Auskünfte gab), hatte ich zwar die Behandlung übernommen, besaß aber im Grunde keine klare Vorstellung davon, wie diese Psychotherapie sich gestalten könnte. Mir war lediglich so viel klar, dass ich es mit einer höchst komplizierten, von vielfältigen Konflikten geprägten Familienkonstellation zu tun hatte und dass eine Psychotherapie mit Manfred ohne die Mitarbeit der Eltern unmöglich war. Zugleich spürte ich, dass Frau L. sich zwar selbst in großer Not befand, einer Behandlung letztlich aber zwiespältig gegenüberstand. Mit der Bereitschaft des Vaters mitzuarbeiten, war, wie frühere Therapieversuche bereits gezeigt hatten und wie sein Verhalten angesichts meiner mehrfachen Einladungen zu Gesprächen erkennen ließ, kaum zu rechnen. Dennoch übernahm ich diese Psychotherapie mit einer gewissen Neugier, zwar ohne große Hoffnung, es werde sich an dieser schwierigen Situation viel ändern lassen, aber zugleich mit dem – bei kritischer Betrachtung eigentlich durch nichts zu rechtfertigenden – Gefühl, »irgendwie« werde es vielleicht doch gehen. Ausschlaggebend für meine Bereitschaft, unter diesen Bedingungen einen Therapieversuch zu wagen, war nicht zuletzt meine spontane Sympathie für Manfred, hinter dessen Fassade dumpfen Dahinbrütens und panikartig-aggressiver Reaktionen ich spätestens seit den ersten Zeichnungen, die er anfertigte, ein höchst originelles Kind wahrnahm.

Eine derartige Ausgangssituation ist nach meiner Erfahrung in zweifacher Hinsicht charakteristisch für die Behandlung vieler aggressiver Kinder, Jugendlicher und Erwachsener: Zum einen befinden wir uns trotz vielleicht umfassender Vorabklärungen (ausführliche Anamneseerhebung, Aufstellen psychodynamischer Behandlungspläne etc.) und Orientierung an Gutachten und anderen Berichten, die uns über diese Patienten oft vorliegen, häufig in einer sehr *unsicheren Situation*: Wir können keine klare Behandlungsmotivation unseres potentiellen Patienten erkennen, erleben ihn vielleicht sogar – bei einer Psychotherapie im Rahmen einer gerichtlichen Auflage – als ausgesprochen ablehnend, wir sehen uns einer Fülle kompliziertester sozialer, interaktioneller und individuell-psychologischer Probleme gegenüber, die sich gegenseitig potenzieren, und müssen, wenn wir ehrlich sind, zugeben, dass wir, was die Prognose angeht, eigentlich skeptisch sind. Zumindest haben wir wenig Grund für eine optimistische Sicht – und dennoch übernehmen wir eine solche Therapie.

Diese Ausgangslage mag paradox erscheinen. Sie ist meines Erachtens aber für die bevorstehende Therapie eine sehr günstige, vielleicht die einzig mögliche Gegenübertragungskonstellation, ist sie doch Ausdruck einer realistischen Wahrnehmung der vielfältigen Schwierigkeiten, mit welchen eine solche Behandlung den Therapeuten wie den Patienten konfrontiert. Bedenken wir allein, von welch archaischer Gewalt die Aggression dieser Menschen ist (Manfred hat dieser ihn ängstigenden Dynamik in eindrücklicher Weise in einem Bild von der Invasion von einem anderen Stern Ausdruck verliehen (s. S. 190), auch in seinem Traum von KZ-Häftlingen) und wie unheilvoll sie sich in ihrer sozialen Realität artikuliert, so scheint mir eine zögernd-skeptische, die Schwierigkeiten realitätsgerecht ins Auge fassende Haltung des Therapeuten eine sehr sinnvolle Reaktion zu sein.

Das zweite für die Behandlung aggressiv-dissozialer Patienten charakteristische Merkmal, wie es sich auch bei Manfred präsentierte, liegt darin, dass der Therapeut ein *pragmatisches*, *flexibel auf die Situation des Patienten eingehendes Vorgehen* wählen muss; das hieß im Falle der Familie L.: mit Manfred einen Behandlungsversuch zu wagen, ohne davon ausgehen zu können, dass Manfred für die Therapie überhaupt motiviert war, und ohne zuvor zu wissen, inwieweit sich die Eltern und unter Umständen auch der Bruder in die Therapie einbeziehen ließen. »Pragmatisch« darf hier nicht als »konzeptlos« missverstanden werden. Wir müssen als Therapeuten sehr wohl psychodynamische Hypothesen formulieren und einen Behandlungsplan aufstellen (vor allem wenn wir, wie es oft bei diesen Patienten der Fall ist, mit andern Fachleuten zusammenarbeiten bzw. im Team eine gemeinsame Behandlungsstrategie verfolgen müssen).

Ein »pragmatisches« Vorgehen zu wählen hieß angesichts dieser Situation etwa, Manfred und Frau L. mitzuteilen, dass ich die Not, in der sich die Familie befinde, spürte und dass ich vorschlüge, wir wollten es einfach einmal miteinander versuchen. Mit Manfred vereinbarte ich zwei Therapiesitzungen wöchentlich. Dies war die Kondition, die er zu akzeptieren bereit war. Die von mir eigentlich gewünschten drei Stunden pro Woche lehnte er unter Verweis auf schulische Pflichten ab (eine der ganz wenigen klaren Stellungnahmen, die er während der Vorgespräche abgab. Er wurde in dieser Ablehnung von drei Wochenstunden übrigens von der Mutter lebhaft unterstützt!). Auch in dieser Hinsicht war es nötig, ein »pragmatisches« Vorgehen zu wählen und nicht auf meiner Bedingung zu bestehen, obwohl mir eine Therapie mit drei Wochenstunden bei diesem Kind mit so schweren Verhaltensauffälligkeiten indiziert erschien. Ferner teilte ich Frau L. mit, dass ich parallel zur Therapie des Sohnes gern etwa alle zwei Wochen auch mit ihr ein Gespräch führen möchte.

Wie meine Ausführungen zeigen, bezeichne ich bei Patienten wie Manfred mit einem »pragmatischen«, flexiblen Vorgehen die Bereitschaft des Therapeuten, sich so weit wie möglich auf das »Eröffnungsmanöver« (Blanck et al. 1978) des Patienten einzulassen. Dies bedeutet keineswegs Konzeptlosigkeit und darf auch nicht in dem Sinne missverstanden werden, als solle sich der Therapeut dem Patienten völlig unreflektiert anpassen, sich gar von ihm manipulieren lassen. Es geht vielmehr darum, bei diesen Patienten nicht von vornherein Rahmenbedingungen zu setzen, die sie von der Art ihrer Störung oder von der äußeren Situation, in der sie leben, gar nicht erfüllen können. Das Finden eines ihnen entsprechenden therapeutischen Rahmens ist bei vielen dieser Patienten ein erstes – therapeutisches – *Ziel*.

Immer wieder gilt es im psychotherapeutischen Umgang mit diesen Menschen zu reflektieren, inwieweit wir ihren Wünschen nach einem ihnen akzeptablen Setting nachgeben können und wo wir auf strikter *Grenzsetzung* bestehen müssen und vom Patienten fordern dürfen, dass er sich den von uns gesetzten Rahmenbedingungen anpasst. Die Entscheidung darüber, welches Verhalten der Therapeut wählt, sollte in der jeweiligen Situation erst nach gründlicher Erforschung der psychodynamischen Hintergründe getroffen werden. Dabei ist es nach meiner Erfahrung von großem

Vorteil, wenn es gelingt, einen Konsens zwischen den Wünschen des Patienten und den Vorstellungen des Therapeuten zu finden.

Ein solches Vorgehen sei am Beispiel eines 30-jährigen strafentlassenen Mannes veranschaulicht: Der Patient erschien in einer Therapiestunde in einem sehr gereizt-aggressiven Zustand und bestand darauf, ich solle unverzüglich mit ihm in eine nahe gelegene Gastwirtschaft gehen und dort die Therapiestunde abhalten. Er blieb an der Tür meines Zimmers stehen und drohte, wieder zu gehen, falls ich seiner Aufforderung nicht sofort Folge leistete. Die wütend mir entgegen geschleuderte Begründung lautete: Er habe es satt, mich stets in der unpersönlichen Atmosphäre meines Sprechzimmers zu treffen; er wolle jetzt einen persönlicheren Rahmen und der sei nur in einer Gastwirtschaft gegeben. Ich teilte ihm daraufhin mit, dass ich seinen Wunsch, in eine Gastwirtschaft zu gehen, noch nicht richtig verstehen könne und deshalb mit ihm zusammen erst noch die Hintergründe dieses Anliegens klären möchte, bevor ich dazu Stellung nehmen könne. Allenfalls sei ich bereit, seinen Wunsch zu erfüllen (hätte der Patient mir psychodynamisch überzeugende Argumente dafür geliefert, dass die Therapiesitzung an diesem Tage tatsächlich nur in einer Gastwirtschaft möglich gewesen wäre, wäre ich auf seinen Wunsch eingegangen – allerdings hätte ich mein Handeln in einer nächsten Therapiestunde von mir aus noch einmal ausdrücklich zum Thema gemacht). Ich habe hinzugefügt, dass wir aus unseren bisherigen Gesprächen jedoch wüssten, wie impulsiv der Patient sich oft verhalte und wie verhängnisvoll sich dies auf sein Leben auswirke. Ich wolle deshalb jetzt nicht ähnlich kurzschlüssig handeln, sondern wolle die Situation mit ihm zusammen erst noch besser verstehen.

Mit dieser Intervention habe ich zum einen noch einmal ausdrücklich das therapeutische Setting genannt und damit ein Gegengewicht gegen die starken manipulativen Tendenzen des Patienten geboten. Zum anderen habe ich ihm aber auch signalisiert, dass hinter seinem impulsiven Verhalten psychodynamisch bedeutsame Motive stehen können, die in der Behandlung geklärt werden müssen. Tatsächlich gelang es in diesem Falle, mit dem

Patienten eine reguläre Therapiestunde im Sprechzimmer abzuhalten, wobei er allerdings die ganzen 50 Minuten an den Türrahmen gelehnt stehen blieb. Wie sich im Gespräch herausstellte, stand in diesem Falle hinter seinem Wunsch nach dem »persönlicheren« Rahmen einer Gastwirtschaft – neben den manipulativen Tendenzen – gerade der umgekehrte Wunsch nach einer weniger intimen Situation, in der er, der in der vergangenen Stunde geweint hatte, hoffte, gefühlsmäßig nicht so tief berührt zu werden. Durch meine Intervention habe ich dem Patienten zwar eine gewisse Spannung zugemutet, indem ich Aufschub der Befriedigung verlangte. Zugleich habe ich aber versucht, diese Spannung auf einem ihm erträglichen Niveau zu halten, indem ich durch die Reflexion der hintergründigen Motive angedeutet habe, dass unter psychodynamischem Aspekt seine Wünsche und Gefühle einen Sinn besäßen, und indem ich nicht von vornherein darauf bestanden habe, dass der Patient auf die Befriedigung seines Wunsches unter allen Umständen verzichten müsse.

Gewiss wäre es ein sehr ungewöhnliches Setting gewesen, wenn ich die Therapiesitzung mit dem erwähnten Patienten in einer Gastwirtschaft abgehalten hätte. Doch muss man sich fragen, ob der Therapeut nicht – in Ausnahmefällen! – auch eine solche erhebliche Modifikation der Rahmenbedingungen vornehmen darf. Er muss dabei natürlich besonders sorgfältig die Konsequenzen für Übertragung und Gegenübertragung reflektieren, muss die latenten Gefühle des Patienten, vor allem auch die negativen Übertragungsanteile, thematisieren, sollte auch (möglichst schon in der Situation selbst) Widerstands- und Manipulationstendenzen deuten. Aber all dies schließt meines Erachtens nicht aus, dass der Therapeut zusammen mit dem Patienten immer wieder von Neuem nach einem Setting sucht (selbst wenn dies nach traditioneller Auffassung ungewöhnlich ist), das auf die jeweilige *Angst- und Spannungstoleranz* des Patienten *abgestimmt* ist.

Zweifellos konnte man bei Beginn der Behandlung bei Manfred nicht von einer *Therapiemotivation* sprechen. Dies war eine Dimension, die aufgrund seiner bisherigen Entwicklung seinem Denken und Fühlen verschlossen war. Dass es aber auch bei Patienten wie ihm im Verlaufe der Behandlung durchaus zu einer Motivation im traditionellen Sinne und zu einem Arbeitsbündnis kommen kann, wurde für mich in eindrücklicher Weise an der folgenden Situation deutlich: Einige Monate nach Therapiebeginn berichtete mir Manfred strahlend, dass sein jüngerer Bruder Klaus mit den Kindern einer Familie befreundet sei, die in engem Kontakt zu meiner Familie stand. Diese Kinder hätten dem Bruder versprochen, demnächst meine Familie zusammen mit ihm zu besuchen. Klaus freue sich nun schon sehr auf den geplanten Spielnachmittag bei uns. Als ich Manfred daraufhin sagte, dass ein solcher Besuch angesichts der Tatsache, dass er bei mir in Therapie sei, leider nicht stattfinden könne, geriet er in eine furchtbare Wut und Verzweiflung. Er schrie mich an, es sei »gemein« von mir, dass ich dem Bruder diese Freude kaputtmache, natürlich sei nun er wieder schuld daran, dass etwas nicht klappe, er sei ja sowieso immer das »schwarze Schaf« in der Familie, nun auch noch diese Gemeinheit von mir! Obwohl ich Manfreds Argumentation gut verstand (zumal zu erwarten war, dass Familie L. tatsächlich Manfred zum »Schuldigen« für die verdorbene Freude erklären würde) und mir auch sein Bruder leid tat, blieb ich dennoch strikt bei meiner Entscheidung, wobei ich Manfred mein Verständnis und Bedauern durchaus mitteilte. Ich fügte hinzu, mein Verhalten bliebe trotz dieser eigenen widerstreitenden Gefühle so strikt, weil für mich seine Therapie Vorrang habe und – bildhaft gesprochen – so wie ein Apfel sei, den ich nicht zwischen ihm und einer anderen Person teilen wolle. Es sei ein Apfel, der nur für ihn allein bestimmt sei, für niemanden sonst!

Es war eindrücklich zu erleben, wie Manfred, der in seiner Wut scheinbar kaum auf meine Intervention gehört hatte, schlagartig ruhig, sichtlich entspannt, ja geradezu heiter wurde (ein Zustand, den ich bisher bei ihm noch nie erlebt hatte) und mich mit einer bei ihm bisher ebenfalls noch nicht erlebten Ernsthaftigkeit fragte, ob ich denn längere Zeit an seinem Wohnort bleiben werde; eine Therapie dauere doch sicherlich mehrere Jahre. Auf meinen Hinweis, dass ich seine Therapie auf jeden Fall bis zum Ende durchführen würde, fügte er hinzu, im Grunde sei das ja auch kein so gravierendes Problem, er könne ja ohne weiteres zu den Therapiestunden auch an den Ort fahren, an dem ich im Falle eines Stellenwechsels dann tätig wäre!

3. Die Aggression

Zu Beginn der Behandlung lief Manfred während vieler Therapiestunden ziellos im Behandlungszimmer umher, riss plötzlich, wahllos, Spielzeug aus den Fächern und Schränken und verstreute die Gegenstände im Zimmer. Mitunter saß er dann wieder unbeweglich auf einem Stuhl und äußerte sich verbal zumeist nur mit knappen Antworten wie »Ja« und »Nein« zu Fragen, die ich zum Teil mehrfach wiederholen musste. Mit strukturiertem Spielmaterial (wie beispielsweise dem Sceno-Test) vermochte er nichts anzufangen; im Sandkasten wollte er nicht spielen; Papier und Schere lehnte er ebenfalls ab. Erst als ich ihm in einer Therapiestunde großformatiges Papier und Wachskreiden vorlegte, begann er sich mit diesem Material zu beschäftigen und Fantasiezeichnungen anzufertigen. Nach einiger Zeit ging er dazu über, diese Zeichnungen zu kommentieren und – z. T. umfangreiche – Geschichten dazu zu erzählen.

Als eines der ersten Bilder zeichnete er das folgende:

Zu dieser Darstellung erzählte er folgende Geschichte: Das Auto sei ein Wesen von einem fremden Stern. Es habe ein riesiges Maul. Zusammen mit anderen Wesen dieser Art sei es in einer Invasion zur Erde gekommen, von dem Wunsch erfüllt, alles zu zerstören und zu fressen. Die Wesen hätten nur einen einzigen Gedanken: »Haben, haben, haben!« Angesichts dieser furchtbaren Macht werde sogar die Sonne bleich vor Entsetzen (in früheren Darstellungen hatte Manfred wiederholt die Sonne als Symbol eines »guten« inneren Objekts verwendet).

Manfred vermittelte mir mit seinen Zeichnungen ein anschauliches Bild seiner inneren Situation und gab mit der zitierten Zeichnung deutlicher, als es mit Worten je möglich gewesen wäre, zu erkennen, von welchen oral-aggressiven Fantasien er beherrscht war. Der ausdrückliche Hinweis darauf, dass selbst die Sonne bleich vor Entsetzen werde, war in diesem Falle sehr ernst zu nehmen und gab mir Aufschluss darüber, von welcher elementaren, archaischen Gewalt die Aggression dieses Kindes war. Es liegt auf der Hand, dass bei Manfred – aber auch bei erwachsenen Patienten dieser Art – ein derartiges Material nicht im üblichen Sinne gedeutet wird, etwa indem ich es »übersetzte« oder gar eine genetische Rekonstruktion vornähme. Ich lasse derartige Bilder vielmehr als solche stehen und gebe eine mir im Augenblick wichtige erscheinende Intervention höchstens, indem ich strikt im Bild selbst bleibe und ausschließlich das vom Patienten gelieferte Material verwende. Oft aber erübrigt sich jede verbale Stellungnahme. Wichtiger als deutende Interventionen irgendwelcher Art dürfte vor allem in der Anfangsphase der Psychotherapie sein, dass ein solcher Patient sich in der Beziehung zum Therapeuten als Individuum wahrgenommen und akzeptiert fühlt und über den Prozess der Spiegelung in seiner Selbststruktur gestärkt wird.

Die in Manfreds Bild zum Ausdruck kommende archaische Destruktivität löste bei ihm, wie der Hinweis auf das Bleichwerden der Sonne vor Entsetzen zeigt, enorme Ängste aus, stellte sie doch eine die ohnehin labile Integration seines Ich gefährdende Dynamik dar. Ähnliche Phänomene finden wir auch bei Jugendlichen und Erwachsenen mit ausgeprägter Aggressionsproblematik. Die eigene Destruktivität wird als so überwältigend erlebt, dass sie massive Ängste auslöst. Zugleich ist sie aber auch so eng mit dem Selbstbild legiert, dass eine Änderung in diesem Bereich wiederum als bedrohliche Infragestellung erlebt wird. In der Therapie kann es in solchen Phasen, in denen sich positive Veränderungen zeigen und die Destruktivität an Einfluss verliert, sogar zu psychotischen Übertragungsreaktionen kommen.

So berichtete mir ein junger dissozialer Patient von einem Traum, der ihn sehr »eigenartig« berührt habe. Er habe geträumt, dass er einem anderen Menschen eine schöne Blume gegeben und der andere diese gerne entgegengenommen habe. Dieser Patient hatte in seinem bisherigen Leben die Erfahrung gemacht, dass er wegen seines eher abstoßenden Äußeren und seiner Gewalttätigkeit von anderen Menschen gefürchtet und abgelehnt wurde, und hatte ein sehr negatives Selbstbild von sich entwickelt. Als ich ihm nach dem Bericht des Traumes sagte, dass sich hier doch deutlich eine neue Haltung sich selbst gegenüber zeige und dass er offensichtlich anderen Menschen doch etwas Schönes zu geben vermöge, schwieg der Patient betroffen und entgegnete dann – sichtlich verängstigt – plötzlich, ein auf meinem Tisch liegendes Buch weisend, dies sei das 6./7. Buch Mose. Es sei ein »Gegenbuch zur Bibel, in dem alles Böse der Welt steht. Es ist ein Buch, das nur Hexen und Zauberer besitzen, um daraus ihre geheimen Kräfte zu bekommen«. Er starrte mich bei diesen Worten voller Angst an und verwies darauf, dass ich mit diesen bösen Mächten im Bunde stehe, um ihm Schaden zuzufügen.

Diese etwa 15 Minuten dauernde psychotische Übertragungsreaktion ließ sich abbauen, indem ich dem Patienten das Buch zeigte, ihm daraus einige Sätze vorlas und es ihm dann in die Hand gab, damit er sich selbst davon überzeugen konnte, dass es nicht das von ihm vermutete Zauberbuch war. Unter psychodynamischem Aspekt ist diese psychotische Episode so zu verstehen, dass meine Deutung seiner positiven Seite die bisherige negative Identität (die ihm bisher in seinem Leben Sicherheit gegeben hatte) in Frage gestellt hatte und in ihm eine unerträgliche Angst vor der Überschwemmung mit aggressiven Impulsen aufgetaucht war. Dieser

Impulse hatte er sich per Projektion zu entledigen versucht, wobei er sich infolge eines kurz dauernden Verschwimmens seiner Ich-Grenzen dann selbst wieder durch die projizierte Aggression verfolgt fühlte (Mechanismus der projektiven Identifizierung).

Mitunter kam es in Manfreds Therapie vor, dass er eine Zeichnung anfertigte und dazu eine Geschichte erzählte und nach einem Kommentar von mir das Bild ergänzte und die Erzählung weiter ausführte. Dazu die folgende Episode:

Manfred kommentierte diese Zeichnung mit dem Hinweis, der eine (rechts) sei ein Professor, der »Mist« erzähle: Er habe gesagt, man könne einen Fisch in einen Hund verwandeln (der Patient hatte Hunde sehr gern, vor allem liebte er das weiche, warme Fell der Tiere). Der Knabe berichtete weiter, er habe den anderen Menschen (links) vom Professor abgewendet gezeichnet, weil dieser das, was der Professor sage, nicht hören wolle. Wenn man sich nicht ansehe, könne man nämlich auch nichts hören (Manfred hielt sich in dieser Phase der Therapie tatsächlich auch, wenn er eine Äußerung von mir nicht aufnehmen wollte, demonstrativ Augen und Ohren zu). Es sei unmöglich, einen Fisch in einen Hund zu verwandeln.

Auf meine Intervention hin, der andere höre es vielleicht doch, auch wenn sich die beiden nicht ansähen, malte Manfred mit dicken Strichen eine Mauer zwischen die beiden Gesichter. Meinen nochmaligen Interventionsversuch (ich fände es schade, wenn gar keine Verbindung zwischen ihnen zustande kommen könnte; vielleicht gebe es doch eine Tür in dieser Mauer?) kommentierte Manfred mit folgenden Worten: »Er will schon, dass der Professor durch die Tür kommt. Aber wenn der das tut, läuft er dann trotzdem weg.«

Ich habe Manfred daraufhin gesagt, dass der Professor es sicherlich respektieren werde, wenn der andere es gar nicht aushalte dazubleiben. Zugleich vertraute ich aber darauf, dass die Worte den anderen doch letztlich erreichten.

Die beiden in meiner letzten Intervention angedeuteten Aspekte (das Respektieren der Toleranzgrenze und zugleich die Hoffnung bzw. der Versuch, die zur Zeit bestehenden Grenzen im Verlaufe der Zeit doch »aufzuweichen«) sind für meinen therapeutischen Ansatz bei der Behandlung aggressiver Patienten mit dissozialen Tendenzen von zentraler Bedeutung. Mehr als bei anderen Patienten ist es bei ihnen notwendig, genau auf ihre Signale zu hören und sie durch das therapeutische Vorgehen nicht zu überfordern. Zur Stärkung ihrer Angst- und Spannungstoleranz ist es aber ebenso wichtig, stets so viel von ihnen zu fordern, wie sie eben noch zu ertragen vermögen. Hinzu kommt, dass bei diesen selbst oft völlig resignierten Menschen dem Therapeuten die wichtige Aufgabe zufällt, immer wieder Zukunftsperspektiven zu eröffnen und auf Entwicklungsmöglichkeiten hinzuweisen, die, wenn auch noch nicht zum jetzigen Zeitpunkt, so doch irgendwann einmal Realität werden können. Der Therapeut vertritt damit nicht nur ein Stück Hoffnung, die der Patient selbst vielleicht nicht mehr aufzubringen vermag, sondern er deutet mit einem solchen Zukunftsentwurf auch an, dass er bei allem Verständnis für die derzeitigen Begrenzungen des Patienten diesen prinzipiell für fähig hält, in seiner Entwicklung voranzuschreiten und Dinge zu tun, die ihm heute noch unmöglich erscheinen.

In der zweiten von Manfred angefertigten Zeichnung deutet

sich ein weiteres Problem an, das wir fast regelhaft bei Menschen mit starken destruktiven Impulsen antreffen: Es ist ihre Unfähigkeit einer angemessenen *Nähe-Distanz-Regulierung*. Entweder betrachten sie ihr Gegenüber im Rahmen einer symbiotischen Beziehung, oft unterstützt durch starke Idealisierungen und Spaltungstendenzen, als »besten Freund« oder »beste Freundin«, oder der andere wird für sie abgrundtief »böse« und Ziel ihrer Verachtung und ihres Hasses.

Diese Dynamik zeigte sich in der folgenden Episode mit einem dissozialen Adoleszenten: Immer wieder kam es bei ihm zu einem abrupten Wechsel zwischen einem anklammernden, mich idealisierenden Verhalten, bei dem er mich als seinen »verlängerten Arm« zu benutzen versuchte, und einer heftigen Abstoßung, bei der er mich hasserfüllt beschuldigte, nichts für ihn zu tun, sondern ihm nur zu schaden und die Therapie mit ihm nur zu führen, »damit Sie Geld in Ihre Tasche scheffeln können«. Am Ende einer Sitzung sagte er bei der Verabschiedung, seine Probleme ließen sich eigentlich leicht lösen, ich müsse lediglich 24 Stunden am Tag mit ihm zusammen sein. Ohne das geringste Zögern reagierte ich mit den Worten: »Gott bewahre mich davor!«

Da ich die Sitzung nicht mit dieser spontanen Entgegnung, die den Patienten hätte verletzen können, beenden wollte, bat ich ihn, noch einmal kurz ins Zimmer zurück zu kommen. Dort erklärte ich ihm den Sinn meiner Äußerung, die ich ihm als Reaktion auf seine – sich auch sonst immer wieder zeigenden, sich aber nun deutlich im Hier und Jetzt unserer Beziehung manifestierenden – extremen Fusionswünsche interpretierte. Ich hätte in meiner spontanen Intervention den Aspekt erwähnt, den er selbst in solchen Situationen gar nicht wahrnehme, nämlich die Tatsache, dass ihm, wie Menschen generell, eine solche totale Fusion gar nicht erträglich und auch nicht zuträglich sei. Unsere Beziehung sei nur deshalb möglich und konstruktiv, weil ich immer wieder sehr darauf achtete, eine ausgewogene Nähe-Distanz-Regulierung aufrecht zu erhalten bzw. immer wieder herzustellen, während er zwischen extremer Nähe (wie in seinem Wunsch, 24 Stunden pro Tag mit mir zusammen zu sein) oder totalem Beziehungsabbruch hin und her pendle. Diese Übertragungsdynamik konnte ich ihm noch an diversen Beziehungskonstellationen erklären, über die er mir früher schon in der Therapie berichtet hatte und in denen er diese Dynamik agiert hatte und die in verhängnisvoller Weise, mit zum Teil massiver Gewalt, geendet hatten.

Eine andere Dynamik, die aus der mangelnden Fähigkeit von Menschen mit großem Aggressionspotential, Nähe und Distanz zu regulieren, resultiert, zeigte sich in der folgenden Episode aus der Therapie eines jungen dissozialen Mannes: Zunehmend registrierte ich in meiner Gegenübertragung Gefühle der Gereiztheit und des Ärgers diesem Patienten gegenüber. Mitunter dachte ich, den einen oder anderen Grund für diese sich über Wochen hin verstärkenden Gegenübertragungsgefühle in bestimmten Verhaltensweisen des Patienten sehen zu können (zum Beispiel in seinem häufigen Zu-spät-Kommen zu den Therapiesitzungen oder in seinen rigiden Abwehrmanövern, sobald ich mich im Gespräch brisanten Themen näherte). Doch überzeugten mich diese Erklärungen letztlich nicht und führten vor allem auch nicht zu einer Auflösung der immer heftiger werdenden Gegenübertragung.

Der Patient nahm meine Gereiztheit natürlich wahr und begann mir deswegen bittere Vorwürfe zu machen, indem er darauf verwies, nun merke er, dass ich ihn ablehne und im Grunde nichts mit ihm zu tun haben wolle. Unversehens kippten seine Stimmung und sein Verhalten aber wieder ins Gegenteil, und er beteuerte, ich sei der einzige Mensch auf der Welt, zu dem er Vertrauen habe. »Wenn ich Sie verliere, bin ich total am Ende. Nur Sie können mir helfen. Sie dürfen mich nicht im Stich lassen!«. Ich beobachtete bei mir, dass meine Gereiztheit in solchen Momenten besonders ausgeprägt war, während ich auf seine Hassausbrüche und Entwertungen mir gegenüber eher gelassen reagierte.

Als ich mit Hilfe des Modells des szenischen Verstehens (Lorenzer 1973) unsere Interaktion in den Sitzungen genauer untersuchte, stellte ich eine interessante Dynamik im Hinblick auf unser beider Nähe-Distanz-Regulierung fest: Wenn der Patient sich an mich klammerte und mir eine besonders große Nähe signalisierte, stieg meine Gereiztheit. Wenn er sich aber voller Hass von mir abwendete, fühlte ich mich ihm näher. Das extreme Schwanken zwischen symbiotischer Nähe und aggressiver Distanz betraf uns *beide* und war ein *wechselseitiger Prozess.* Wenn man gleichsam einen Mittelwert unserer beider Gefühle gebildet hätte, wäre das Resultat eine *mittlere* Distanz gewesen, eben jene Distanz, die der Patient selbst nicht herzustellen vermochte. Er hatte mich in der Übertragungs-Gegenübertragungs-Verschränkung in diese Dynamik hineingezogen und hatte sich auf diese Weise davor geschützt, einerseits in eine totale Fusion mit mir zu geraten (wie er sie in Beziehungen zu Freundinnen mehrfach erlebt hatte und was zu massiver Gewalt in diesen Beziehungen geführt hatte) und andererseits die Beziehung zu mir vollständig abzubrechen (wie es zu Menschen außerhalb der Therapie immer wieder geschah). Es ist interessant zu sehen, dass die Aggression bei ihm nicht nur die geschilderte destruktive Qualität besaß, sondern in dieser Zeit zumindest in Ansätzen bereits ihre konstruktive, der Abgrenzung dienende Seite erkennen ließ, d.h. im Sinne der in Kapitel 3 dargestellten Konzepte von Stechler und Lichtenberg als Ausdruck des assertiven/selbstbehauptenden Motivationssystems verstanden werden kann.

Ähnlich war es im Grund bei Manfred, der mit dem Bild und der Geschichte vom Mann, der zwischen sich und den Professor eine Wand gebaut hatte, eine Abgrenzung herzustellen versuchte, die – als Ausdruck des assertiven/selbstbehauptenden Motivationssystems – der Stabilisierung seiner durchlässigen Ich-Grenzen diente. Auch für ihn gab es in der Zeit, als er das Bild malte, nur ein Entweder-oder, d.h. totale, die Individualität auflösende Nähe (in den Zeichnungen in Form der ineinander übergehenden Köpfe) oder völlige, die Beziehung abbrechende und ihn vom mitmenschlichen Kontakt abschneidende Distanz (in der Zeichnung: eine Wand ohne Tür). Unter diesem Aspekt ist seine aus einer viel späteren Therapiephase stammende Geschichte von einem Mann, der in einen goldenen Helm eingeschweißt ist und daraus befreit wird, interessant (s. Seite 232).

Lieferten mir Manfreds Zeichnungen und Kommentare ein anschauliches Bild von seiner archaischen Aggressivität (die er in mehr oder weniger hilfloser Weise durch emotionalen Rückzug, sein »Abstellen«, zu blockieren versuchte) sowie von seiner Verletzbarkeit und seiner geringen Frustrationstoleranz, so kam es in seinem Verhalten mir gegenüber vielfach zu eindrücklichen »Reproduktionen früher Erfahrungen« (Leber et al. 1983). Was man beispielsweise vordergründig als »unverschämte Lügerei« hätte verstehen können, erwies sich bei genauerer Betrachtung als eine Wiederholung seiner frühkindlichen Situation, wobei er diese Konflikte nun per Übertragung an mir abhandelte:

Während des ersten Therapiejahres blieb Manfred vielen Behandlungsstunden fern oder kam erheblich, zum Teil über 30 Minuten, zu spät. Die analytische Erhellung der Hintergründe dieses Verhaltens führte schließlich zu der Erkenntnis, dass er – im Sinne der Reinszenierung frühkindlicher Konflikte (Lorenzer 1973) – genau die Situation herbeizuführen suchte, die er am allermeisten fürchtete: Er hoffte nämlich, mich durch sein Fehlen und Zuspätkommen so ärgerlich zu machen, dass ich die Behandlung abbräche und ihn – das wäre nach seinen eigenen Worten »das Schlimmste, degradierend« gewesen – an einen Kollegen weitergäbe. So strebte er nach einer Wiederholung seiner frühkindlichen Situation, in der er sich hilflos und ohnmächtig willkürlich handelnden, versagenden, mächtigen Elternfiguren ausgeliefert fühlte.

Der Unterschied zur frühkindlichen Situation bestand allerdings darin, dass er nun nicht der Passive, Ohnmächtige sein musste, sondern höchst aktiv die Situation konstellierte. Er konnte auf diese Weise auch Racheimpulse befriedigen, indem nun er dem anderen, in der Übertragung mir, das antat, was er früher selbst hatte erleiden müssen. Zugleich spürte ich in seinem Verhalten aber auch die Hoffnung, ich möchte nicht auf seine Provokationen eingehen. So äußerte er beispielsweise in einer Sitzung, selbst wenn er wesentlich zu spät komme, dürfe ich als Therapeut auf keinen Fall später kommen oder eher weggehen. Eine Wurzel seines Agierens bestand offensichtlich im Wunsch, in der handelnden Wiederholung den verhängnisvollen Circulus vitiosus zu durchbrechen. In Analogie zum Konzept des »fördernden

Dialogs« (Leber 1988) ging es Manfred in solchen Situationen darum, durch mein Verhalten eine »neue« Antwort zu erhalten.

Obwohl derartige Reproduktionen früher Beziehungserfahrungen im Rahmen der Übertragung in jeder Psychotherapie auftreten, erreichen sie bei Menschen wie Manfred mit schweren dissozialen Fehlentwicklungen nach meiner Beobachtung eine besondere Intensität. Vor allem äußern sie sich in der Regel in sehr provokativer, sozial störender Weise.

Als Beispiel eine Episode aus der Therapie eines erwachsenen straffälligen Mannes, der in seiner Kindheit vielfältige Beziehungsabbrüche (Wechsel zwischen Herkunftsfamilie, mehreren Pflegefamilien, Heimen und später Strafanstalten) erlebt hatte: Er hatte eine »Überlebenstechnik« gefunden, bei der er den verschiedenen Bezugspersonen jeweils nur einen ganz bestimmten Ausschnitt seines Lebens präsentierte: Ehefrau, Kinder, Arbeitskollegen, verschiedene Freundinnen, zu denen er Beziehungen unterhielt, Bewährungshelfer, Mitarbeiterinnen verschiedener sozialer Stellen und auch ich als sein Therapeut erhielten jeweils nur ganz bestimmte Informationen, die ihm aus irgendeinem Grunde opportun erschienen und wodurch er sich Vorteile von diesen Bezugspersonen erhoffte. Es liegt auf der Hand, dass der Patient sich in diesem Gewirr von Teilinformationen, Halbwahrheiten und Lügen immer wieder heillos verstrickte, dann zur »Rettung der Situation« irgendwelche Ausflüchte erfinden musste, die ihn aber immer tiefer in den Teufelskreis von Unwahrheiten hineinzogen.

Als ich diese Dynamik in der Beziehung zu mir zu durchschauen begann, konnte ich ihm anhand vieler Beispiele, die wir miteinander erlebt hatten, zeigen, dass diese »Technik« ihm zwar unter den schwierigen Bedingungen seiner Kindheit und Jugend vielleicht gute Dienste geleistet hatte, letztlich aber jegliche Beziehung »vergiftet«. Immer wieder wies ich ihn in Situationen, in denen ich an der Wahrheit bzw. Vollständigkeit seines Berichtes zweifelte, ganz offen auf meine Skepsis hin und zeigte ihm – zum Teil recht drastisch –, welches das Resultat seines Kommunikationsstils war: Selbst ich, der eigentlich sehr gewillt war, ihm zu glauben, müsse immer wieder an der Wahrhaftigkeit seiner Darstellungen zweifeln und tue ihm zweifellos oft unrecht, indem ich innerlich ein »Fragezeichen« hinter etwas setze, das tatsächlich der Realität entspreche.

Als dieser Interaktionszyklus intensiv durchgearbeitet worden war, schlug ich dem Patienten vor, dass er während einer gewissen Zeit auf alle »Erklärungen«, mit denen er sein Fernbleiben oder Zuspätkommen zu Therapiestunden begründete, verzichten solle. Mir sei zwar wichtig, dass er regelmäßig komme, ich erwarte jedoch keinerlei »Erklärung« für versäumte Stunden. Erst wenn wir auf diese Weise unsere Beziehung während einiger Zeit »entgiftet« hätten (das hieß unter anderem auch: wenn er mich aus der Rolle des Über-Ich-Projektionsträgers, gegen dessen Macht er sich durch Unwahrheiten zu wehren versuchte, entlassen hätte), könne er mir wieder Gründe für sein Zuspätkommen oder Nichterscheinen nennen. Die Entscheidung dafür liege jedoch allein bei ihm. Dieses Vorgehen brachte eine spürbare Entkrampfung in unserer Beziehung und führte dazu, dass wir auch ausführlich darüber sprechen konnten, wie sich diese Interaktionsdynamik in anderen Beziehungen manifestierte und welche Funktion sie dort jeweils erfüllte.

Aus den bisherigen Ausführungen dürfte hervorgegangen sein, dass es bei der Arbeit mit aggressiven Patienten – vor allem in krisenhaften Situationen – wichtig ist, sich als Therapeut herausfordern zu lassen und eindeutig Stellung zu beziehen. Wir dürfen uns – wie Manfred es in seinem Bild vom Professor, der »Mist« erzählt und der nicht durch die Tür zum anderen Menschen kommen darf, in anschaulicher Weise dargestellt hat – ihnen nicht aufdrängen und müssen ihre geringe Angst- und Spannungstoleranz gerade zu Beginn der Behandlung unbedingt respektieren. Aber wir müssen im entscheidenden Augenblick als reale Person mit unserer eigenen emotionalen Betroffenheit für den Patienten sichtbar und spürbar werden und dort Grenzen setzen und Verbindlichkeit garantieren, wo die Klienten selbst im Chaos ihrer innerseelischen und interaktionellen Probleme zu versinken drohen. Ihr agierendes Verhalten erweist sich bei genauerer Betrachtung nicht lediglich als Ausdruck ihrer psychodynamischen und ich-strukturellen Pathologie, sondern als letztlich konstruktives Signal an uns, ihnen durch die Vorgabe von Strukturen in der Außenwelt dort behilflich zu sein, wo es ihnen an eigener innerer Struktur und Steuerung mangelt.

Der Veranschaulichung möge das folgende Beispiel aus der Therapie eines jungen dissozialen Mannes dienen. Der Patient zeigte ausgeprägte selbstschädigende Tendenzen, die sowohl in seinem sozialen Verhalten (vielfältige Selbstsabotagen, Neigung, sich selbst zum Opfer ihn kränkender Herabsetzungen durch andere zu machen etc.) als auch in der Art, wie er mit seinem Körper umging, deutlich wurden. Außerdem traten bei ihm neben einer ausgesprochen »sanften«, höflichen Art, die er an den Tag legte, heftigste, plötzlich einschießende aggressive Impulse auf. Der Patient war im Jahr bevor er zu mir kam, wenige Male bei einem anderen Therapeuten gewesen und hatte dort einmal in einem Ausbruch von Wut darauf verwiesen, dass er einen Revolver besitze und damit sich und andere »hinmachen« werde. Die vom Therapeuten benachrichtigte Polizei hatte in der Wohnung des Patienten tatsächlich eine entsicherte Pistole gefunden. Der Patient hatte daraufhin die Behandlung bei dem Kollegen empört abgebrochen. Mir gegenüber erwähnte er später beiläufig, es sei kein Problem, eine neue Pistole zu bekommen. Außerdem sprach er bei mir wiederholt in drohendem Ton davon, er werde sich schon zu seinem Recht verhelfen, wenn es sein müsse, indem er Menschen, die ihm nicht willfährig seien, die abgeschnittenen Ohren ihrer Kinder ins Haus schicken werde; das werde jeden gefügig machen!

Eines Tages rief mich der Patient an und bat mich um eine »kleine Gefälligkeit«: Er sei gerade dabei, sein Zeugnis zu schreiben, und suche nach einer guten Formulierung. Auf meine erstaunte Frage entgegnete er wie selbstverständlich, er könne sich unmöglich mit der kurzen Arbeitsbestätigung, die er vor mehr als einem Jahr an seiner letzten Stelle erhalten habe, bei einer neuen Stelle bewerben. Dann habe er überhaupt keine Chance, eine Arbeit zu finden. Er schreibe sich deshalb jetzt ein neues, »gutes« Zeugnis und werde dann die Unterschrift und den Briefkopf des früheren Arbeitgebers so geschickt hineinkopieren, dass dies niemandem auffallen werde. Auf meinen Hinweis, dass er dies unter keinen Umständen tun dürfe, er begehe damit eine Urkundenfälschung, reagierte er mit der scharfen Entgegnung, er habe mich nicht danach gefragt, was recht und nicht recht sei, die Entscheidung darüber müsse ich schon ihm überlassen. Er habe mich lediglich um eine Hilfe bitten wollen, merke aber schon, dass ich – wie die Leute sonst auch – nur immer so täte, als ob ich bereit sei, mich für andere einzusetzen. Wenn es darauf ankomme, »kniffe« ich aber.

Ich habe daraufhin dem Patienten vorgeschlagen, doch jetzt gleich zu mir zu kommen, da ich diese Fragen mit ihm nicht am Telefon besprechen wolle. Tatsächlich erschien der Patient kurze Zeit später bei mir, legte mir seinen Zeugnisentwurf und das Original des Arbeitgebers vor und forderte mich – nun recht drohend – noch einmal auf, ich möge ihm eine gute Formulierung nennen. Ich wiederholte meine bereits am Telefon abgegebene Stellungnahme und versuchte ihm klarzumachen, dass er sich mit einem solchen Verhalten nicht nur strafbar mache, sondern dass es ausgesprochen selbstschädigend sei. Ich sei durchaus bereit, ihm dort zu helfen, wo etwas »gut« für ihn sei – das sei ja auch der Sinn der Therapie –, wolle ihm aber nicht Hand bieten für etwas, mit dem er sich selbst Schaden zufüge.

Der Patient wendete sich daraufhin hasserfüllt gegen mich und äußerte drohend, ich würde die Konsequenzen für alles, was nun passiere, zu tragen haben. Er habe es auf diesem »friedlichen« Wege probieren wollen, einen Wiedereinstieg ins soziale Leben zu finden, nun hätte ich ihn durch die Verweigerung meiner Hilfe gezwungen, »andere Wege« zu gehen. Während dieser Worte wühlte er mit seinen Händen in einer Plastiktüte herum, und ich geriet in eine zunehmend stärker werdende Angst, er werde plötzlich einen Revolver hervorziehen und auf mich schießen. Angesichts der Tatsache, dass er eine Pistole besessen hatte (bzw. immer noch besaß?), schien mir dies nicht nur ein irrationales Gegenübertragungsgefühl meinerseits zu sein, sondern auch Ausdruck der mehr oder weniger realitätsgerechten Wahrnehmung einer tatsächlich bestehenden Bedrohung. Der Patient nahm offensichtlich meine Angst wahr, interpretierte sie aber als Ausdruck meiner Angst vor den Folgen eines gemeinsamen Betrugs. Höhnisch – und herausfordernd – schleuderte er mir entgegen, ich sei einfach ein Feigling, nicht einmal fähig, eine solche »Kleinigkeit« zu tun. Dabei sei doch »hundertprozentig sicher, dass das niemals rauskommt«.

Die emotionale Spannung und die Bedrängnis, in die mich der Patient in dem etwa halbstündigen Gespräch gebracht hatte, wurde mir plötzlich klar, als in mir der Gedanke auftauchte, ich solle der ganzen unerträglichen Situation ein Ende bereiten und ihm die gewünschte Formulierung liefern. Was er dann damit mache, sei letztendlich doch seine Sache. Erst dieser – kurz einschießende – Gedanke ließ mich das Ausmaß seiner aggressiven Manipulation und meiner reaktiven Angst erkennen und löste bei mir eine heftige Gegenaggression aus. Ich spürte in mir eine furchtbare Ohnmacht und Wut und entgegnete ihm scharf, ich hätte nun genug von dieser Diskussion. Er solle tun, was er wolle, ich jedoch würde ihm nicht Hand zu etwas bieten, womit er sich selbst schädige. Dies sei mein letztes Wort zu dieser Frage!

Der Patient saß einen Augenblick wie vom Donner gerührt und schaute mich ungläubig an, so als könne er nicht glauben, was er soeben erlebt habe. Ähnlich wie bei Manfred kam es bei ihm daraufhin aber zu einem abrupten Stimmungswechsel: Er reagierte keineswegs, wie man hätte vermuten können, mit einer weiteren Eskalation seiner Aggression, sondern wurde sehr ruhig und sichtlich entspannt. Er nickte mir wie in einem stillen Einverständnis zu, packte seine Schriftstücke zusammen, und es folgte eine Therapiestunde, die sich durch eine für diesen Patienten ungewöhnliche Ruhe und eine Bereitschaft zur Introspektion auszeichnete, wie ich sie bei ihm bisher noch nie erlebt hatte. Am Ende der Stunde fragte er mich noch einmal, ob ich ihm auch nicht böse sei wegen seiner »Zwängerei«. Auf meinen Hinweis, ich sei zwar vorhin tatsächlich sehr böse gewesen, weil ich nicht dulden wolle, dass er sich – wie so oft in seinem Leben – nun auch noch mit meiner Hilfe schädige, aber jetzt sei ich nicht mehr ärgerlich, ich fände es sogar gut, dass wir uns so direkt miteinander auseinandersetzten, lächelte er zustimmend und meinte: »Im Grunde hat mir das Ganze, so wie es verlaufen ist, gut getan, und ich bin so ganz zufrieden.«

Ähnlich wie bei Manfred hatte meine heftige emotionale Stellungnahme auch bei diesem Patienten eine positive Wirkung. In beiden Situationen ging es darum, sich als Therapeut vom Patienten herausfordern zu lassen, bei dem zuletzt erwähnten Patienten bis zu einer für mich ungewöhnlich heftigen Gegenaggression. Sowohl Manfred als auch dieser dissoziale Mann konnten daraus eine intensive Anteilnahme meinerseits an ihrem Geschick entnehmen, und ihre eigene emotionale Zerrissenheit erhielt durch meine eindeutige Stellungnahme eine – sie entlastende – Strukturierung.

Zum andern ist es bei Patienten dieser Art nach meiner Erfahrung außerordentlich wichtig, ihnen dort klare *Grenzen zu setzen*, wo sie sich (und andere) durch ihr manipulatives Verhalten manifest zu schädigen drohen. Der Therapeut muss bei ihnen zwar bereit sein, das therapeutische Setting flexibel, der jeweiligen Angst- und Spannungstoleranz der Patienten entsprechend, zu gestalten, und muss mitunter auch auf Wünsche von ihnen eingehen, wie er es in der klassisch-psychoanalytischen Behandlung nie tun würde. Dennoch – oder gerade deshalb – muss er seine Reaktionen sorgfältig reflektieren und darf sich nicht scheuen, dort strikte Grenzen zu setzen, wo es zu einem für den Patienten (und ihn selbst) unheilvollen Agieren kommt. Durch eine solche Strukturierung gelingt es dem Therapeuten auch, sich vom Patienten nicht in die ohnmächtige Position drängen zu lassen, d. h., er überwindet stellvertretend (im Sinne der Winnicottschen »container«-Funktion) die Spaltungstendenzen des Patienten.

Der therapeutische Umgang mit derartigen bei aggressiven Patienten häufig auftretenden Situationen, in denen es zu einem impulsiven Verhalten kommt, sei noch an einer weiteren kasuistischen Vignette demonstriert. Seit längerer Zeit hatte ich mich bei einem jungen mehrfach wegen Einbrüchen und Körperverletzung vorbestraften Mann bemüht, die Wirksamkeit der von ihm stark eingesetzten Spaltungsmechanismen zu deuten. Immer wieder kam es bei ihm zu abrupten Wechsel: Auf der einen Seite zeigte er eine totale Selbstentwertung (er sei ein »Nichts«, ein »Dreck«, ein »Sauhund«, ein »Verbrecher, dem seine Schuld mit glühenden Buchstaben auf dem Rücken steht«) und neigte zu einer enormen Überschätzung seiner Bezugspersonen (sie hätten ja völlig Recht damit, ihn abzulehnen; alle seien ihm haushoch überlegen etc.). Auf der anderen Seite kam es jedoch plötzlich zu einer grandiosen Aufblähung der eigenen Person (nun war er derjenige, der sich anderen weit überlegen fühlte, der sie »zur Rechenschaft ziehen« konnte und »der sagt, wo es lang geht«) und einer Abwertung aller anderen Menschen (»über die gehe ich einfach weg, die radiere ich aus«, »die haben mir doch nichts zu sagen«). So offensichtlich diese Abwehrstrategie der Spaltung im Verhalten und in den Gefühlen des Patienten auch war, so vehement wehrte er sich doch gegen die Deutung dieser Dynamik. Vielfach äußerte er, er verstehe gar nicht, was ich von ihm wolle – dabei ließ allerdings sein gereizt-dysphorisches bis manifest aggressives Verhalten mir gegenüber erkennen, dass es kein intellektuelles Problem war (beispielsweise weil das Deutungskonzept zu abstrakt für ihn gewesen wäre), sondern dass das »Nicht-Verstehen« Ausdruck seines aggressiv getönten Widerstandes gegen die Deutung war.

Als der Patient in einer Therapiestunde wiederum von einer Begebenheit berichtete, in der die beschriebenen Spaltungstendenzen wirksam geworden waren, kam mir spontan der Einfall, ihm meine Intervention in zeichnerischer Form zu geben. Ich malte auf die obere Hälfte eines Blattes einen großen Kreis und daneben einen kleinen Punkt und kommentierte diese Darstellung mit dem Hinweis, in einer Situation fühle er sich wie ein solcher kleiner Punkt, wie ein »Nichts«, die Bezugsperson aber wie einen riesigen, ihn geradezu erdrückenden Kreis. Der Patient schaute und hörte mir interessiert, aber auch spürbar irritiert zu. Danach zeichnete ich auf die untere Hälfte des Blattes wiederum einen großen Kreis und daneben viele kleine Punkte und teilte dem Patienten mit, dass er sich in einer anderen Situation in seinem Erleben plötzlich zu einem solchen riesigen Kreis aufblähe und dann die anderen Menschen wie »Nichtse«, wie Staub empfinde, den er in einer grandiosen Geste »wegwische«.

Auf diese Intervention hin geriet der Patient in ungeheure Wut und schrie mich an, ich solle das Blatt umdrehen, er wolle es nicht sehen. Ich sagte ihm daraufhin, ich würde das Blatt nicht umdrehen; es stehe ihm hingegen frei, damit zu tun, was er wolle. Der Patient war höchst irritiert und aggressiv-gespannt und begann nun das Blatt auf dem zwischen uns stehenden Tisch zwischen sich und mir hin- und herzuschieben. Schließlich fand er eine Position, die seiner Spannungstoleranz offenbar angemessen war, und zwar betrug der Abstand des Blattes von ihm ca. zwei Drittel der ganzen zwischen uns bestehenden Entfernung, d. h., das Blatt lag wesentlich näher bei mir als bei ihm. Er drehte es jedoch nicht herum, so dass meine Zeichnung nach wie vor sichtbar war. Als er diese Position gefunden hatte, wurde er merklich ruhiger und entspannter. Schließlich war es sogar möglich, mit ihm über den Inhalt meiner Intervention zu sprechen, und er äußerte jetzt zum ersten Male, dass er verstehe, was ich ihm hätte sagen wollen.

Diese Therapiesequenz ist insofern interessant, als daran verschiedene Aspekte sichtbar werden, auf die es bei der Behandlung aggressiver Patienten im allgemeinen ankommt:

Zunächst ist es eine häufig zu beobachtende Tatsache, dass Interventionen des Therapeuten, vor allem wenn sie sich auf die pathologische Abwehr richten, von diesen Patienten vehement abgewehrt werden. An einem solchen aggressiv getönten Verhalten ist leicht ablesbar, dass es in der Therapie nicht lediglich auf ein »Umlernen« ankommt, sondern dass sich heftige unbewusste Widerstände gegen die Auflösung dieser Abwehrmaßnahmen richten. Aufgrund ihrer pathologischen verinnerlichten Objektbeziehungen sind diese Patienten häufig nicht in der Lage, die Hinweise des Therapeuten als Anregungen zur Selbstreflexion zu benutzen. In der Übertragung werden vielmehr ihre gespaltenen Partial-Objektbeziehungen wiederbelebt (entweder ist der Therapeut im Erleben des Patienten im Moment der ganz »Gute«, d. h. verständnisvoll, unterstützend, oder er ist total »böse«, d. h. versagend, verfolgend), und die Patienten reagieren auf die Interventionen entsprechend dieser jeweiligen Übertragungsdisposition.

Zum andern wird an der geschilderten Episode deutlich, dass

ein Haupthindernis bei der analytischen Arbeit an der pathologischen Abwehr die geringe Angst- und Spannungstoleranz dieser Patienten ist. Die Intensität der auftauchenden Aggressivität stellt einen guten Gradmesser für die Angst dar, die beim Ansprechen der bisher tragenden, aber letztlich selbstdestruktiven Abwehrstrategien auftaucht. Die Schwierigkeit, in der sich der Therapeut bei Menschen wie dem zuletzt erwähnten Patienten befindet, liegt darin, dass er einerseits der augenblicklichen Spannungstoleranz des Patienten Rechnung tragen muss, sich andererseits aber in seinen therapeutischen Bemühungen nicht völlig vom Patienten blockieren lassen darf. Es kommt in einer solchen Situation für den Therapeuten darauf an, sich auf dem schmalen Grat zu bewegen, der zwischen rigidem Festhalten am Setting und an der bisherigen Deutungstechnik einerseits und völlig hilflosem Nachgeben gegenüber allen Manipulationsversuchen des Patienten andererseits liegt.

Drittens zeigt die Therapievignette – wie auch das Beispiel der anderen geschilderten Patienten und meine Reaktion auf Manfreds Verhalten –, dass es für den Fortgang der Behandlung fruchtbar ist, der Aggression des Patienten mit einer dosierten, auf die jeweilige Tragfähigkeit des Patienten abgestimmten, konstruktiven Gegenaggression des Therapeuten zu begegnen. Dies verhindert ein Anwachsen von latenten Aggressionen im Therapeuten (was zu unkontrollierten Gegenübertragungsreaktionen führen könnte). Außerdem wird durch ein solches Verhalten des Therapeuten die Aggression des Patienten, der diese Impulse sonst häufig durch die Mechanismen der Idealisierung, der Verleugnung und der Spaltung aus der therapeutischen Interaktion auszuklammern versucht, manifest und kann als solche von beiden Beteiligten wahrgenommen und bearbeitet werden. Es erscheint mir in Situationen, wie ich sie hier beschrieben habe, wichtig, dass der Therapeut seine Reaktion sorgfältig reflektiert und sich vom Patienten weder in die Position des mächtigen Aggressors noch in die des ohnmächtigen Opfers drängen lässt. Worauf es für den Therapeuten in erster Linie ankommt, ist, dem Druck der Übertragungsmanipulationen zu widerstehen und durch das eigene

Verhalten dem Patienten eine »neue« (d.h. eine von den bisherigen Lebenserfahrungen des Patienten abweichende) Antwort zu geben.

Zum vierten lässt das geschilderte Beispiel erkennen, dass es eine fatale Fehlinterpretation wäre, wenn man bei aggressiven Patienten das »Agieren« nur als Manifestation von Abwehr und Widerstand verstünde und gar so weit ginge, solche »agierenden« Patienten als »therapieunfähig« zu bezeichnen. Die beschriebene Szene mit dem zuletzt geschilderten Patienten zeigt vielmehr, dass er – in höchst origineller und produktiver Weise – eine Distanz gefunden hat, aus der heraus er meine Intervention ohne allzu große Angst aufnehmen konnte. Nach meiner Erfahrung ist ein solches konstruktives Agieren eine Fähigkeit, die viele dieser Patienten besitzen und zu nutzen vermögen, wenn man ihnen als Therapeut die Möglichkeit lässt, sie einzusetzen.

Es sei noch auf eine spezielle Dynamik der Aggressionsentwicklung hingewiesen, die sich nicht selten bei dissozialen Jugendlichen findet: In Anbetracht ihrer oft ausgesprochen *unsicheren männlichen Identität* stellen Menschen mit gleichgeschlechtlichen Orientierungen für sie subjektiv eine besondere »Gefahr« dar. Schwule lösen in diesen Jugendlichen die Angst aus, selbst schwul zu sein, was für sie bedeutet: nicht männlich, sondern »weiblich« zu sein. Diese tiefe Angst rührt aus der frühkindlichen Entwicklung dieser Jugendlichen her. Obwohl gleichgeschlechtliche Orientierungen nichts mit fehlgeleiteten männlichen bzw. weiblichen Identifizierungen zu tun haben (Rauchfleisch 2001; Rauchfleisch et al. 2002), unterliegen dissoziale Jugendliche infolge der von Chodorow (1985) beschriebenen Entwicklung der Angst, selbst schwul zu sein (vgl. Heinemann 1996; 1997).

In unserer Kultur sind die Mütter die primären Versorgerinnen von Kindern. Um Mann werden zu können, muss sich der Sohn früh aus der primären Beziehung zur Mutter lösen, was einem Bruch in seiner Entwicklung gleichkommt. Mit diesem Bruch fällt auch ein großer Teil seiner Gefühls- und Fantasiewelt der Verdrängung anheim. Seine Angst ist von nun an, in die primäre Beziehung wieder zurückzusinken, weil er diese Regression als

Zerstörung seiner männlichen Identität erlebt. Bei diesem Lösungsprozess von der Mutter benötigt der Sohn den Vater oder andere positiv besetzte männliche Bezugspersonen, um die archaische Identifikation mit der Mutter mittels einer männlichen Identifikation abwehren zu können. Gelingt dieser Schritt nicht, weil, wie bei vielen späteren Dissozialen, die Väter nicht präsent sind oder keine positiven Identifikationspersonen darstellen, besteht bei einem solchen Jugendlichen die permanente Angst vor der Zerstörung seiner (brüchigen) männlichen Identität. Die Folge dieser Angst sind Hass und Entwertung alles Weiblichen und antihomosexuelle Gewalt, weil Schwule für diese Jugendlichen Repräsentanten des Weiblichen schlechthin sind.

Im aggressiven Akt des »Schwule-Klopfens« (d.h. brutaler Überfälle auf schwule Männer) und in einer betont machohaften Aufmachung und in entsprechenden Verhaltensweisen suchen sich diese Jugendlichen gleichsam zu »beweisen«, dass sie selbst »echte« Männer sind. Sie täuschen damit sich und andere über ihre tiefe Identitätsunsicherheit hinweg, die indes nichts mit einer originären gleichgeschlechtlichen Orientierung zu tun hat, sondern ein Abwehrphänomen gegen die latente, sie untergründig aber permanent bedrohende Gefahr des Versinkens in der weiblich-mütterlichen Welt darstellt.

Es sei hier noch auf einige typische *Gegenübertragungsgefühle und -reaktionen* eingegangen, die wir als Professionelle im Umgang mit aggressiven Klienten erleben. Wenn es um massive Wutausbrüche oder drohendes Verhalten geht, kann dies bei Therapeutinnen und Therapeuten zu erheblicher *Angst* führen. Diese Angst nicht wahrzunehmen kann mitunter sogar gefährlich sein, weil uns dieses Gefühl unter Umständen wichtige Hinweise auf eine reale Gefährdung gibt. Beispielhaft ist in dieser Hinsicht die oben geschilderte Episode aus der Therapie des Patienten, bei dem ich eine Pistole vermutete und der mir in der darauf folgenden Sitzung seine Waffe zur Aufbewahrung übergab.

In der Therapiesequenz dieses Patienten habe ich mit dem Auftauchen *eigener aggressiver Impulse* eine weitere häufige Gegenübertragungsreaktion beschrieben. Sie kann verschiedene Quellen haben: In der engen affektiven Verschränkung, die wir mit solchen Patientinnen und Patienten in der Behandlung erleben, können in uns eigene Konfliktkonstellationen berührt und aktualisiert werden, in deren Rahmen die Patienten für uns in die Rolle eines verfolgenden Objekts treten, gegen das wir archaische aggressive Impulse richten. Es kann aber auch in einer sadomasochistischen Übertragungs-Gegenübertragungs-Konstellation zu einem schnellen Wechsel zwischen Macht und Ohnmacht kommen. Bei einer solchen Dynamik versuchen wir Professionellen in dem Moment, in dem wir uns in der mächtigen Position fühlen, diese mit allen Mitteln, so auch mit aggressivem Verhalten, zu erhalten.

Eine weitere Form der Gegenübertragung bei aggressiven Patientinnen und Patienten ist die der *ängstlichen Unterwerfung* unter das Diktat der Patienten, z. B. wenn sie in manipulativer Weise mit Suizid drohen und diese – durchaus ernst gemeinte – Drohung einsetzen, um von uns ein bestimmtes Verhalten zu erzwingen. Es können sich auch Angst, Unsicherheit, ja sogar Schuldgefühle gegenüber Drittpersonen (z. B. Supervisorinnen und Supervisoren oder gerichtlichen Instanzen) einstellen, aus dem Eindruck heraus, unseren therapeutischen Auftrag nicht angemessen zu erfüllen. Auch diese Gegenübertragungsreaktion stellt eine Form der ängstlichen Unterwerfung unter die Patienten dar, vor deren Aggression wir zurückweichen.

Patientinnen und Patienten mit einem großen Destruktionspotential können in uns aber auch völlig andere Reaktionen auslösen. Gerade bei besonders bedrohlichen Patienten mit ausgeprägten narzisstischen Persönlichkeitsanteilen, bei denen wir unsere Angst jedoch nicht wahrnehmen (nicht wahrzunehmen wagen), kann es passieren, dass wir uns mit ihnen in ein *gemeinsames narzisstisches Universum zurückziehen*. Wenn diese Gegenübertragungsreaktion nicht rechtzeitig kritisch reflektiert wird, können daraus reale Gefahren resultieren, weil wir in einer solchen Konstellation den Bezug zur Realität weitgehend verlieren und zum Beispiel die Gefährlichkeit des Patienten erheblich unterschätzen.

Auch wenn es paradox erscheint, muss man das Gegenübertragungsgefühl, es herrsche eine »sehr harmonische, gute Beziehung«, bei solchen Patienten als *Alarmzeichen* betrachten. Bei Menschen, die eine Entwicklung durchlaufen haben, wie wir sie in der Einleitung dieses Buches und in den Teilen 1 und 2 beschrieben haben, und ein erhebliches Destruktionspotential in sich tragen, weist ein solches Gegenübertragungsgefühl auf eine gefährliche Verkennung der Realität hin. Unter dem Einfluss der narzisstischen Störungsanteile dieser Patienten kann es dann auch bei uns mitunter zu einer maßlosen Überschätzung ihrer Möglichkeiten kommen, insbesondere wenn sich ihr pathologisches Größenselbst in pseudologischen Tendenzen manifestiert.

4. Die psychotherapeutische Arbeit am Ich

Ich habe bereits erwähnt, dass mir bei den ersten Gesprächen mit Manfred und in der Anfangsphase seiner Therapie immer wieder sein dumpfes Vor-sich-Hinbrüten aufgefallen war und bei mir sogar den Eindruck hatte entstehen lassen, er halluziniere. Auch wenn sich diese Vermutung letztlich nicht verifizieren ließ, war doch offensichtlich, dass er seinen Fantasien und inneren Bildern (dem Primärprozess) weitgehend schutzlos ausgeliefert war. Mitunter versank er buchstäblich in dieser inneren Welt und konnte erst durch mehrmaliges Ansprechen wieder herausgerissen werden, wobei er sichtbar zusammenschreckte, wenn er meine Stimme schließlich wahrnahm. Auch die erwähnten, sich ihm vor dem Einschlafen aufdrängenden Bilder riesiger Haufen von Schuhen von KZ-Opfern waren Ausdruck dieses Ausgeliefertseins an den Primärprozess.

Erst etliche Zeit später bemerkte ich indes, dass er ebenso schutzlos gegenüber den Reizen war, die von außen auf ihn einströmten. So kam er häufig zu spät zu den Therapiesitzungen, konnte mir aber – in einer auffallend hilflos wirkenden Art – als Grund für die Verspätung jeweils nur angeben, er sei »aufgehalten« worden. Längere Zeit verstand ich dieses Verhalten lediglich als Widerstand gegen die Therapie (was unter anderem auch eine Rolle gespielt haben mag). Erst das folgende, auf den ersten Blick vielleicht nebensächlich wirkende Detail ließ mich erkennen, dass sein Zuspätkommen zu einem wesentlichen Teil die Folge seiner Unfähigkeit war, sich gegen Außenreize abzuschirmen und ein bestimmtes Vorhaben (in diesem Falle: zur Stunde zu kommen) konsequent durchzuführen:

Manfred erschien eines Tages wiederum etwa zehn Minuten zu spät und malte dann ein Rechteck, in das er einige mir zunächst nicht verständliche Zeichen einfügte. Er erklärte mir dann, es sei, wie ich nun auch erkannte, eine Tafel, die man zum Notieren der Resultate eines bestimmten Kartenspiels verwendet. Ich stellte für mich daraufhin eine Reihe von Überlegungen an, welchen psychodynamischen Sinn diese Zeichnung haben möge, und versuchte, dies im Gespräch mit Manfred weiter zu klären. Ich spürte jedoch, dass offensichtlich weder dieses Kartenspiel noch die dabei verwendete Tafel irgendeine besondere emotionale Bedeutung für ihn besaßen. Auf meine Frage, wo er denn mit diesem Spiel zu tun gehabt habe, zog er aus seiner Schulmappe eine solche Tafel hervor und berichtete, er habe, da heute Sperrgutabfuhr sei, auf dem Weg zu mir viele Dinge am Straßenrand liegen sehen, darunter auch diese Tafel. Solche Ereignisse übten einen wahren »Sog« auf ihn aus. Er könne einfach nicht daran vorbeigehen, sondern nehme ein Stück nach dem anderen in die Hand, wolle am liebsten alles einstecken, auch wenn er es eigentlich gar nicht gebrauchen könne (man erinnere sich an die Diebstähle von Gegenständen, die er später fortwarf), und »vergesse« darüber völlig Ort und Zeit. So habe er auch vorhin diese Spieltafel eingesteckt, obwohl er das Spiel nicht beherrsche und gar kein Interesse daran habe. Als er nun etwas habe malen wollen, sei er innerlich noch so stark von dieser Tafel erfüllt gewesen, dass diese Zeichnung »von ganz allein« aus ihm »herausgekommen« sei.

Auch wenn wir aufgrund von Manfreds Assoziationen keinen psychodynamischen »Sinn« in seiner Zeichnung ausmachen konnten, verstehe ich das Mitnehmen der Tafel und die zeichnerische Gestaltung nicht als völlig zufällige Handlungen (ich denke vor allem an seine starken oralen Impulse). Dennoch scheinen mir hier die psychodynamischen Determinanten nicht die ausschlaggebenden gewesen zu sein. Sein Verhalten war offensichtlich in erster Linie Ausdruck der erwähnten ich-strukturellen Störung im Bereich des *Reizschutzfilters*. Manfred war, wie sein geschildertes Verhalten zeigt, sowohl den aus seinem eigenen Innern aufsteigenden Bildern und Impulsen als auch den aus der Außenwelt auf ihn einströmenden Reizen weitgehend schutzlos ausgeliefert. Sein Ich war, wie er es in Gestalt der Männchen, die klein und hilflos auf den Maschinenwesen vom anderen Stern saßen (s. Abbildung S. 190), anschaulich dargestellt hatte, im Grund ein Spielball der aus ihm selbst und der Umgebung auf ihn einwirkenden Kräfte, hilflos allen Einflüssen ausgesetzt.

Therapeutisch wäre es in einer solchen Situation verfehlt, sich intensiv mit den Inhalten der aufsteigenden Fantasien (oder auch mit allfälligen Träumen) zu beschäftigen und den Patienten zu ausführlichen Assoziationen anzuregen. Oberstes Prinzip ist im Sinne der Ich-Stärkung vielmehr, beim Patienten alles zu unterstützen, was ihn vor malignen Regressionen schützt, und Ich-Funktionen, die seinen Reizschutz verbessern und ihm eine Strukturierung seiner äußeren und inneren Welt ermöglichen (z.B. höhere Abwehrmechanismen), ausdrücklich zu verstärken.

Dies kann beispielsweise bedeuten, den Patienten zum Ausfantasieren von Strategien anzuregen, mit denen er sich in ähnlichen Situationen in Zukunft vor einem Überflutetwerden durch Außenreize schützen kann (vom bewussten Nicht-Hinsehen angefangen bis zu einer Vermeidung spezifischer Versuchungssituationen und ähnliches). Im Sinne der Autonomieförderung ist es dabei wichtig, den Patienten zu möglichst großer Eigeninitiative anzuregen und die Strategien aufzugreifen, die er selbst anbietet, bzw. vor allem von diesen auszugehen und sie allenfalls durch eigene Einfälle zu ergänzen.

Von großer Bedeutung ist es in diesem Prozess der Ich-Stärkung auch, dass der Therapeut stets sorgfältig eventuell auftretende Widerstandsphänomene und pathologische Abwehrformationen beachtet, weil ohne deren Bearbeitung eine Anwendung der gemeinsam definierten Strategien unmöglich gemacht würde. Gewiss sind mit der Entwicklung solcher Verhaltensleitlinien die zugrunde liegenden Probleme noch nicht aufgearbeitet. Es bedarf jedoch, bevor man sich ihnen nähern kann, zuvor einer einigermaßen tragfähigen (das heißt ich-strukturell stabilen) Persönlichkeit, damit sich der Patient überhaupt mit den Konflikten auseinander setzen kann.

Häufig wirkt sich allein schon die Benennung eines bestimmten Gefühlszustands oder Verhaltens hilfreich aus, weil der Patient auf diese Weise wenigstens ein Stück weit aus dem Zustand der Überflutung durch seine Affekte herausgehoben wird. So war es auch in der von Manfred berichteten Episode: Die Tatsache, dass wir von seinem Verhalten und dem »Sog«, den viele Dinge in der Außenwelt auf ihn ausübten, sprechen konnten, führte bereits zu einer gewissen Stabilisierung und stellte den Beginn einer Verbesserung seines Reizschutzfilters dar.

Diese ich-strukturellen Störungen können sich auch in der geringen Fähigkeit solcher Patienten manifestieren, die in ihnen auftauchenden Bilder und Fantasien zu steuern. So berichtete ein Patient, dass im Sommer, wenn er Frauen in kurzen Röcken und leichter Kleidung sehe, bei ihm plötzlich ein »Film« zu laufen beginne. Der optische Reiz, der für ihn von einer solchen Frau ausgehe, reiche, um in ihm Fantasien sexuellen und aggressiven Inhalts auftauchen zu lassen, die er dann nicht mehr zu steuern vermöge. Mitunter bleibe er in einer solchen Situation auf der Straße stehen, während der »Film« in ihm ablaufe. Er »erwache« dann plötzlich wie aus einem Traum und werde sich voller Scham bewusst, dass er offenbar längere Zeit, vor sich hinstarrend, dort gestanden und seinen Fantasien nachgehangen habe. Aufgrund seiner ich-strukturellen Störung drängten sich ihm seine primärprozesshaften Bilder auf, ohne dass er steuernd und zensurierend einzugreifen vermochte.

Eine ähnliche Situation bestand bei einer jungen dissozialen Patientin. Sie war ihren Fantasien, die ihr zur Kompensation ihrer desolaten inneren und äußeren Situation dienten, weitgehend schutzlos ausgeliefert. Etliche Stunden des Tages verbrachte sie, auf ihrem Bett liegend, damit, Tagträumen nachzuhängen. In diesen Fantasien sah sie sich als Herrscherin über eine paradiesische Südseeinsel, umgeben von Menschen, die sie liebten und verehrten und ihr völlig ergeben waren. Sie erträumte sich hier eine Situation, die in krassem Gegensatz zu ihrer realen Umwelt stand, von der sie nur Ablehnung und Entwertung erlebte. Während ihre Kindheitserinnerungen vornehmlich »graue Hinterhaushöfe« und eine »kalte Atmosphäre« im Elternhaus beinhalteten, herrschten auf der Insel ihrer Fantasien nach ihren eigenen Worten »immer strahlender Sonnenschein und eine wohlige Wärme«. Die Tagträume stellten für diese Patientin zwar eine ihr sehr angenehme Ersatzbefriedigung und Kompensation dar, führten aber mehr und mehr ein Eigenleben und drängten sich ihr schließlich auch gegen ihren Willen auf. So entfernte sie sich immer weiter von der äußeren Realität und war schließlich, in fast süchtiger Weise, in ihrer illusionären inneren Welt gefangen.

Die Arbeit an den ich-strukturellen Störungen beschränkt sich jedoch nicht lediglich auf den Reizschutzfilter. Einen Schwerpunkt in der Behandlung aggressiver Patienten bildet vielmehr die Analyse der *pathologischen archaischen Abwehrformationen* und der durch sie bedingten Beeinträchtigungen in den Denk- und Wahrnehmungsfunktionen.

Das therapeutische Vorgehen sei anhand der folgenden Episode aus der Behandlung eines dissozialen Patienten veranschaulicht: Er brachte mir in eine Therapiestunde einen Bescheid mit, den er von der Steuerbehörde erhalten hatte. Hochgradig erregt wies er darauf hin, dass er mit diesem vorgedruckten Formular gerügt werde, weil er seine Steuern noch nicht bezahlt habe; es sei unverschämt, dass man ihm als Termin für die Zahlung ein Datum angebe, das bereits eine Woche zurückliege. Sein wütender Kommentar gipfelte in den Worten: »Die meinen natürlich, mit mir als Verbrecher könnten sie so umgehen. Aber die sollen was erleben! Ich gehe da hin und schlage ihnen alles kurz und klein.« Tatsächlich fand sich auf dem Steuerbescheid ein fett gedrucktes Datum der vergangenen Woche. Der Text lautete jedoch nicht, wie der

Patient angenommen hatte, er hätte seine Steuern bis zu diesem Zeitpunkt bezahlen sollen, sondern es hieß, in der Abrechnung seien Zahlungen bis zum angegebenen Datum berücksichtigt. Diese im Grunde triviale Situation lieferte eine Fülle von Material für die psychotherapeutische Arbeit.

Beim Umgehen mit diesem »Missverstehen« des Steuerbescheids in der Therapiestunde besaß die Arbeit an den pathologischen Abwehrformationen, die zu einer derartigen Realitätsverkennung geführt hatten, Priorität. Konkret hieß dies: Ich forderte den Patienten auf, mir den vollständigen Text des Bescheids vorzulesen. Die Tatsache, dass er dies zunächst wütend verweigerte, lässt erkennen, dass das Missverstehen der Mitteilung nicht lediglich als »Unachtsamkeit« interpretiert werden durfte, sondern Ausdruck eines (aus ich-strukturellen und psychodynamischen Gründen) aktiv eingesetzten Widerstands gegen die Wahrnehmung der äußeren Realität war. Der vom Patienten erlebte »Vorwurf« konnte verstanden werden als Projektion seiner eigenen Aggressivität. Durch den Einsatz des Mechanismus der projektiven Identifizierung erlebte er sich als Opfer dieser projizierten Aggression und leitete daraus die Legitimation zu einer Gegenaggression ab. Die aggressive Reaktion auf meine Aufforderung, mir den Steuerbescheid vorzulesen, ist für mich unter anderem ein Hinweis darauf, dass es bei diesen Patienten nicht lediglich um ein Nachholen oder Erlernen sozialer Kompetenzen geht, sondern dass solche (tatsächlich notwendigen) Lernprozesse erst erfolgen können, wenn die pathologische Abwehr, die jegliche neue Erfahrung verhindert, zuvor bearbeitet worden ist (mein Vorgehen, das hier in erster Linie der Klärung der äußeren Realität galt, entspricht weitgehend dem Konzept von Redl 1984, 1986).

Neben diesen Manifestationen der ich-strukturellen Störung traten in der beschriebenen Episode zusätzlich die Über-Ich-Problematik des Patienten und seine narzisstische Störung deutlich hervor: Seine Selbstetikettierung als »Verbrecher«, mit dem andere »natürlich« meinten, so umgehen zu dürfen, vermittelt ein anschauliches Bild von den den Patienten entwertenden sadistischen Über-Ich-Kernen. Deutlich wird hier auch der von dissozialen Menschen vielfach eingesetzte Mechanismus der Projektion dieser sadistischen Über-Ich-Kerne auf Über-Ich-Träger in der Außenwelt, gegen die sie dann einen geradezu verzweifelten Kampf führen – in der irrigen Hoffnung, damit die entwertenden Stimmen im eigenen Innern zum Schweigen bringen zu können. Im Hinblick auf die narzisstische Störungskomponente stellte der Plan, er werde nun zum Steueramt gehen und es »denen zeigen« und dort »alles zusammenschlagen«, den Versuch dar, in einer grandiosen Weise seine Ohnmachtsgefühle zu verleugnen und sich durch die Äußerung seiner narzisstischen Wut als omnipotenter Beherrscher der Situation zu fühlen – auch dies ein Verhalten, das bei aggressiven Patienten immer wieder auftritt und in der Psychotherapie konsequent bearbeitet werden muss.

Schließlich stellte sich beim weiteren Gespräch über den Steuerbescheid heraus, dass das Verhalten des Patienten auch einen zentralen psychodynamischen Kern enthielt: Erstmals berichtete er ausführlich davon, dass er einerseits alle seine finanziellen Belange von der Mutter erledigen ließ, sich von dieser aber andererseits ständig bevormundet und kontrolliert fühlte. Hier wurde ein Stück seines zentralen Autonomiekonflikts deutlich, der eine wesentliche Rolle in der Genese seiner Störung gespielt hatte und den er in seinem heutigen sozialen Leben in den verschiedenen Zusammenhängen immer wieder von neuem inszenierte – nicht zuletzt auch per Übertragung in der therapeutischen Beziehung, in der er auch mich immer wieder so zu manipulieren versuchte, dass ich etwas für ihn tun sollte, um mir nachher direkt oder indirekt Vorwürfe zu machen, dass er übergangen worden sei.

Die Arbeit an den ich-strukturellen Störungen dient unter anderem der Verbesserung des *Realitätsbezugs*. Eine in dieser Hinsicht interessante Situation ergab sich bei einem dissozialen Jugendlichen. Er hatte aufgrund seiner seit Kindheit bestehenden emotionellen Probleme und wegen der daraus resultierenden schweren Verhaltensstörungen trotz durchschnittlicher Intelligenz nur eine rudimentäre Schulausbildung erhalten und hatte große Probleme mit der Rechtschreibung. In eine Therapiesitzung brachte er einen Liebesbrief mit, den er verfasst habe und in den

Briefkasten eines ihm bisher unbekannten Mädchens werfen wolle, das im Nachbarhaus wohne und dessen Name er jetzt durch andere Hausbewohner herausgefunden habe.

Das Auffallendste an diesem viele Seiten umfassenden Brief waren nicht die orthografischen Fehler, sondern sein Inhalt. Der Jugendliche breitete hier insbesondere die Schattenseiten seines Lebens aus und stellte sich in einer Art dar, die mit Sicherheit erwarten ließ, dass das Mädchen, selbst wenn es ursprünglich Interesse an ihm gehabt hätte, seinen Brief nicht beantworten würde. Der Patient bat mich, den Brief »schnell durchzulesen« und die »schlimmsten Fehler« zu korrigieren, damit er ihn dann abschicken könne.

Einerseits war mir klar, dass ich mit meinen Kommentaren zu diesem Liebesbrief, mit dem der Patient die Hoffnung verband, »endlich eine Freundin zu finden«, äußerst vorsichtig sein musste, um ihn nicht narzisstisch zu verletzen. Andererseits schloss ich aus der Tatsache, dass er mir den Brief überhaupt zeigte, dass er – zumindest halb bewusst – spürte, dass irgendetwas damit nicht in Ordnung war. Ich sagte ihm deshalb zuerst, ich hielte es für eine gute Idee, auf die von ihm geplante Weise einen ersten Kontakt zu dem von ihm bewunderten Mädchen aufzunehmen. Da es aber ein für ihn so wichtiger und auch sehr umfangreicher Brief sei, schlüge ich vor, dass wir ihn Absatz für Absatz besprächen und uns dafür ausreichend Zeit nähmen. Der Patient zögerte zunächst, weil er den Kontakt zu dem Mädchen so schnell wie möglich herstellen wollte, willigte schließlich aber ein.

Das Gespräch über diesen Brief erstreckte sich über etliche Therapiestunden und förderte eine Fülle von psychodynamisch bedeutsamem Material zutage (so seine massiven Selbstwertzweifel und seine grandiose Erwartung, eine Frau, die ihn »wirklich« liebe, werde ihn akzeptieren, wie auch immer er sich ihr präsentiere). Abgesehen von diesen Themen war mir in diesen Gesprächen am wichtigsten, die Realitätswahrnehmung des Patienten und seine Einfühlung in die Reaktionen seines Gegenübers zu verbessern, weil in der Vergangenheit aus diesen ich-strukturellen Problemen immer wieder vielfältige soziale Konflikte entstanden waren. Außerdem hatten diese Konflikte die Selbstwertstörung des Patienten verstärkt, und wiederholt war es bei ihm aufgrund seines Eindrucks, er werde missachtet und ausgegrenzt, zu heftigen Wut- und Aggressionsausbrüchen gekommen.

Die Arbeit an der Realitätskontrolle kann sich mitunter besonders schwierig gestalten, wenn die – therapeutisch notwendige – Konfrontation mit der Realität von den Patienten als narzisstische Kränkung erlebt wird. So kam ein junger dissozialer Patient, der wegen lang dauernder Arbeitslosigkeit und einer Fülle psychischer und sozialer Probleme sehr depressiv-resignativ und suizidal war, auffallend entspannt und geradezu heiter in eine Therapiesitzung. Voller Begeisterung berichtete er, nun habe er endlich eine Lösung für seine schwierige Lage gefunden, endlich werde sich alles zum Besten wenden. Auf meine Frage, ob er eine Arbeitsstelle gefunden habe, entgegnete er, er habe einen »genialen Einfall« gehabt: In einer Zeitschrift habe er von einem Schmuckgeschäft in Genf eine Anzeige gesehen, in der ein Diamant im Wert von zwei Millionen Franken angeboten werde. Er werde gleich nach unserer Sitzung nach Genf fahren (voller Stolz zeigte er mir die Fahrkarte, die er von seinem letzten Geld gekauft habe) und den Diamanten kaufen, den er dann für 3,5 Millionen wieder verkaufen werde. Auf diese Weise werde er innerhalb kürzester Zeit einen Gewinn von 1,5 Millionen Franken erzielen. Bei diesem Bericht strahlte er, und es war spürbar, wie hoffnungsvoll ihn die Aussicht auf den großen Gewinn machte.

Für mich ergab sich die schwierige Situation, einerseits Vertreter der äußeren Realität sein und ihn mit der Unmöglichkeit konfrontieren zu müssen, auf diese Weise schnell zu viel Geld zu kommen. Andererseits war mir klar, dass eine solche Intervention eine empfindliche narzisstische Kränkung für ihn bedeuten würde und ihn in tiefe Verzweiflung, wenn nicht sogar wieder in eine suizidale Stimmung stürzen könnte. Ich habe ihm zunächst gesagt, dass seine Idee tatsächlich bestechend wirke und ja auch dem entspreche, was man vielfach beim Kauf und Verkauf von Wertgegenständen erlebe. Nur scheine mir doch irgendwo ein »Haken« in der Sache zu liegen. Der Patient wies diese Überlegung vehement zurück und beharrte darauf, es sei eine »geniale« und ohne Probleme umsetzbare Idee. Mein nochmaliger zweifelnder Hinweis, irgendwo stecke da aber doch ein Problem, bewirkte bei ihm ein deutliches »Absacken« seiner Stimmung. Verzweifelt und enttäuscht meinte er, immer würde ich ihm mit meinen Bedenken seine guten Ideen »mies machen«. Er habe sich so sehr auf dieses tolle Geschäft gefreut, und nun hätte ich ihm wieder alles zerstört.

Ich habe dem Patienten daraufhin meine Überlegungen, die ich beim Hören seiner Geschichte angestellt hatte, mitgeteilt, nämlich mein Dilemma zwischen dem Benennen der Realität und dem Wunsch, ihn nicht zu verletzen. Ich hätte mich für das Aufzeigen der Realität entschlossen, weil ich hätte verhüten wollen, dass er sein letztes Geld für eine Reise ausgebe, die in einer riesigen Enttäuschung in Genf geendet hätte, wobei ich auch befürchtet hätte, dass es in dem Schmuckgeschäft zu einem Konflikt gekommen wäre, bei dem am Ende gar noch die Polizei erschienen wäre (ich wusste von etlichen Situationen, in denen der Patient aufgrund seiner Enttäuschungsgefühle gewalttätig geworden war). Dieser Intervention fügte ich hinzu, dass es mir wichtig scheine, zwischen Visionen und Hoffnungen, die wir alle brauchten, einerseits und realisierbaren Plänen andererseits zu unterscheiden. Die letzteren müssten sorgfältig an der Realität überprüft werden, ehe sie verwirklicht würden. Visionen und Hoffnungen hingegen wichen per definitionem von der Realität ab. Wir müssten uns aber stets dieser Abweichung bewusst sein und dürften Hoffnungen nicht mit unmittelbar umsetzbaren Vorhaben verwechseln. Seine Hoffnung, es wäre schön, wenn er auf schnelle und einfache Weise seine desolate Situation aufheben könne, sei völlig verständlich und legitim. Wir brauchten eine solche positive Zukunftsvision auch für unsere therapeutische Arbeit. Das Problem liege darin, dass er gemeint habe, er könne diese Vision unmittelbar umsetzen.

Wie diese Therapiesequenz zeigt, ist es möglich, einerseits im Sinne der ich-strukturellen Arbeit die äußere Realität zu benennen und damit den Realitätsbezug der Patienten zu verbessern und andererseits die für den therapeutischen Prozess so wichtigen hoffnungsvollen Visionen nicht zu zerstören, sondern sie zu respektieren und ihre konstruktive Qualität herauszuarbeiten.

5. Das Über-Ich

Ein weiterer bei Patienten wie Manfred und den erwähnten erwachsenen dissozialen Patienten therapeutisch wichtiger Bereich ist der ihrer Über-Ich-Störungen. Wie in der Einleitung ausgeführt, ist das Verhalten dieser Menschen dadurch geprägt, dass sie gegen viele soziale Normen verstoßen. Oft werden sie von ihrer Umgebung auch als »skrupellos« und »unbeeindruckbar« bezeichnet, im alten Schrifttum sprach man sogar von einer »moral insanity«.

Manfred entsprach völlig diesem Bild eines Kindes mit schwerer »Verwahrlosungs«-Symptomatik: Er stahl, wie beschrieben, alles, dessen er nur habhaft werden konnte, schien keinerlei »Gewissensbisse« dabei zu haben, spielte rücksichtslos Mutter und Großmutter, Vater und Mutter, Eltern und mich gegeneinander aus und besaß eine besondere Fähigkeit, sein dissoziales Verhalten in einer Weise zu schildern, dass man ihn ob seiner Geschicklichkeit geradezu bewundern musste und über die Art, wie er andere Menschen betrog, unwillkürlich lachte.

Besonders eindrücklich war für mich in dieser Hinsicht die folgende Episode, die sich etwa ein Jahr nach Therapiebeginn ereignete: Frau L. beklagte sich in einem Gespräch lebhaft darüber, wie »schlimm Manfred es treibt«. Er habe wieder in Warenhäusern, an Kiosken und zu Hause die verschiedensten Dinge gestohlen, die er unter seinem Bett horte und die sie kürzlich beim Aufräumen gefunden habe. Unter diesen Sachen habe sich sogar – wie Frau L. fast triumphierend-schadenfroh betonte – ein großes Auto befunden, das Manfred, wie er schließlich zugegeben habe, mir aus dem Therapiezimmer entwendet habe. Tatsächlich fehlte, wie mir erst jetzt auffiel, dieses Auto. Frau L. fügte hinzu, Manfred habe versprochen, es mir in der nächsten Therapiestunde wieder zurückzugeben.

Zur nächsten Sitzung erschien Manfred (es war Sommer) in einer Turnhose und mit einem T-Shirt bekleidet. Ich dachte bei mir, dass er mir also das Auto doch nicht zurückgebracht habe, und wollte ihn nach einiger Zeit gerade darauf ansprechen, als er mir – betont beiläufig – mit schalkhaftem Lächeln sagte, er habe übrigens das Auto, das er sich »ausgeliehen« habe, eben wieder oben auf das Regal gestellt. Tatsächlich stand das Auto wieder dort. Mir kam die ganze Situation wie ein Zauberkunststück vor, weil der Therapieraum stets verschlossen war, Manfred also das Auto unmöglich vor der Stunde hatte zurückbringen können. Außerdem hatte ich Manfred, weil ich mit der Rückgabe des Autos gerechnet hatte, genau beobachtet, als er kam, und ich konnte mir bei seiner Art der Bekleidung und ohne Tasche beim besten Willen kein Versteck vorstellen, in dem er das etwa 25 cm große Auto hätte verbergen können.

Diese Szene ist in verschiedener Hinsicht charakteristisch für viele aggressive Patienten mit dissozialen Fehlentwicklungen. Häufig besitzen sie – vor allem Kinder und Jugendliche – eine erstaunliche Fähigkeit, selbst schlimmste Delikte in ausgesprochen amüsanter Weise, bagatellisierend und sich über die Opfer lustig machend, darzustellen, so dass man sich mitunter als Zuhörer beim besten Willen das Schmunzeln nicht verkneifen kann. Auch ich war zwar ärgerlich darüber gewesen, dass Manfred mir das Auto entwendet hatte (was er bagatellisierend als »Ausleihen« bezeichnete) und dass er es nun vermeintlich noch nicht wieder mitgebracht hatte. Ich musste jedoch unwillkürlich lachen und seine Geschicklichkeit bewundern, als ich feststellte, dass das Auto wieder an seinem Platz im Regal stand.

Es erscheint mir wichtig, dass man sich als Therapeut solcher Gegenübertragungsgefühle sofort bewusst wird und sie kritisch reflektiert. Sie mögen zwar selbstverständlich und harmlos erscheinen, können sich jedoch, wenn man sich nicht frühzeitig ihre Bedeutung klar macht, unheilvoll auf den weiteren Verlauf der Behandlung auswirken. Ich teilte Manfred zunächst mit, ich sei froh, dass er das Auto nun doch wieder mitgebracht habe (dieser Hinweis erscheint mir insofern wichtig, als seine Bereitschaft, das

Auto zurückzubringen, zumindest ein Minimum an Steuerungsfähigkeit gegenüber seinen oral-aggressiven Impulsen und vielleicht auch einen Ansatz zum »Wiedergutmachen« im Sinne Winnicotts erkennen ließen). Ferner sagte ich ihm, dass ich, wie er ja bemerkt habe, mit Erstaunen und Schmunzeln auf seine geschickte Art, das Auto wieder ins Regal zu stellen, reagiert hätte (eine solche Intervention ist bei Patienten wie Manfred – bei Kindern wie bei Erwachsenen – insofern von Bedeutung, als sie häufig nicht in der Lage sind, ihre eigenen Gefühle und die Reaktionen ihrer Umgebung realitätsgerecht wahrzunehmen, und deshalb darauf angewiesen sind, dass Betreuer und Therapeuten ihre eigenen Gefühle eindeutig benennen). Manfred reagierte auf diesen Hinweis mit einem triumphierenden Lachen und fügte stolz hinzu: »Ich bin immer so geschickt, dass die anderen gar nicht merken, wie ich sie bescheiße.« Spätestens bei einer solchen Äußerung muss dem Therapeuten klar werden, dass es hier nicht um einen lustigen, im Grunde völlig harmlosen »Streich« geht, sondern um eine für Manfred und andere dissoziale Menschen zentrale Über-Ich-Störung.

Aus diesem Grund pflege ich in einer derartigen Situation stets eine weitere Intervention hinzuzufügen; hier sagte ich zu Manfred, meine Reaktion gebe mir aber sehr zu denken. Er habe sich bei dem »Diebstahl« (bewusst verwende ich in solchen Situationen diesen die Realität eindeutig beim Namen nennenden Begriff, der im Gegensatz zur Bagatellisierung des Patienten steht) zwar so lustig und geschickt verhalten, dass ich hätte lachen müssen. Im Grunde sei es aber doch etwas Schlimmes, wenn man anderen Menschen etwas wegnehme und das Ganze dann noch so herunterspiele, wie er es getan habe.

Die psychoanalytisch arbeitenden Leserinnen und Leser mag bei einer solchen Intervention ein Unbehagen beschleichen, weil der Therapeut sich durch eine derartige Äußerung sehr stark in eine Über-Ich-Rolle begibt. Diese »Gefahr« nehme ich in einer Situation wie der beschriebenen in Kauf, zumal ich mit der Intervention – theoretisch gesprochen – nicht die sadistischen Über-Ich-Kerne von Manfred weiter verstärken, sondern seine konstruktiven, hemmenden Über-Ich-(Kontroll)-Funktionen zu unterstützen und die Beziehungsebene anzusprechen versuchte. Priorität besitzt für mich in einer solchen Situation in jedem Falle die Arbeit an der Realitätsprüfung, und von diesem Ziel her erschiene es mir kontraproduktiv, zunächst auf die psychodynamischen Hintergründe des Verhaltens (beispielsweise auf die Frage, was dieses mir entwendete Auto für Manfred bedeutet hatte und wie wir sein Verhalten auf der Übertragungsebene verstehen könnten) und auf die narzisstische Problematik einzugehen, ohne den Patienten zuvor nachdrücklich auf die Koordinaten der äußeren Realität hingewiesen zu haben. Auch meine vielleicht trivial erscheinende zusätzliche Bemerkung, dass ein Verhalten, wie Manfred es gezeigt habe, im Grunde den Aufbau einer tragfähigen, vertrauensvollen sozialen Beziehung verunmögliche und dass ihm aus den Diebstählen und Betrügereien vielfältige soziale Konflikte erwüchsen, muss vom therapeutischen Ziel der Realitätsprüfung her verstanden werden. Zugleich habe ich damit aber auch bereits – zumindest ansatzweise – einen psychodynamischen Aspekt angesprochen, nämlich Manfreds starke Selbstsabotagetendenzen.

Selbstverständlich kam es im Rahmen einer psychoanalytischen Therapie in einem nächsten Schritt darauf an, auch die psychodynamischen Hintergründe von Manfreds Verhalten genauer zu klären, sein Verhalten als Ausdruck einer spezifischen Übertragungskonstellation zu verstehen und zu deuten (zumindest soweit es das hic et nunc der Behandlung angeht, nicht aber im Sinne genetischer Rekonstruktionen) und die narzisstische Dimension (z. B. seine Omnipotenzgefühle bei einem solchen Umgang mit der Realität und seine rücksichtslose Manipulation der Umwelt) anzusprechen. Allen diesen Klärungen muss jedoch der Hinweis auf die Realitätsebene vorausgehen, weil es sonst zu einer verhängnisvollen Korrumpierung des Über-Ich (des Patienten wie des Therapeuten) käme, wodurch der Patient seine eigenen konstruktiv-kritischen, hemmenden Über-Ich-Funktionen lahmlegte. Die unbewusste Argumentation würde etwa lauten: Wenn selbst der Therapeut über das geschilderte Verhalten lachen muss, kann es ja nicht so schlimm sein.

Das Problem besteht, wie in der Einleitung ausgeführt, darin, dass Menschen wie Manfred einerseits ihre konstruktiven selbstkritischen Über-Ich-Funktionen zu wenig entwickelt haben und andererseits unter sadistischen Über-Ich-Kernen leiden und sich von diesem Druck durch Projektion der sie quälenden und entwertenden Stimmen auf Über-Ich-Träger in der Außenwelt zu entlasten versuchen. Auch auf Grund dieser Dynamik erscheint mir ein unreflektiertes und unkommentiertes Schmunzeln des Therapeuten in einer Situation wie der beschriebenen kontraproduktiv, weil dadurch das externalisierte Über-Ich entmachtet, aber nicht analytisch reflektiert wäre und sich der Patient (wie Manfred es durch sein triumphierendes Lachen andeutete) in einem narzisstischen Triumph aufblähte. Dies würde gerade die Ausbildung einer konstruktiv-selbstkritischen Haltung boykottieren. Dadurch, dass ich nach Ansprechen der Über-Ich-Problematik dann jeweils auch ausführlich mit den Patienten die psychodynamischen Hintergründe ihres Verhaltens aufarbeite, wird ihnen spürbar, dass es bei meiner vielleicht für Außenstehende verletzend oder moralisierend klingenden Bezeichnung »Diebstahl« nicht um eine weitere Verstärkung der sadistischen Über-Ich-Kerne geht, sondern um die Konfrontation mit der sozialen Realität und mit den unheilvollen Folgen ihrer Über-Ich-Störung.

Manfred schuf im Verlaufe der Therapie immer wieder Situationen, in denen er mich als sein externalisiertes Über-Ich einerseits »unschädlich« zu machen versuchte. Andererseits spürte ich dahinter aber jeweils auch die Hoffnung, ich möge »auf der Hut sein« und mich weder in die Rolle des Aggressors noch in die des hilflosen Opfers manipulieren lassen, sondern ihm im »fördernden Dialog« (Leber 1988) durch mein Verhalten neue Erfahrungen vermitteln, an denen er sich orientieren könne. So teilte er mir beispielsweise einmal mit, er könne wegen einer speziellen schulischen Veranstaltung, an der er teilnehmen müsse, leider nicht zur nächsten Therapiestunde kommen. Nun wisse er aber, dass mir sehr an regelmäßig stattfindenden Sitzungen liege, und er selbst sei auch ganz dieser Meinung. Deshalb bitte er mich darum, ihm eine schriftliche Entschuldigung für den Nachmittag des Tages auszustellen, an dem die nächste Therapiestunde stattfinden sollte. Mich machte die Art, wie er seine Einsicht in die Notwendigkeit der regelmäßig stattfindenden Behandlung betonte, hellhörig, und ich registrierte bei mir ein Misstrauen, das aber im Widerstreit mit meiner Zufriedenheit über diesen »braven« Patienten lag.

Als ich mich genauer nach einzelnen Details erkundigte (was für eine Veranstaltung es sei, von wann bis wann sie stattfinde etc.), reagierte Manfred auffallend ausweichend und wiederholte – nun allerdings sehr drängend – seinen Wunsch, ich solle die Entschuldigung für den Lehrer schreiben. Schließlich stellte sich heraus, dass die anberaumte schulische Veranstaltung erst von 16 bis 18 Uhr stattfand, während wir unsere Therapiestunde zwischen 14 und 15 Uhr abhielten. Manfred versuchte daraufhin einen letzten »Bestechungsversuch«, indem er einräumte, Therapie und Schule kollidierten zwar nicht miteinander; wenn er aber zur Therapie komme und später auch noch zur Schule müsse, bleibe ihm keine Zeit für die Hausaufgaben – wobei gleichsam zwischen den Zeilen die Drohung mitschwang, wenn ich seinem Wunsch nicht Folge leiste, werde er vielleicht die Therapiestunde schwänzen (erst viele Monate später erwähnte Manfred anlässlich einer ähnlichen Situation, dass er damals vorgehabt habe, mit meiner Entschuldigung die Schule zu schwänzen – außerdem habe er auch nicht zur Therapie kommen wollen, weil er mit einem Kameraden eine Fahrradtour habe machen wollen, von der die Eltern aber nichts hätten wissen dürfen).

In der beschriebenen Situation hatte Manfred geschickt mit meinen eigenen Argumenten operiert. Tatsächlich lag mir ja sehr an einer regelmäßig stattfindenden Therapie. Außerdem hatte er mich damit unter Druck zu setzen versucht, dass er ein so »braver« Patient sei und dass er im Falle meiner Weigerung unter Umständen nicht zur Therapiestunde kommen werde. Es wäre jedoch in einer solchen Situation verhängnisvoll, wenn man sich als Therapeut in dieser »Über-Ich-Falle« fangen ließe und einer derartigen Bitte nachkäme! Durch eine solche Korrumpierung des auf den Therapeuten projizierten Über-Ichs wäre die Arbeit an diesen

Funktionen unmöglich gemacht worden. Hinzu kommt, dass ein Patient wie Manfred aus dem Eingehen auf seinen Wunsch – im Grunde zu Recht – den Schluss zöge, er könne durch seine Manipulation den Therapeuten letztlich zu allem bringen – was einer Bestätigung seines pathologischen Größen-Selbst gleichkäme.

Zu den bisher diskutierten Problemen, die relativ harmlos wirken mögen, tritt als vielleicht gravierendste Konsequenz eines unkritischen Eingehens auf die Sicht des Patienten die folgende hinzu: Durch unser Akzeptieren seiner Bagatellisierungen bestätigen wir ihn nicht nur darin, es sei eigentlich alles »ganz harmlos«. Vielmehr verschieben sich in einer derartigen Übertragungs-Gegenübertragungs-Konstellation mit der Zeit auch die Beurteilungsmaßstäbe der Therapeutinnen und Therapeuten – ihnen selbst unmerklich –, und die Behandelnden halten schließlich in der Identifikation mit ihren Patienten Verhaltensweisen tatsächlich nicht mehr für »schlimm«, die man als Außenstehender als gravierend ansehen muss.

Eine solche verhängnisvolle Entwicklung sei am folgenden – gewiss extremen – Beispiel veranschaulicht: Ein 25-jähriger Mann, der sich mehrerer schwerer Vergewaltigungsdelikte mit erheblicher Gewalttätigkeit schuldig gemacht hatte, war während seiner Haft psychotherapeutisch betreut worden. Während eines Urlaubs beging er erneut ein Notzuchtsdelikt. Bei der Gerichtsverhandlung wurde außer dem offiziellen psychiatrischen Gutachten auch ein Bericht des Psychotherapeuten eingeholt. Dieser verwies in seiner psychodynamischen Interpretation des neuen Delikts darauf, dass die Aggression des Patienten aus seiner von vielfältigen Konflikten geprägten Beziehung zur Mutter herrühre und dass angesichts seiner Biografie die Gewalttätigkeit, die der Patient an den Tag legte, eigentlich sehr »verständlich« sei. Es wurden ferner feinsinnige Überlegungen darüber angestellt, welches die psychodynamischen Auslöser der Straftat gewesen seien. Der Psychotherapeut kam zum Schluss, dass sich das Delikt im Grunde logisch aus der spezifischen innerpsychischen und äußeren Situation ergebe, in der sich der Patient zur Zeit der Tat befunden habe. Die Therapie müsse in der gleichen (nicht geschlossenen!) Vollzugsanstalt unbedingt weitergeführt werden. Der Patient stelle keine besondere Gefahr für seine Umwelt dar. Die Psychotherapie laufe gut und werde die bereits bisher erreichte Stabilisierung noch weiter verbessern können.

Das den Außenstehenden an diesem psychodynamisch schlüssigen Bericht am meisten Erschütternde war die Tatsache, dass hier Patient und Therapeut eine extreme narzisstische Fusion eingegangen waren, die zu einer völligen Blindheit des Therapeuten gegenüber der sozialen Realität geführt hatte. Die »gut laufende« Psychotherapie, die »bereits erreichte emotionale Stabilisierung« und die Betonung der Ungefährlichkeit dieses Patienten (der nachweislich mehrere höchst aggressive Notzuchtsdelikte begangen hatte, wobei eines dieser Delikte fast zum Tode des Opfers geführt hatte) – all dies waren Äußerungen, aus denen eine unkritische Haltung sprach und die erkennen ließen, dass der Therapeut die soziale Realität (nicht zuletzt auch die der potentiellen Opfer!) völlig aus den Augen verloren hatte. Auch wenn der Therapeut es nicht expressis verbis ausdrückte, lief sein Bericht letztlich darauf hinaus, man müsse den Patienten verstehen, eigentlich sei ihm angesichts seiner Biografie und seiner derzeitigen inneren und äußeren Situation doch gar keine andere Möglichkeit geblieben, als das Delikt zu begehen.

Ich habe diese implizit im Bericht des Therapeuten enthaltene Botschaft deshalb so stark hervorgehoben, weil hier die verhängnisvollen Folgen einer narzisstischen Fusion zwischen Patient und Therapeut meiner Ansicht nach in besonders krasser Form zu Tage treten. Übertragung und Gegenübertragung verquicken sich in einer Weise miteinander, die zu einem weitgehenden Realitätsverlust beider Beteiligten und zur Ausschaltung aller kritischen Denk- und Über-Ich-Funktionen geführt hat. Die unheilvolle Konsequenz besteht in solchen Fällen darin, dass dadurch die Arbeit an der Realitätsprüfung und den Über-Ich-Funktionen praktisch unmöglich wird und pathologische Abwehrstrategien wie Spaltung, Projektion, Idealisierung und Entwertung nicht nur nicht bearbeitet, sondern sogar noch verstärkt werden.

Charakteristischerweise erwähnte der Therapeut in seinem Bericht denn auch, dass die Aggression dieses Patienten (die sich in der sozialen Realität doch in so destruktiver Form geäußert hatte) in der Institution und in der therapeutischen Beziehung nie ein Problem gewesen sei. Der Therapeut wies demgegenüber darauf hin, dass allerdings etliche Personen und Dienststellen in der weiteren Umgebung des Patienten diesem »das Leben recht schwer gemacht« und seine soziale Integration behindert hätten. Aus diesen Äußerungen wird ersichtlich, dass der durch Übertragung und Gegenübertragung konstellierte narzisstische Rückzug aus der Realität beim Patienten ebenso wie beim Therapeuten zu einer Abspaltung alles »Bösen« und zur Projektion der Aggression auf die »Welt draußen« geführt hatte und der Therapeut für den Patienten zum externalisierten (korrumpierten!) Über-Ich geworden war – eine für die Psychotherapie des Patienten natürlich fatale Situation, weil dadurch gerade die Bearbeitung zentraler pathologischer Mechanismen unmöglich wurde.

Gerade weil das angeführte Beispiel extremer Art ist, wird die Problematik einer solchen narzisstischen Übertragungs-Gegenübertragungs-Konstellation besonders augenfällig. Gewiss fällt es uns relativ leicht, bei Kolleginnen und Kollegen derartige Fehlentwicklungen zu diagnostizieren und das Unheilvolle solcher Konstellationen zu erkennen. Wir sollten uns jedoch nicht darüber täuschen, dass eine solche Übertragungs-Gegenübertragungs-Dynamik in vielen unserer Therapien mit aggressiv-dissozialen Patienten eine mehr oder weniger große Rolle spielt. In der Regel sind es, wie das von Manfred angeführte Beispiel zeigt, glücklicherweise nicht so gravierende Situationen wie die, die ich zuletzt geschildert habe. Gerade weil es oft eher »harmlose« Entwicklungen sind, bereitet es uns als Therapeuten ja solche Mühe, die Verschiebung unserer Beurteilungsmaßstäbe zu registrieren und die darin liegende Gefahr wahrzunehmen. Gewiss mag es mitunter pedantisch erscheinen, wenn man als Therapeut ausdrücklich darauf besteht, die »Dinge beim Namen zu nennen«, etwa indem ich Manfreds Diebstahl des Autos als solchen bezeichnete und damit seine Formulierung des »Ausleihens« zurückwies. Das zuletzt angeführte Beispiel lässt jedoch deutlich werden, dass die unkritische Identifikation mit der Sicht des Patienten für die Psychotherapie verhängnisvolle Konsequenzen hat und – im Falle von Gewaltdelikten – zu einer gefährlichen Blindheit gegenüber der sozialen Realität führen kann.

Eine andere aus der Überich-Pathologie dieser Patientinnen und Patienten herrührende Störung ergibt sich aus ihrem häufig extrem hoch geschraubten *Ich-Ideal*. Diese Substruktur des Über-Ich, welche die Idealentwürfe und Erwartungen an die eigene Person enthält, zeichnet sich oft durch völlig unrealistische Erwartungen an die eigene Person aus, so dass gerade Menschen mit gravierenden psychischen und sozialen Schwierigkeiten permanent die quälende und ihr Selbstwertgefühl beeinträchtigende Diskrepanz zwischen diesen hoch geschraubten Ambitionen und der desolaten Realität erleben. So kann sich bei ihnen nie das Gefühl von Zufriedenheit und Selbstachtung einstellen, und ihr Selbstbild bleibt beherrscht vom Eindruck, immer von Neuem zu versagen.

Eine solche Situation erlebte ich mit einer 19-jährigen Frau, die an mehreren Arbeitsstellen, wo sie Hilfstätigkeiten ausübte, massive Probleme bekommen hatte. Diese wiesen immer wieder ein ähnliches Muster auf: Die Patientin vermittelte den Vorgesetzten den Eindruck, sie sei wesentlich belastungsfähiger, als sie tatsächlich war; ihr wurden daraufhin Aufgaben übertragen, die ihre Fähigkeiten weit überstiegen; aufgrund ihrer – für die Vorgesetzten unerwartet – geringen Leistungsfähigkeit kam es zunehmend zu Konflikten und Vorwürfen von Seiten des Arbeitgebers; sie selbst war zutiefst gekränkt, weil sie sich ungerecht behandelt fühlte, und reagierte mit aggressiv-trotzigem Verhalten; die Folge war die Entlassung der Patientin.

Besonders deutlich wurde die hinter dieser Interaktion stehende, vom hoch geschraubten Ich-Ideal der Patientin gespeiste Überforderung, als ich zusammen mit ihr in der Therapiesitzung Stellenanzeigen anschaute. Selbst wenn sie spürte und im Gespräch mit mir auch einräumen konnte, dass sie nicht die für eine ausgeschriebene Stelle erforderlichen Kenntnisse mitbringe, erwartete sie von sich, dass sie sich diese Kenntnisse schon noch aneignen könne. »Wenn ich mich nur anstrenge, schaffe ich das schon«, war ihre stereotype Entgegnung, wenn ich auf die Diskrepanz zwischen ihren an sich selbst gerichteten Erwartungen und der Realität hinwies. Eine der Hauptaufgaben der Therapie lag in dieser Zeit darin, ihr hypertrophiertes Ich-Ideal so weit abzubauen, dass sie den bisherigen extremen Druck auf sich selbst zu reduzieren und sich realitätsgerechter einzuschätzen vermochte.

6. Der Umgang mit der narzisstischen Störungskomponente

Ein weiteres Thema, das in Manfreds Therapie einen zentralen Platz einnahm, war das seiner narzisstischen Problematik. Ich habe bereits an verschiedenen Stellen auf diese Störungskomponente hingewiesen (bei Manfreds Triumph über das »geschickte« Stehlen und Zurückbringen des Autos, bei seinen diversen Manipulationstendenzen, mit denen er sich als omnipotenter Beherrscher der Realität darzustellen versuchte usw.). So verhängnisvoll sich diese Manifestationen eines pathologischen Größen-Selbst auch auf die sozialen Beziehungen auswirken mögen, so wichtig ist diese Dimension doch mitunter für das Überleben solcher Menschen, weil es ihnen Schutz gegenüber unerträglichen Gefühlen von Hilflosigkeit und Ohnmacht bietet (Battegay 1977). Manfred selbst hatte etwas davon bereits in einer seiner ersten Zeichnungen (s. Abbildung S. 193) angedeutet, als er mich durch die dargestellte Szene ausdrücklich davor warnte, durch die Tür zu ihm zu kommen, weil er eine solche Begegnung nicht ertrüge – das hieß unter anderem wohl auch: Seine narzisstischen Allmachtsvorstellungen konnten nicht dulden, dass ein anderer Mensch etwas »Gutes« für ihn tat (hier: einen Fisch in einen Hund verwandeln).

Viel später, im dritten Behandlungsjahr, erzählte er mir im Zusammenhang mit einer Zeichnung folgende Geschichte (die Therapie war in dieser Zeit bereits zu einer vorwiegend auf verbaler

Ebene sich bewegenden Behandlung übergegangen. Insofern signalisierte Manfreds Rückgriff auf eine »alte« Ausdrucksweise, dass er mir einen aus »präverbaler Zeit« stammenden zentralen Sachverhalt mitteilen wollte): Manfred hatte einen menschlichen Kopf gezeichnet, der von einem Helm umgeben war. Dazu erzählte er eine Geschichte, die sich an einen Film anlehnte, den er vor etlichen Jahren gesehen habe, die von einem Prinzen handelte, dessen Kopf in einen goldenen Helm eingeschweißt worden war. Dies habe dazu geführt, dass der Prinz keine Nahrung mehr habe aufnehmen können. Er sei in einem Turm gefangen gehalten worden und wäre verhungert, wenn er sich nicht durch einen Sprung aus dem Turm gerettet hätte. Er habe daraufhin noch viele Kämpfe bestanden. Schließlich sei er von einem hohen Felsen herabgestürzt. Ohne den Schutz des Helmes wäre er tot gewesen. Beim Sturz jedoch sei der Helm aufgesprungen, und der Prinz sei frei gewesen.

Im weiteren Gespräch über diese Geschichte kristallisierten sich die verschiedenen Funktionen, die der »goldene Helm« erfüllte, deutlich heraus: Auf der einen Seite repräsentierte der Helm die einengenden, entwicklungshemmenden Einschränkungen, wie Manfred sie im Rahmen seiner schweren psychischen Störung erlebt hatte. Der Helm hätte zu einem »Verhungern« des Prinzen geführt (man erinnere sich in diesem Zusammenhang an die heftigen oralen Impulse dieses Patienten). Auf der anderen Seite aber erfüllte der Helm auch, wie die Episode des Sturzes vom Felsen zeigt, eine für Manfred eminent wichtige Schutzfunktion. Der »Wert« dieser Funktion wird in der Geschichte durch die Charakterisierung angedeutet, es sei ein »goldener« Helm. Auch die Rolle des »Prinzen« weist auf die narzisstische Position hin. Wie Manfred in seiner frühen Zeichnung vom Professor, der »Mist« erzähle, angedeutet hatte und wie sich in dieser viel später erzählten Geschichte vom Prinzen zeigte, war es für ihn von ausschlaggebender Bedeutung, dass ich in der Anfangsphase der Therapie die narzisstische Position nicht anrührte. Im Verlauf der Behandlung hatte Manfred zu spüren gelernt, dass die hoch idealisierte narzisstische Abwehrstrategie auf der einen Seite buchstäblich zum »Verhungern« führen und ihn von jeglicher Kommunikation abschneiden würde (ein Thema, das er auch in der frühen Zeichnung dargestellt hatte). Auf der anderen Seite zeigte die von ihm entworfene Geschichte aus dem dritten Behandlungsjahr aber auch, dass er – zumindest in der Vergangenheit – auf den Schutz, den ihm diese Strategie geboten hatte, nicht hatte verzichten können. Erst die emotionale Erschütterung, welche die Therapie für ihn mit sich brachte (im Bild der Befreiung aus dem Turm und des Sturzes vom Felsen), führte zum Zerbrechen des Helms und damit zur Befreiung aus dem Gefängnis seiner Psychopathologie und zugleich zum Verzicht auf die bisherige narzisstische Abwehr.

Da dissoziale Menschen im allgemeinen extrem kränkbar und von hochgeschraubten narzisstischen Ambitionen erfüllt sind, in ihrem sozialen Leben aber kaum über realitätsgerechte Kompensationsmöglichkeiten verfügen, befinden sie sich in einer besonders prekären Situation. Eine »Lösung« ihrer narzisstischen Probleme erscheint ihnen dann mitunter nur möglich, indem sie zu – allerdings extremen – Kompensationsversuchen greifen, die ihrerseits wieder auf die Umwelt ausgesprochen provokativ wirken und narzisstische Kränkungen geradezu herausfordern (s. das unten angeführte Beispiel eines erwachsenen Patienten).

Als Therapeut steht man in diesem Fall vor der Schwierigkeit, einerseits zwar Vertreter der äußeren Realität sein zu müssen und an der den Realitätsbezug störenden pathologischen Abwehr arbeiten zu sollen. Andererseits aber muss man die hohe Kränkbarkeit dieser Patienten in Rechnung stellen und sich jeweils Rechenschaft darüber ablegen, welche Funktionen die narzisstischen Manifestationen in der Gesamtpersönlichkeit erfüllen (Manfreds Geschichte vom goldenen Helm ist gerade auch in dieser Hinsicht aufschlussreich).

Soweit sich in dieser Hinsicht überhaupt allgemein verbindliche therapeutische Richtlinien aufstellen lassen, erscheint es mir wichtig, dass der Therapeut es dem Patienten zunächst einmal ermöglicht, sich in der Art darzustellen und sich mit dem Therapeuten in der Weise in Beziehung zu setzen, wie er es aufgrund seiner psychodynamischen Situation tun möchte. Diese Regel gilt ganz besonders dann, wenn der Patient dem Therapeuten auf eine sehr provokative, grandios anmutende Weise entgegentritt. Je »abstruser« (im Sinne einer grandiosen narzisstischen Überkompensation) bestimmte Äußerungen oder Verhaltensweisen des Patienten den Therapeuten berühren, desto vorsichtiger sollte er dabei sein, diese Phänomene anzusprechen.

Ein für mich eindrückliches Beispiel stellte die folgende Situation dar: Eine Sozialarbeiterin einer auswärtigen Justizbehörde fragte bei mir an, ob ich die Psychotherapie eines Patienten übernehmen würde, der wegen Diebstählen, Veruntreuungen, Betrug etc. bereits mehrere Haftstrafen hinter sich hatte und nun gemäß gerichtlicher Auflage (nach Art. 43 Schweizer StGB) eine Behandlung aufnehmen sollte. Den Termin, den ich der Sozialarbeiterin daraufhin gab, sagte der Patient zwei Tage später telefonisch ab. Da er mich nicht persönlich erreichen konnte, hinterließ er seine Telefonnummer und bat darum, ich möge zurückrufen und ihm einen neuen Termin geben. Als ich dies versuchte, stellte sich indes heraus, dass die vom Patienten angegebene Nummer nicht mehr in Betrieb war. Die von der Auskunft zu erhaltende Information lautete, der Patient sei verzogen. Nach zwei Wochen meldete er sich wiederum und hinterließ diesmal eine andere Telefonnummer, bei der ich anrufen solle. Aber auch über diese Nummer war es nicht möglich, ihn selbst zu erreichen: Es war die Nummer einer Agentur, die Telefongespräche für verschiedene Abonnenten annahm und die Telefonnummer notierte, mit dem Hinweis, der Abonnent werde später zurückrufen. Wieder verging eine Woche, bis der Patient sich meldete. Bei diesem Anruf gab er der Sekretärin die Nummer eines Mobiltelefons an und bat, ich möge ihn unter dieser Nummer so schnell wie möglich anrufen. Ich erreichte ihn auf diesem Wege dann tatsächlich, und wir vereinbarten einen Termin für ein erstes Gespräch, wobei der Patient ausdrücklich darauf hinwies, dass er wegen seiner vielfältigen beruflichen Verpflichtungen eigentlich wenig Zeit habe; er wolle es aber trotzdem versuchen, den Termin bei mir noch »dazwischenzudrücken«.

Zwanzig Minuten vor dem vereinbarten Termin telefonierte der

Patient (wiederum, wie er mir ausdrücklich sagte, über sein Mobiltelefon) und fragte nach der genauen Zeit unseres Treffens. Er sagte, er werde sich bemühen, pünktlich zu sein, könne diesbezüglich aber nichts versprechen, weil er sich im Moment noch, ein Stück von Basel entfernt, auf der Autobahn befinde. Zehn Minuten später rief er wieder an, verlangte aber nicht mich persönlich, sondern ließ mir von der Sekretärin ausrichten, er sei auf der Autobahn in einen Stau geraten und werde sich deshalb etwas verspäten. Fünf Minuten vor dem abgemachten Termin telefonierte er nochmals, verlangte nun mich persönlich und teilte mir mit, dass er wegen des Verkehrsstaus sicher eine halbe Stunde zu spät kommen werde. Er erschien dann exakt zu der Zeit, als die vereinbarte Besprechung mit mir eigentlich hätte beendet sein sollen. Da ich die Möglichkeit hatte, ihm etwas mehr Zeit einzuräumen als ursprünglich vorgesehen, bat ich ihn, noch für zehn Minuten in mein Zimmer zu kommen, damit wir uns wenigstens kurz kennen lernen könnten.

Der Patient stellte ein großes, imposant wirkendes Mobiltelefon zwischen uns auf den Tisch und ließ sich mit einem tiefen Seufzer in den Stuhl fallen. Dann entwarf er, unterstrichen von grandiosen Gesten, von sich das Bild eines gehetzten Geschäftsmanns, der eine eigene Speditionsfirma betreibe und nun – wegen der »dauernden Überlastung« – daran sei, seinen Fuhrbetrieb etwas »abzubauen«: Er habe bereits 15 (!) Fahrer entlassen. »Aber immer noch sind meine Wagen überall in Europa auf den Straßen. Gerade eben habe ich mit dem Fahrer eines Lastwagens verhandeln müssen, der auf der Fahrt nach Skandinavien ist und Probleme bei der Fähre hatte«. Diese großartige Schilderung und das grandiose Gebaren des Patienten dabei standen in einem krassen Widerspruch zur äußeren Realität. Aus den Akten, die mir die für ihn zuständige Justizbehörde zur Einsicht überlassen hatte, wusste ich, dass er keiner Berufstätigkeit nachging, erhebliche Schulden hatte und zur Zeit unseres Gesprächs von der Unterstützung durch die Sozialhilfe abhängig war. Die ganze Demonstration seiner großen »Bedeutung« (von den verschiedenen Telefonnummern und dem bombastischen Mobiltelefon angefangen bis zum Bericht über seine Speditionsfirma) stellte den im Grund verzweifelten Wunsch dar, sich narzisstisch aufzublähen und damit seine zentralen Insuffizienz- und Ohnmachtsgefühle zu überdecken.

Wie ausgeführt, bin ich gerade in Situationen, in denen ein dissozialer Patient zu so extremen grandiosen Kompensationen greift, wie der erwähnte Patient es tat, außerordentlich vorsichtig und abwartend. Ich habe deshalb in dieser und auch in der folgenden Sitzung keine Stellung zum Bericht über die angebliche Speditionsfirma genommen. Interessanterweise erwähnte der Patient in der zweiten Stunde, er habe seinen Betrieb noch weiter reduziert und habe »jetzt nur noch einen Wagen laufen«. Auch diese Mitteilung habe ich unkommentiert entgegengenommen. In den beiden folgenden Sitzungen, zu denen der Patient nun jeweils pünktlich erschien, erwähnte er sein Geschäft mit keinem Wort mehr. In der fünften Sitzung sprach er davon, dass er oft in einer sehr gedrückten Stimmung sei, dies vor allem, da er nun auch noch aus der Wohnung heraus müsse, die ihm ein Bekannter für einige Wochen überlassen habe.

An dieser Stelle bemerkte ich – bewusst beiläufig –, dass ich den Patienten gut verstehen könne angesichts der desolaten sozialen Situation, in der er sich befinde: die Schulden, keine Arbeit, abhängig zu sein von der Sozialhilfe und nun auch noch die Wohnungsprobleme. Der Patient stimmte ohne Zögern zu, und wir begannen gemeinsam zu überlegen, wie und wo er eine Unterkunft finden könne, da dies im Augenblick das dringendste Problem war.

Ich habe diesen ungewöhnlichen Einstieg in eine Therapie so ausführlich geschildert, weil hier in besonders eindrücklicher Weise die narzisstische Dimension des Patienten zum Ausdruck kommt. Ferner zeigt das Beispiel auch, dass die Entscheidung darüber, ob überhaupt eine Therapie zustande kommt, oft schon vor dem ersten Zusammentreffen zwischen Patient und Therapeut fällt. Hätte ich mich nicht auf das von ihm gewählte »Eröffnungsmanöver« eingelassen und ihn etwa in ein striktes Setting zu zwingen versucht, wäre er niemals erschienen. Außerdem lässt die Therapiesequenz erkennen, dass es sinnvoll und möglich ist, die narzisstischen Kompensationen solcher Patienten zunächst völlig unangetastet stehen zu lassen, ohne dass man befürchten muss, sie würden immer weiter »wuchern«. Wie das Beispiel zeigt, ist das Gegenteil der Fall: Der Patient konnte auf seinen grandiosen Selbstentwurf zunehmend verzichten und war schon nach wenigen Stunden fähig, sich mir gegenüber in einer der äußeren Realität entsprechenden Weise zu präsentieren.

Eine andere Art, in der sich die narzisstische Störung in der therapeutischen Beziehung manifestieren kann, besteht in – mitunter extremen – *Manipulationstendenzen*. Im Rahmen ihrer narzisstisch-funktionalisierten Beziehungen nehmen uns diese Patientinnen und Patienten als »verlängerten Arm« ihrer selbst wahr und erwarten von uns die Erfüllung aller ihrer Wünsche. Kommen wir dieser Erwartung bzw. Forderung nicht nach, so richtet sich immenser Hass gegen uns, die wir in der Übertragung nun zu bösen, verfolgenden Objekten geworden sind.

Die Palette von Manipulations- und Erpressungstechniken solcher Patientinnen und Patienten ist sehr groß. Sie spüren genau, wo wir verletzbar, kränkbar und verführbar sind und setzen an eben diesen Punkten an. Schmeicheleien, gerade auch solche sehr subtiler Art, Appelle an unser »gutes Herz« oder unsere »ethische Verpflichtung« ihnen gegenüber, Suiziddrohungen und -handlungen, Selbstsabotage, direkte und indirekte Drohungen, Gewalt auszuüben, geschicktes Unterhöhlen und Umgehen der vereinbarten Rahmenbedingungen und Grenzen – all dies sind Mittel, mit denen wir »gefügig« gemacht werden sollen, um ihnen dabei behilflich zu sein, ihre grandiosen Entwürfe Realität werden zu lassen.

Die Selbstwertpathologie dieser Patientinnen und Patienten führt schließlich auch zu mitunter massiven *Entwertungen* unserer therapeutischen Angebote. Was immer wir auch tun, es ist zu wenig, zu spät, bringt ihnen nichts, oder wie immer sie ihre Ablehnung ausdrücken. Sie selbst haben im Verlauf ihres Lebens vielfältige Entwertungen, Ohnmachtserfahrungen und Verletzungen erlebt und kehren nun gleichsam »den Spieß um«. Nun sind wir, die ihnen in der Therapie zunehmend wichtiger werden und damit bei ihnen heftige Neidgefühle auslösen (vgl. Kapitel 2), diejenigen, die entwertet, lächerlich gemacht und narzisstisch gekränkt werden, während die Patienten sich in der Rolle der Mächtigen fühlen und den (allerdings masochistischen) Triumph erleben, uns durch die Sabotage der Therapie (und hier zeigt sich der selbstschädigende Aspekt) »in die Knie zu zwingen«.

Wann immer wir es mit den Manifestationen des pathologischen Größenselbst zu tun haben, ist es wichtig, konsequent an diesem Größenselbst zu arbeiten und, wie erwähnt, durch Grenzsetzung den Rahmen der Therapie zu schützen. Wichtig ist es dabei insbesondere, auch immer wieder auf die *selbstdestruktiven Konsequenzen* des Größenselbst hinzuweisen.

7. Psychotherapeutische Arbeit an und mit der sozialen Realität

In der Psychotherapie von Menschen wie Manfred und den anderen beschriebenen Patienten besitzt die Arbeit an der sozialen Realität große Bedeutung. Der Therapeut muss sich stets der Tatsache bewusst sein, dass bei ihnen die soziale Realität und die individuellen psychischen Störungen aufs Engste ineinander verwoben sind und sich gegenseitig beeinflussen. Mitunter ist es nicht unbedingt notwendig, als Therapeutin oder Therapeut manifest in das soziale Leben des Patienten einzugreifen. Es kommt vielmehr vor allem auf die Haltung an, mit der sie eine solche Behandlung durchführen, und damit auf die Frage, ob sie die soziale Realität ihres Patienten mit den vielfältigen Problemen im Bereich von Schule, Ausbildung, Familie, Wohnen, Arbeit, Schuldensanierung, Folgen von negativen Etikettierungen etc. ernst nehmen.

Falls nötig, muss der Therapeut bei diesen Patienten jedoch prinzipiell bereit sein, sich auch direkt in ihr Alltagsleben zu begeben und dort »handelnd« zu intervenieren. So wie diese Patienten uns viele Mitteilungen über ihre innere Befindlichkeit, über ihre Konflikte und ihre strukturellen Störungen szenisch-handelnd vermitteln, so muss auch der Therapeut mitunter seine Interventionen in handlungsgemäßer Form geben. Dies bedeutet nicht ein Gegen-Agieren, sondern stellt bei sorgfältiger Reflexion von Übertragung und Gegenübertragung im Grunde nur eine auf die Bedürfnisse dieser Patientengruppe abgestimmte Erweiterung des therapeutischen Interventionsrepertoires dar.

Ich habe dieses Vorgehen, bei dem die soziale Realität ebenso in die Therapie einbezogen wird wie die innerpsychische Welt, als *bifokales Behandlungskonzept* beschrieben (Rauchfleisch 1996, 1999). Dieses Konzept beinhaltet die Notwendigkeit, in der Therapie von Menschen, die unter schweren psychischen Störungen im Sinne der Persönlichkeitsstörungen leiden und mit sozialen Schwierigkeiten kämpfen, von ihren vielfältigen sozialen Problemen auszugehen und mitunter auch aktiv in ihr soziales Leben einzugreifen und zugleich anhand dieses Materials in klassisch-psychoanalytischer Weise an Widerstand, Abwehr und Übertragung zu arbeiten.

Man könnte dieser Behandlungsstrategie zwei kritische Argumente entgegen halten: Eine erste Schwierigkeit liegt darin, dass die Objektbeziehungen dieser Patientinnen und Patienten nicht objektaler, ganzheitlicher Art sind, sondern Partialobjektbeziehungen darstellen, wobei jeweils nur Teilrepräsentanzen mit den daran gebundenen libidinösen und aggressiven Triebimpulsen erlebt werden. Aufgrund dieser Situation kann in der Behandlung keine konsistente Übertragung entstehen, sondern es kommt zu Partialobjektübertragungen, bei denen der Therapeut einmal als nur freundliches und unterstützendes, ein anderes Mal hingegen als nur böses und versagendes Objekt erlebt wird. Aufgrund dieser Verhältnisse könnte man befürchten, bei Umgebungsinterventionen, speziell beim manifesten Eingreifen der Therapeuten in das soziale Leben, könnten die Patientinnen und Patienten diese Unterstützung nicht wirklich »verwerten«, sondern würden sie entsprechend der jeweiligen Partialobjektübertragung als narzisstische Gratifikation oder als bösartige Versagung und Einschränkung erleben, nie aber so, wie sie von den Professionellen intendiert sind.

Damit hängt eine zweite Schwierigkeit zusammen: Man könnte einwenden, durch das Eintreten des Therapeuten in eine konkrete soziale Rolle werde gerade angesichts der beschriebenen Übertragungsdispositionen die Bearbeitung der Übertragung verhindert. Der Patient könne sich darauf berufen, der Therapeut habe sich ja tatsächlich in einer Situation hart und versagend, in einer anderen unterstützend und wohlwollend verhalten.

Tatsächlich sind wir, sobald wir als Psychotherapeuten die soziale Realität unserer Patienten stärker in die Behandlung einbeziehen, mit den beschriebenen Schwierigkeiten konfrontiert. Es sind jedoch keineswegs unlösbare Probleme, sondern sie lassen sich gerade durch das von mir gewählte bifokale Vorgehen entschärfen. Erst dadurch wird es möglich, die angesichts der desolaten sozialen Situation dieser Patientinnen und Patienten dringend notwendige Hilfe in der äußeren Realität zu bieten und zugleich mit der klassischen psychoanalytischen Technik an Abwehr, Widerstand und Übertragung zu arbeiten. Dieses Vorgehen erfordert allerdings eine besonders intensive Reflexion der Übertragung und Gegenübertragung und setzt voraus, dass alle Interventionen im sozialen Bereich begleitet werden von der Bearbeitung der jeweils aktuellen Partialobjektbeziehung, insbesondere wenn sie sich als negative Übertragung oder – als Abwehr aggressiver Impulse – in idealisierender Form präsentiert.

Im Verlauf von Manfreds Behandlung erwies es sich für mich einige Male als notwendig, direkt in seinem sozialen Feld zu intervenieren. Dies betraf neben den Gesprächen mit den Eltern vor allem zu Beginn der Therapie die Kontakte zu seinem Klassenlehrer. Derartige Kontakte mit Personen der weiteren sozialen Umgebung liegen in der Psychotherapie von Kindern und Jugendlichen angesichts der spezifischen Situation, in der sie sich in Familie und Ausbildung befinden, nahe und werden vielfach praktiziert. Nach meiner Erfahrung ist diese Art des Vorgehens jedoch auch bei erwachsenen Patientinnen und Patienten der geschilderten Art indiziert. Mitunter kommt den Kontakten zu Drittpersonen und der Arbeit an der sozialen Realität bei ihnen sogar eine noch größere Bedeutung zu als in der Behandlung von Kindern. Ein Problem ergibt sich nun jedoch daraus, dass unsere therapeutischen Konzepte für die Behandlung Erwachsener zumeist die Arbeit mit dem einzelnen Patienten in den Mittelpunkt stellen und Kontakte zu Drittpersonen und Interventionen des Therapeuten im sozialen Feld nicht berücksichtigen, zum Teil sogar ausdrücklich als kontraindiziert bezeichnen (so z. B. Kernberg 1988).

In Anbetracht dieser Diskrepanz zwischen therapeutischer Notwendigkeit und Behandlungskonzepten möchte ich im Folgenden noch etwas ausführlicher die Arbeit an der äußeren Realität jugendlicher und erwachsener Patienten diskutieren und die Art, wie ich bei ihnen im sozialen Feld handelnd interveniere, schildern. Die therapeutischen Interventionen im sozialen Feld dieser Patientinnen und Patienten können sich etwa auf gemeinsame Besprechungen mit Mitarbeitern anderer sozialer Berufe (z. B. Bewährungshelfern, Hausärztinnen, Mitarbeitern von Berufsberatungsstellen etc.), aber auch auf Kontakte zu Arbeitgebern beziehen. Ferner bin ich in Krisensituationen auch bereit, Patienten in ihrer Wohnung aufzusuchen. Gerade solche Hausbesuche vermitteln dem Therapeuten ein anschauliches Bild von der Lebenssituation seines Patienten und tragen oft viel zur Festigung der therapeutischen Beziehung bei. Es sei aber bereits hier darauf hingewiesen, dass der Therapeut bei allen derartigen Aktionen sein Handeln besonders sorgfältig reflektieren und auf die Konsequenzen hin prüfen muss, die sich daraus für Übertragung und Gegenübertragung ergeben.

Wie aus den im vorliegenden Beitrag zitierten kasuistischen Beispielen adoleszenter und erwachsener aggressiver Patienten ersichtlich, verunmöglicht die intensive Beschäftigung mit den konkreten sozialen Problemen indes keineswegs eine psychoanalytische Arbeit im engeren Sinne (d. h. Analyse von Widerstand, Übertragung und pathologischen Abwehrstrukturen). Angesichts der gravierenden ich-strukturellen Störungen ist etwa eine Aufarbeitung der psychodynamischen Konflikte zumeist überhaupt erst nach einer Verbesserung des Realitätsbezugs möglich (dies allein deshalb, weil der Patient, ohne dass die pathologische Abwehr bearbeitet worden wäre, gar nicht in der Lage ist, die Interventionen des Therapeuten realitätsgerecht wahrzunehmen). Schon aus diesen Gründen ist es sinnvoll, in der Therapie zunächst auf der sozialen Ebene anzusetzen.

Es bestehen daneben zumindest noch zwei weitere gewichtige Gründe, in der Behandlung aggressiv-dissozialer Menschen von der sozialen Dimension auszugehen. Zum einen haben, wie in der Einleitung ausgeführt, die sozialen Determinanten in der Entwicklung dieser Patientinnen und Patienten ebenso wie in der aktuellen Situation eine besondere Rolle gespielt, und die Frage, wie sie ihren Alltag meistern, ist auch von großer prognostischer Bedeutung. Aus diesem Grunde muss der sozialen Realität bei ihnen ungleich größere Aufmerksamkeit geschenkt werden als bei anderen Patienten.

Zum andern ist es aber auch aus rein behandlungstechnischen Gründen empfehlenswert, bei diesen Patientinnen und Patienten von den konkreten sozialen Problemen auszugehen: Infolge ihrer spezifischen Entwicklungsbedingungen und ihrer persölichkeitsstrukturellen Störungen provoziert die Konfrontation mit einem psychotherapeutischen Setting im traditionellen Sinne bei ihnen ungeheuere Ängste. Hierbei spielen Ohnmachtsgefühle, die aus den in früher Kindheit erlittenen Traumatisierungen resultieren, und die Aktualisierung ihrer prägenitalen Konflikte, insbesondere ihrer archaischen Aggression, eine zentrale Rolle. Hinzu kommt, dass diese oft narzisstisch schwer beeinträchtigten Menschen jegliches Therapieangebot fast zwangsläufig als unerträgliche narzisstische Kränkung empfinden. Es erscheint mir aus diesem Grund in der Regel nicht nur schwierig, sondern sogar kontraindiziert, mit Patienten, die unter schweren chronisch-dissozialen Fehlentwicklungen leiden, von Anfang an in einem üblichen psychotherapeutischen Setting zu arbeiten. Hier drängt sich der »Einstieg« über die soziale Dimension als am wenigsten angsterregend geradezu auf.

Ich habe die Bedeutung der sozialen Realität bisher vor allem im Hinblick auf behandlungstechnische und psychodynamische Gesichtspunkte, d.h. im Blick auf die Patienten, diskutiert. Das Hauptproblem bei dem von mir geschilderten Vorgehen scheint mir jedoch auf Seiten der Therapeuten zu liegen. In der Regel haben wir, vor allem im Rahmen einer psychoanalytischen Weiterbildung, weder in unserer Selbsterfahrung noch in theoretischen Veranstaltungen gelernt, in der geschilderten Weise im sozialen Feld tätig zu werden. Wir sind von der Behandlung anderer Patienten her daran gewöhnt, Menschen vor uns zu haben, die unter einem deutlichen Leidensdruck stehen, diesen auch artikulieren können und Motivation für eine Psychotherapie mitbringen, und wir können uns bei diesen Patienten darauf beschränken, uns weitgehend mit ihrer inneren Realität zu beschäftigen. Obwohl auch bei ihnen Widerstand und Abwehr selbstverständlich ihre Wirkung entfalten, mitunter agierendes Verhalten auftritt und Übertragungskonflikte entstehen können, sind diese Probleme innerhalb des klassischen Therapiesettings angehbar bzw. es bedarf allenfalls geringfügiger technischer Modifikationen (der Einführung sog. Parameter im Sinne Eisslers 1953). Auf eine solche Situation sind Psychotherapeutinnen und -therapeuten in der Regel gut vorbereitet und vermögen damit umzugehen.

Die bisherigen Ausführungen haben erkennen lassen, dass sich der Therapeut bei der Behandlung aggressiver Menschen mit dissozialen Fehlentwicklungen hingegen einer völlig anderen Situation gegenübersieht. Besonders erschwerend wirkt sich hier die Tatsache aus, dass der Therapeut in seiner Ausbildung gerade auf den Störungsbereich am wenigsten vorbereitet worden ist, der für den Umgang mit diesen Patienten von größter Bedeutung ist. Aus dieser Situation ergibt sich für den Psychotherapeuten die Notwendigkeit, in vielerlei Hinsicht umzudenken, sich von dem bei anderen Patienten durchaus indizierten Setting zu lösen und sich vor allem im sozialen Bereich grundlegende Kenntnisse anzueignen. Gerade bei dem zuletzt erwähnten Aspekt wird auch ersichtlich, dass eine Behandlung solcher Patienten den Therapeuten zwingt, sein berufliches Selbstverständnis kritisch zu reflektieren und seine Therapiekonzepte an die besonderen Bedingungen dieser Patientengruppe anzupassen.

Die Behandlung solcher Patienten ist oft nicht möglich ohne eine intensive Zusammenarbeit mit Vertretern anderer sozialer

Berufe (Lehrern, Mitarbeiterinnen der verschiedenen Sozialdienststellen, Richtern, Hausärztinnen, Berufsberatern etc.). Häufig müssen auch Personen des näheren und weiteren sozialen Umfelds der Patienten in die Behandlung einbezogen werden, z. B. Familienangehörige (wie es bei Manfred notwendig war), aber auch Partnerinnen und Partner, Vorgesetzte u. a. (zu dieser Frage s. Rauchfleisch 1990). Auch in dieser Hinsicht stellt die Behandlung aggressiv-dissozialer Menschen die Therapeutinnen und Therapeuten vor eine für sie eher ungewöhnliche Situation: Sie können – und dürfen! – sich bei diesen Patienten nicht in ihr Sprechzimmer zurückziehen und unter Verweis auf die »ärztliche Schweigepflicht« und andere Grundsätze der psychoanalytischen Therapie jeglichen Kontakt zu Drittpersonen ablehnen. Zum Teil bitten die Patienten die Therapeuten direkt, mit dieser oder jener Person ihres sozialen Umfeldes Kontakt aufzunehmen oder ein bestimmtes Problem zu besprechen. Zum Teil wenden sich die Vertreterinnen und Vertreter anderer sozialer Berufe auch von sich aus an den Psychotherapeuten, oder der Therapeut erlebt, dass der Patient und er dringend der Beratung bzw. der direkten Unterstützung durch andere Fachleute bedürfen.

Es ist nach meiner Erfahrung in erster Linie notwendig, dass der Therapeut sich überhaupt dafür interessiert, wer eine wichtige Bezugsperson für seinen Patienten ist. Gar nicht selten erfährt man bei genauerem Nachfragen nämlich, dass etliche andere Personen mit dem Patienten zu tun haben, zum Teil ohne dass sie überhaupt voneinander wissen, geschweige ihre Aktivitäten auch nur im Geringsten aufeinander abstimmen. Manche dieser Patienten sind – von der Zahl der Professionellen her, mit denen sie im Kontakt stehen – eindeutig »überbetreut«, was allerdings längst nicht heißt, dass sie dadurch die für sie optimale Begleitung und Behandlung erhielten. Gerade das Gegenteil ist oft der Fall: Die Vertreter der verschiedenen Disziplinen arbeiten je auf ihrem Gebiet und mit ihren (voneinander unter Umständen stark abweichenden) Konzepten und Methoden; der Patient lässt sich an keiner Stelle dieses sozialen Netzes emotional wirklich auf eine Beziehung und Konfrontation ein, sondern »springt« von einer

Bezugsperson zur anderen und zeigt jeder gegenüber nur eine ganz bestimmte Facette seiner Persönlichkeit, ohne sich irgendwo zentral ansprechen zu lassen. Hier greifen die individuellen psychischen Probleme des Patienten und die Struktur der therapeutischen Angebote in einer unheilvollen Weise ineinander und führen – so paradox es erscheinen mag – geradezu zwangsläufig dazu, dass alles »im Sande verläuft«.

Noch brisanter kann das Problem werden, wenn der Patient die Vertreter der verschiedenen psychosozialen Angebote gegeneinander ausspielt. Von der lebensgeschichtlichen Erfahrung dieser Menschen her ist ein solches Verhalten durchaus verständlich, haben sie häufig doch schon in der frühen Kindheit erlebt, dass sie in ihren Herkunftsfamilien oder im Heim nur mit Hilfe dieser Strategie »überleben« konnten. An sich wäre auch die Tatsache, dass der Patient die verschiedenen Bezugspersonen gegeneinander auszuspielen versucht, nicht so problematisch, wenn die Psychotherapeuten und die Vertreter anderer sozialer Berufe nicht oftmals unreflektiert auf solche Manipulationen eingingen. Man muss allerdings zugeben, dass gerade aggressive Menschen, wie wir sie in diesem Buch schildern, eine (wiederum aus ihrer Lebensgeschichte verständliche) geradezu perfekte »Technik« besitzen, die verletzlichsten Stellen ihrer Behandler zu treffen und sehr gezielt den Keim zu Rivalitätskonflikten zu legen (Rauchfleisch 1991).

Die Hauptgefahr in solchen Situationen besteht nicht nur darin, dass die Therapeuten Opfer der Manipulationen des Patienten werden, der damit seine aus dem Größen-Selbst stammenden Omnipotenzvorstellungen in der sozialen Realität bestätigt sieht. Ebenso verhängnisvoll scheint mir die Tatsache zu sein, dass durch das Eingehen der Therapeuten auf die Rivalitätskonflikte die für diese Patienten typischen Spaltungstendenzen nicht bearbeitet und reduziert, sondern vom sozialen Umfeld gerade noch verstärkt werden. Statt mit dem Patienten an der Auflösung dieser pathologischen Abwehrform zu arbeiten, unterstützt der Therapeut diese noch, wenn er auch nur atmosphärisch spüren lässt, dass dieser oder jener Vertreter anderer Disziplinen etwas gesagt oder getan habe, was »völlig daneben« sei.

Ein Mittel, um solchen unheilvollen Entwicklungen vorzubeugen, ist für mich das persönliche Kennenlernen der Personen, die mit dem Patienten arbeiten. Mit ihnen in Kontakt zu treten heißt indes keineswegs, dass der Patient dabei ausgeschlossen wäre, die »Fachleute« nur unter sich miteinander verhandelten und der Patient in ein lückenloses Netz der Behandelnden eingebunden würde. Ich wende in solchen Situationen das folgende Vorgehen an: Ich lade im Einverständnis mit dem Patienten, wenn immer möglich, alle an der Behandlung Beteiligten zu einer gemeinsamen Sitzung ein, bei welcher der Patient selbst auf jeden Fall anwesend sein muss. Dabei bespreche ich mit ihm die Themen und auch die Rollen, die er und ich bei dieser Sitzung einnehmen sollen, sorgfältig, unter Umständen in mehreren Therapiestunden, vor. Oft tauchen bei solchen Vorgesprächen bereits viele psychodynamisch und persönlichkeitsstrukturell relevante Themen auf, und es werden Übertragungskonstellationen sichtbar, die entweder (wenn sie stark von der pathologischen Abwehr bestimmt sind) sofort bearbeitet werden müssen oder mir wichtige Hinweise für den weiteren Verlauf der Therapie liefern.

Solche gemeinsamen Gespräche haben für die Patienten auch den Vorteil eines Lernens am Modell. Sie selbst kennen ja seit Kindheit eigentlich nur ein einziges Problemlösungsverhalten nach dem Alles-oder-nichts-Prinzip, nämlich entweder völlige Einigkeit oder totalen Dissens, der den Abbruch der Beziehung zum Konfliktpartner zur Folge hat. In den Gesprächen, die wir zusammen mit den Fachleuten anderer Disziplinen führen, erleben sie nun, dass durchaus unterschiedliche Ansichten bestehen können, dass dies aber keineswegs zu Streit und Beziehungsabbruch führen muss, sondern dass Kompromisse gefunden werden können.

Außerdem helfen derartige Kompromisse, uns Therapeutinnen und Therapeuten zu entidealisieren. Die Gefahr von Idealisierungen ist gerade bei einem aktiven, sich in die soziale Welt der Patienten involvierenden Vorgehen groß und muss deshalb ständig reflektiert und gedeutet werden. Indem die Patienten unmittelbar erleben, dass auch wir – ihnen so mächtig erscheinende – Therapeutinnen und Therapeuten nachgeben und Kompromisse eingehen müssen, bauen sich Idealisierungen ab, ohne dass oft eine Deutung im engeren Sinne nötig ist. Schließlich wirkt diese gemeinsame Erfahrung im sozialen Feld der narzisstisch-grandiosen Fantasie der Patienten entgegen, sie könnten uns Professionelle als »verlängerten Arm« benutzen, der ihnen unendliche Macht über alle anderen Menschen garantierte. Mitunter kommt diese Thematik erst durch die Enttäuschung an uns nach einem gemeinsamen Gespräch mit den Vertreterinnen anderer Institutionen zum Vorschein und kann dann bearbeitet werden.

Bereits zu Beginn der Behandlung weise ich Patienten und Mitarbeiter anderer sozialer Berufe darauf hin, dass ich, wenn ich darüber vorher mit dem Patienten gesprochen habe, Kontakte zu Drittpersonen gern aufnehme, dies aber nur tun möchte, wenn der Patient in meinem Zimmer anwesend ist, d.h. direkt hört, was ich sage. Mitunter verlaufen Telefongespräche etwa so, dass ich der Drittperson nach einem kurzen Gespräch mitteile, dass ich das bisher Diskutierte jetzt erst noch gern mit dem Patienten, der bei mir sei, weiter besprechen möchte und dann in wenigen Minuten wieder zurückrufe. Der Sinn dieser vielleicht pedantisch wirkenden Vorgehensweise liegt zum einen darin, den oft ausgeprägten paranoid-projektiven Tendenzen dieser Patienten entgegenzuwirken. Zum anderen möchte ich dem Patienten durch mein Verhalten vermitteln, dass er in jeder Situation, selbst wenn ich etwas »für ihn« tue, als aktiver Partner angesprochen ist und sich nicht in einer infantil-anklammernden, ausbeuterischen Weise an den Therapeuten hängen kann. Selbst wenn ich aktiv bin, trägt er doch die Verantwortung für das, was wir tun, mit.

Mitunter spreche ich am Telefon auch zunächst mit einer Person aus dem sozialen Umfeld des Patienten, z.B. mit dem Arbeitgeber oder der Mitarbeiterin einer Sozialdienststelle, fordere dann aber – eventuell nach einem kurzen eingeschalteten Gespräch mit dem Patienten – diesen auf, die weitere Verhandlung mit der anderen Person selbst zu übernehmen. Wie dieses Beispiel zeigt, muss ein manifestes Handeln des Therapeuten »für« den Patienten nicht bedeuten, dass der Patient damit infantilisiert wird und sich völlig der Verantwortung für die Situation entziehen kann. Im

Hinblick auf das Ziel der Stärkung der Angst- und Spannungstoleranz kann der erste vom Therapeuten geführte Teil eines solchen Telefongesprächs die Voraussetzung dafür schaffen, dass der Patient im zweiten Teil – trotz seiner Ängste und Unsicherheitsgefühle – selbst aktiv wird. Dabei wirkt es sich nach meiner Erfahrung oft hilfreich aus, dass der Therapeut bei einem solchen Gespräch des Patienten anwesend ist, ihm gleichsam durch seine Präsenz »den Rücken stärkt« (d.h., theoretisch gesprochen: eine Art Hilfs-Ich-Funktion zur Stärkung der Spannungstoleranz erfüllt).

Ein nächster Schritt kann etwa der sein, dass ich einen solchen Telefonanruf mit dem Patienten vorbespreche und ihn dann die ganze Diskussion mit der anderen Person allein führen lasse und dies notfalls auch unter Ausübung eines gewissen Drucks von ihm fordere. Mitunter versuche ich solche für den Patienten vielleicht anfangs unangenehmen Situationen dadurch etwas zu entschärfen, dass ich sie ausdrücklich als »Experiment«, als fast so etwas wie einen »sportlichen Wettkampf« deklariere und damit an die Eigenverantwortung des Patienten appelliere. In einer nochmals späteren Phase der Therapie ist es dann vielleicht nur noch nötig, in der Sitzung mit dem Patienten die wichtigsten Themen seines Gesprächs mit einer anderen Bezugsperson durchzugehen und den ganzen weiteren Ablauf ihm selbst zu überlassen. Oberstes Ziel bei diesem Vorgehen ist die Verbesserung der Angst- und Spannungstoleranz und die Förderung der Autonomie des Patienten.

Bei der Schilderung der relativ aktiven Rolle, die der Psychotherapeut bei dem von mir gewählten Vorgehen in der sozialen Realität des Patienten spielt, mögen sich die Leserinnen und Leser gefragt haben, ob es nicht sinnvoll sei, wie bei der Behandlung anderer Patienten die Rollen strikt zu trennen: auf der einen Seite Mitarbeiter, die für die »sozialarbeiterische« Dimension zuständig sind, auf der anderen Seite der Psychotherapeut, der sich weitgehend auf die Bearbeitung der intrapsychischen Probleme beschränkt. Ein solches Vorgehen bietet zweifellos den Vorteil, dass die Übertragungs- und Gegenübertragungsverhältnisse wesentlich übersichtlicher sind und der Psychotherapeut sich auf das Gebiet beschränkt, für das er ausgebildet ist, und sich nicht auf ein Arbeitsfeld begibt, auf dem er letztlich doch immer mehr oder weniger Dilettant bleibt. Außerdem sprechen für die Aufteilung der Rollen mitunter auch die institutionellen Strukturen, in denen die verschiedenen Vertreter sozialer Berufe arbeiten.

Ohne Zweifel kann man in fruchtbarer Weise mit den im vorliegenden Buch geschilderten Patienten arbeiten, indem man sozialarbeiterische, pädagogische und sonstige soziale Angebote strikt von den psychotherapeutischen Funktionen im engeren Sinne trennt. Die Gefahr besteht allerdings, wie oben beschrieben, darin, dass die Vertreterinnen und Vertreter der verschiedenen Berufsgruppen gegeneinander ausgespielt werden und die bei diesen Patienten ohnehin schon stark ausgeprägten Spaltungstendenzen durch das soziale Feld noch verstärkt werden. Sinnvoll ist ein solches Vorgehen hingegen überall dort, wo Spaltungen der Patientinnen und Patienten im therapeutischen Team aufgefangen und durch integrative, im Team ablaufende Prozesse (nicht zuletzt auch im Rahmen der Teamsupervision) wieder rückgängig gemacht werden können. In einem solchen Fall stellt die Trennung der therapeutischen Rolle von den Funktionen anderer Berufsgruppen kein Problem dar.

Da die Behandlung aggressiver Patienten mit dissozialen Fehlentwicklungen vielfach aber nicht im Rahmen eines therapeutischen Teams stattfindet, sondern Mitarbeiterinnen und Mitarbeiter verschiedener Institutionen beteiligt sind, erscheint es mir wichtig, dass der Therapeut sich bei ihnen nicht auf die psychotherapeutischen Funktionen im traditionellen Sinne beschränkt. Auch wenn er selbstverständlich nicht alle Aktivitäten selbst ausüben kann (dies wäre aus Zeitgründen und wegen mangelnder Kompetenz gar nicht möglich und aus therapeutischen Gründen auch nicht sinnvoll), sollte er im ganzen Netz der Betreuer doch wenigstens die Person sein, die für eine gewisse Koordination der verschiedenen Aktivitäten sorgt und sich auch nicht scheut, einen Teil der sozialen Probleme selbst mit dem Patienten zu bearbeiten. Solche konkreten Situationen ermöglichen sehr gut einen Einstieg in die psychotherapeutische Arbeit im engeren Sinne.

Neben diesen Argumenten spricht noch ein weiterer rein psychotherapeutischer Gesichtspunkt dafür, dass der Therapeut sowohl Vertreter der äußeren Realität ist und an den Problemen dieses Bereichs arbeitet als auch psychotherapeutische Arbeit im traditionellen Sinne leistet: Da der Psychotherapeut sich bei einer strikten Trennung der Funktionen vorwiegend um die »Innenwelt« des Patienten kümmert, sich bemüht, die Gefühle des Patienten und die Motive seines Handelns zu ergründen und sich so weit wie möglich empathisch auf ihn einzustimmen, kommt er leicht in die Rolle eines »nur guten« Objekts. Dies gilt umso mehr, als der dissoziale Patient aufgrund seiner beschriebenen Psychodynamik in starkem Maße dazu neigt, jegliche Aggression möglichst aus der Beziehung zum Therapeuten herauszuhalten. Demgegenüber geraten die Mitarbeiterinnen und Mitarbeiter von Sozialdienststellen oder anderen Institutionen sehr schnell in die Rolle eines »nur bösen« Objekts. Im Gegensatz zum geduldigen, einfühlsamen, den Patienten stets verstehenden Therapeuten sind sie dann zwangsläufig die »Bösen«, die den Patienten mit den unangenehmen Dingen seiner desolaten sozialen Realität konfrontieren, Forderungen an ihn stellen, deren Erfüllung ihm aus den verschiedensten psychodynamischen und ich-strukturellen Gründen Mühe macht bzw. wogegen heftige Widerstände mobilisiert werden. Die Vertreter anderer sozialer Berufe können auf diese Weise vom Patienten leicht zu gehassten Über-Ich-Trägern gemacht werden, gegen die er seine Aggression entlädt. Dabei muss man sich darüber klar sein, dass die Aggression zu einem großen Teil nicht eigentlich diesen Personen gilt, sondern aus der therapeutischen Beziehung resultiert, dort aber latent bleibt und per Spaltung und Projektion auf die »bösen« anderen gerichtet und an ihnen ausgelebt wird. Die Entwicklung einer solchen Übertragung (mit der entsprechenden Gegenübertragung) wird meiner Ansicht nach durch eine strikte Trennung zwischen psychotherapeutischen und sozialarbeiterischen Funktionen sehr begünstigt.

Ist der Therapeut hingegen in der von mir beschriebenen Weise sowohl Vertreter der sozialen Realität mit ihren (zum Teil sehr unangenehmen) Forderungen als auch der einfühlsame, sich für die hintergründige Dynamik des Patienten interessierende Psychotherapeut, so wirkt schon allein ein solches Setting den Spaltungstendenzen entgegen. Damit verbindet sich ein zweiter, mindestens ebenso gewichtiger Grund: Das beschriebene bifokale Vorgehen verringert außerdem die Gefahr, dass der Patient die Dimension der Aggression aus der therapeutischen Beziehung ausklammert. Es kommt bei einem solchen Setting zwischen Patient und Therapeut viel eher zu Konfrontationen, die zu aggressiven Reaktionen des Patienten führen – und damit ist die für die Behandlung dieser Menschen so zentrale Dimension der Aggression in der Beziehung manifest geworden und kann zum Gegenstand des therapeutischen Gesprächs gemacht werden. Bei einem solchen Vorgehen besteht auch weniger die Gefahr, dass der Therapeut sich über das Ausmaß und die Intensität der Aggression des Patienten täuscht, eine Gegenübertragungskonstellation, die in einem traditionellen psychotherapeutischen Setting leicht entstehen kann.

Das Fazit der hier erörterten Überlegungen lautet für mich, dass ein Setting, in dem der Psychotherapeut sowohl therapeutische Funktionen im engeren Sinne als auch sozialpädagogische Aufgaben übernimmt, zwar nicht unproblematisch ist, aber ein solches Vorgehen bietet in therapeutischer Hinsicht viele Vorteile und wird den spezifischen Bedürfnissen dieser Patienten viel eher gerecht, so dass es mir die diesen Menschen angemessene Behandlungsform zu sein scheint. Wichtig dabei ist, dass der Psychotherapeut stets bifokal vorgeht, d. h. von den konkreten sozialen Problemen ausgeht und zugleich die Ich- und Über-Ich-Störungen, die narzisstischen Probleme und den psychodynamischen Hintergrund berücksichtigt.

Das von mir geschilderte Vorgehen enthält zwar eine Reihe von Elementen der Therapiekonzepte, die Kernberg (1978) und andere Autoren (z. B. Grinker et al. 1968; Gunderson 1984, 1989; Masterson, 1976) bei früh gestörten Patienten anwenden: etwa die

Arbeit an den archaischen pathologischen Abwehrformationen, möglichst frühzeitige Deutung negativer Übertragungsanteile, allerdings nur im Hier und Jetzt, keine Interpretation der positiven Übertragung und Kontrolle des Agierens des Patienten (s. auch Mertens 1990; Rohde-Dachser 1983). Eine erhebliche Abweichung gegenüber diesen Therapieformen besteht jedoch vor allem insofern, als ich es bei den geschilderten Patienten für unbedingt notwendig erachte, dass der Psychotherapeut bei ihnen die soziale Dimension wesentlich stärker in die Behandlung einbezieht.

Angesichts ihrer vielfältigen sozialen Probleme können wir uns bei diesen Menschen nicht auf die Bearbeitung der intrapsychischen Konflikte beschränken, sondern müssen, wie ich es am Beispiel der geschilderten Patienten gezeigt habe, im Sinne meines bifokalen Behandlungskonzepts vor allem zu Beginn der Behandlung von den sozialen Problemen ausgehen und zum Teil sogar manifeste Hilfe bei ihrer Lösung leisten (und damit die technische Neutralität weiter einschränken, als dies nach den Konzepten der oben genannten Autoren üblich ist). Insofern nehmen die Psychotherapeutinnen und -therapeuten in meinem Konzept – im Unterschied zur klassisch-psychoanalytischen Behandlung und zu den Therapiestrategien, wie sie bei früh gestörten Patienten sonst angewendet werden – eine wesentlich aktivere, direkt im sozialen Feld intervenierende Rolle ein. Mit dem aus der sozialen Realität stammenden Material kann dann jedoch durchaus psychoanalytisch im engeren Sinne (d.h. an Widerstand, Übertragung und pathologischer Abwehr) gearbeitet werden, wie das ja auch die Arbeiten zur psychoanalytischen Pädagogik zeigen.

Ein Unterschied zum Kernbergschen Vorgehen bei Borderline-Patienten besteht auch im Hinblick auf den therapeutischen Umgang mit »*agierendem*« *Verhalten*. Wie an den verschiedenen Beispielen dargestellt, verstehe ich das impulsive Handeln dieser Patientinnen und Patienten als Ausdruck ihrer innerseelischen Konflikte und suche es im Sinne Lorenzers (1973) szenisch zu verstehen und darauf in Form eines fördernden Dialogs (Leber 1988) zu reagieren. Aufgrund dieses theoretischen Verständnisses und angesichts der weitgehenden Unfähigkeit solcher Menschen, auf diesen »Erhaltungsmechanismus« (Mahler 1972) ohne weiteres zu verzichten, gehe ich im Hinblick auf *Grenzsetzung* nicht so strikt vor, wie es bei anderen Patienten (mit höherem Funktionsniveau im Sinne Kernbergs) indiziert ist. Auch in dieser Hinsicht müssen wir das therapeutische Setting an die spezifische Art der Störung, welche diese Patienten zeigen, anzupassen versuchen und insbesondere in der ersten Therapiephase etwas mehr Flexibilität aufbringen, ohne dabei aber konzeptlos zu arbeiten.

Gehen wir in der beschriebenen Weise vor, so ist eine psychotherapeutische Arbeit mit aggressiv-dissozialen Patienten, mit Kindern und Jugendlichen ebenso wie mit Erwachsenen, jedoch sehr wohl möglich, und wir müssen nach meiner Erfahrung die Prognose bei diesen Patienten keineswegs so düster sehen, wie Kernberg (1989b) sie mit den Worten schildert: »Bei der antisozialen Persönlichkeit ist die Prognose für alle psychoanalytisch fundierten Behandlungsformen außerordentlich ungünstig, und man sollte sie wahrscheinlich gar nicht mit den üblichen Formen der Psychotherapie behandeln« (S. 249).

Das von mir angewendete bifokale Vorgehen, d.h. der starke Einbezug der sozialen Realität bei gleichzeitiger psychoanalytischer Arbeit im engeren Sinne, sei noch an einer Episode aus der Behandlung eines mehrfach straffällig gewordenen jungen Mannes dargestellt. Der Patient litt unter einer schweren Legasthenie und vermochte aus diesem Grund praktisch kein Wort richtig zu schreiben. In einer Sitzung bat er mich, ihm bei einem Bewerbungsschreiben behilflich zu sein. Da er nach der Entlassung aus der Haft bereits längere Zeit arbeitslos war und sich nun die Chance einer Anstellung bot, erklärte ich mich bereit, die Bewerbung für ihn mit der Schreibmaschine zu schreiben. Der Patient lehnte sich daraufhin – in einer grandiosen Geste – in seinem Stuhl zurück und diktierte mir als seinem »Sekretär«, wie er lachend sagte, den Brief. Anschließend betonte er mehrmals, wie dankbar er mir für die Hilfe sei, und er verwies immer wieder darauf, wie wohl er sich in der Therapie bei mir fühle.

Diese Episode muss unter drei Aspekten verstanden werden: Bei Betrachtung der sozialen Ebene kann man sagen, dass sich der

Patient wegen seiner Legasthenie tatsächlich in Not befand und deshalb auf eine konkrete Unterstützung angewiesen war. Im Hinblick auf die narzisstische Störungskomponente lag hinter seiner Bitte um Hilfe und in seinem Verhalten dabei der Versuch, seine Insuffizienzgefühle durch einen narzisstischen Triumph zu kompensieren. Er genoss sichtlich die grandiose Manipulation, die darin lag, mir als seinem »Sekretär« einen Brief zu diktieren. Auf der Übertragungsebene schließlich wurden in seinen verbalen Äußerungen starke idealisierende Tendenzen sichtbar. Wie in der Einleitung ausgeführt, muss man bei diesen Menschen mit starken aggressiven Impulsen rechnen, vor deren Manifestation sie sich jedoch durch den Einsatz ihrer archaisch-pathologischen Abwehrformationen (wie Spaltung, Projektion, Idealisierung usw.) zu schützen versuchen. Es ist aus diesem Grund von zentraler Bedeutung, die negativen Übertragungsanteile sorgfältig zu beachten und möglichst frühzeitig anzusprechen. Idealisierungen, wie der Patient sie in der beschriebenen Episode erkennen ließ, sind besonders wichtige Indikatoren für diese Abwehr der latenten aggressiven Impulse.

Ich habe deshalb in meiner Intervention darauf hingewiesen, dass der Patient verständlicherweise froh über meine Hilfe sei. Ich könne mir jedoch vorstellen, dass er daneben auch »bittere« (aggressive) Gefühle mir gegenüber hege und sich vielleicht sogar durch meine Unterstützung gekränkt fühle. Diese Hinweise thematisieren zum einen die oft ausgeprägten Neid-Impulse dieser Patienten gerade den Menschen gegenüber, die etwas für sie tun. Zum andern sollte auch die narzisstische Dimension, die in dieser Situation eine wesentliche Rolle spielte, angesprochen werden. Die Deutung der Übertragung wurde strikt auf das hic et nunc der aktuellen therapeutischen Situation beschränkt und diente hier vor allem der Klärung der negativen Übertragungsanteile. Würden diese nicht ausdrücklich angesprochen, so bestünde bei einem stützenden Vorgehen, wie ich es geschildert habe, die große Gefahr, dass die aggressiven Impulse (z. B. mittels Idealisierung) ganz aus der therapeutischen Interaktion ausgeklammert würden und damit latent blieben – mit der Konsequenz, dass es beim Patienten zu einem immer größer werdenden untergründigen Aggressionsstau und daraus resultierenden Schuldgefühlen käme.

Der Patient reagierte auf meine Intervention zunächst irritiert, wies dann aber darauf hin, er habe bei meiner Hilfe tatsächlich solch ein »bitteres« Gefühl verspürt, als ihm klar geworden sei, dass ich für das Bewerbungsschreiben nur wenige Minuten benötigt hätte, während er trotz stundenlangen Bemühens nie einen fehlerfreien Brief zustande gebracht hätte. Obwohl hier noch keine umfassende Klärung und Interpretation der negativen Übertragungsanteile erfolgte, war das Thema »Aggression«, die sich auch in unserer Beziehung artikulierte, doch zumindest einmal genannt und vom Patienten durch seine Antwort auch prinzipiell anerkannt worden.

Dieses Beispiel zeigt, dass es in der Behandlung sehr wohl möglich ist, die soziale Realität ernst zu nehmen und die Patienten in dieser Hinsicht auch durchaus aktiv zu unterstützen, dass der Therapeut zugleich aber auch – im strengen psychoanalytischen Sinne – an Widerstand und Übertragung (hier vor allem an der Abwehr negativer Übertragungsanteile) arbeiten kann. Dabei habe ich mich ausdrücklich auf das hic et nunc der therapeutischen Situation beschränkt und die Übertragungsmanifestationen nicht auf dem Hintergrund der Psychogenese dieses Patienten gedeutet (was allerdings in späteren Phasen der Therapie durchaus geschehen kann).

Im Zusammenhang mit der beschriebenen Arbeit an der pathologischen Abwehr (hier vor allem an der Idealisierung) einerseits und der Übertragung (insbesondere den negativen Übertragungsanteilen) andererseits ist auf eine spezifische Gegenübertragungskonstellation hinzuweisen: Man stelle sich vor, ich wäre dem vom Patienten geäußerten Wunsch nachgekommen und hätte den Brief für ihn geschrieben, ohne zugleich die negative Übertragung anzusprechen. In diesem Fall hätte er vermutlich im Gefühl des narzisstischen Triumphes geschwelgt, überzeugt von der Allmacht seiner manipulativen Tendenzen. Zur Abwehr der latent gebliebenen Aggression hätte er seine Idealisierungstendenzen noch weiter verstärkt, und ich wäre im bewussten Erleben des

Patienten und auf der manifesten Ebene unserer Interaktion der »verständnisvolle, hilfreiche Therapeut« gewesen.

Eine solche Rollenzuschreibung wäre indes nicht nur für ihn, sondern auch für mich als Therapeut verhängnisvoll gewesen. Wir sollten uns nicht darüber täuschen, dass ein solches uns durch die Übertragung des Patienten angebotenes Bild außerordentlich verführerisch ist, zumal diese Patienten über eine mitunter große intuitive Fähigkeit verfügen, die narzisstische Position ihres Therapeuten wahrzunehmen und für ihre Zwecke zu nutzen (vgl. Manfreds Bitte um eine Entschuldigung für den Lehrer mit dem »Bestechungs«versuch, sich mir als ein besonders »braver«, für die Behandlung hoch motivierter Patient zu präsentieren). Durch den Einsatz weiterer archaischer Abwehroperationen wie Spaltung, Projektion und Entwertung wäre es dem Patienten leicht möglich gewesen, mir in dieser oder einer nächsten Sitzungen etwa von den Mitarbeitern einer anderen Institution ein Bild zu vermitteln, das sie als völlig unsensible, unangemessen fordernde, ihm in seiner Hilfsbedürftigkeit nicht gerecht werdende Personen hätte erscheinen lassen. Je versagender sie in seiner Schilderung erschienen wären – und in Realität vielleicht sogar gewesen wären –, desto größer wäre die Diskrepanz zu dem Idealbild geworden, das er von mir entworfen hatte. Schließlich hätten sich zwei konträre Bilder gegenübergestanden: auf der einen Seite der »gute« Therapeut, auf der anderen Seite die »bösen« Vertreter einer anderen Institution.

Verhängnisvollerweise liefert die soziale Realität Menschen wie diesem Patienten oft eine Fülle von Material, mit dessen Hilfe sie ihre Projektionen validieren und ihre Spaltungen, Idealisierungen und Entwertungen aufrechterhalten können. Dies geschieht zum Teil infolge der Manipulationen, durch welche sie ihre Umgebung zu einem bestimmten Verhalten provozieren. Zum Teil reagieren Bezugspersonen aber auch von sich aus tatsächlich unangemessen hart und fordernd und bestätigen damit die Erwartungen dieser Patienten.

In der beschriebenen Situation liegt das Problem vor allem darin, dass hier Übertragung und Gegenübertragung wie Schloss und Schlüssel ineinander greifen und Patient und Therapeut gleichermaßen »zufrieden« sind. Auf Seiten des Patienten besteht die »Zufriedenheit« in der – zumindest im Augenblick gelungenen – Abwehr seiner aggressiven Impulse, wozu nach meiner Erfahrung vor allem erwachsene Patienten in starkem Maße neigen, wenn sie sich auf eine therapeutische Beziehung eingelassen haben (Ursache dieser Aggressionsabwehr dürfte vor allem ihre große Angst vor der Zerstörung ihrer fragilen »guten« inneren Teilobjekte durch ein Überflutetwerden von aggressiven Impulsen sein). Auf Seiten des Therapeuten besteht die »Zufriedenheit« in der – ebenfalls zumindest im Moment gelungenen – Ausblendung der vielleicht auch ihn ängstigenden aggressiven Dynamik. Da ein solcher Patient dem Therapeuten in der Regel ohne Mühe eine Fülle von »Beweisen« für die Härte und mangelnde Empathie der anderen Bezugspersonen liefern kann, besteht die Gefahr, dass der Therapeut sich diese Sicht über kurz oder lang zu eigen macht und damit die Spaltungstendenzen des Patienten verstärkt. Zu einer solchen Entwicklung, bei welcher der Therapeut schließlich selbst den Mechanismus der Spaltung einsetzt, kommt es umso mehr, wenn der Therapeut – bei einem traditionellen Setting – keinerlei Kontakt zu anderen Bezugspersonen des Patienten hat und seine Sicht deshalb auch nicht durch eine Konfrontation mit der sozialen Realität korrigieren kann.

So paradox es erscheinen mag: Der Psychotherapeut aggressiver Patienten sollte nach meiner Erfahrung die augenblickliche Übertragungs-Gegenübertragungs-Konstellation immer dann besonders kritisch reflektieren, wenn er sich im Umgang mit einem Patienten »sehr wohl« fühlt und unter dem Eindruck steht, es bestehe eine »sehr harmonische Beziehung« zwischen ihnen (Rauchfleisch 1991, 1999). Eine solche Formulierung sollte nicht in dem Sinne missverstanden werden, als ob es nicht auch in der Psychotherapie solcher Patienten Zeiten gäbe, in denen eine gewisse Ruhe eintritt und die Aggressionsthematik in den Hintergrund rückt. Gewiss finden sich solche Phasen, und sie erscheinen mir zur Konsolidierung der Beziehung zwischen Patient und Therapeut und als »Verschnaufpausen« in der therapeutischen Arbeit auch wichtig. Angesichts der zentralen Aggressionsproblematik dieser Menschen und in Anbetracht ihrer pathologischen Abwehr sollte der Therapeut aber immer wieder prüfen, ob es solche »produktiven Pausen« sind oder Manifestationen einer besonders intensiven Aggressionsabwehr, an der er durch seine Gegenübertragung ursächlich mitbeteiligt ist.

Selbst wenn der Therapeut in einer bestimmten Situation aus psychodynamischen und behandlungstechnischen Gründen auf eine direkte Bearbeitung der Aggressionsabwehr verzichtet, ist es von ausschlaggebender Bedeutung, dass er sich der momentanen Übertragungsdisposition des Patienten *bewusst* wird. Damit ist bereits die größte Gefahr gebannt, nämlich die Entwicklung eines korrespondierenden, unbewusst bleibenden Gegenübertragungsgefühls. Nicht selten habe ich erlebt, dass die sorgfältige Analyse meiner Gegenübertragung und die in mir stattfindende Reflexion der Übertragungsdisposition des Patienten bei diesem zu einer Änderung seines Verhaltens führte, ohne dass die Übertragung explizit in der Therapie thematisiert worden wäre. Dieses Phänomen wird leicht dadurch verständlich, dass gerade in der Psychotherapie von Menschen mit schweren Persönlichkeitsstörungen beim Therapeuten zumindest phasenweise eine starke empathische Regression stattfindet, in der es zu einem intensiven Gefühlsaustausch zwischen Patient und Therapeut kommt. In diesem Zustand stellt mitunter die im Therapeuten ablaufende Reflexion und das in seinem psychischen Innenraum sich formende Bild vom Patienten eine Art averbale Intervention auf empathischer Ebene dar.

ERGEBNIS UND AUSBLICK
(Udo Rauchfleisch)

Aggressive Menschen, Kinder, Jugendliche wie Erwachsene, mit denen wir in Schule, Heim und psychotherapeutischer Sprechstunde zusammentreffen, stellen uns immer wieder vor große Probleme. Diese sind eigentlich nur zu einem kleineren Teil theoretischer und behandlungstechnischer Art. Uns liegen, wie Evelyn Heinemann im ersten Beitrag dieses Bandes gezeigt hat, heute differenzierte psychoanalytische Überlegungen zur Entwicklung und Psychodynamik aggressiver Menschen vor, und es sind unter verschiedenen theoretischen Gesichtspunkten (Triebtheorie, psychoanalytische Ich-Psychologie, Objektbeziehungstheorie, Narzissmuskonzepte) wirkungsvolle Behandlungsmodelle entwickelt worden. Die Hauptschwierigkeiten, die wir im Umgang mit aggressiven Menschen erfahren, haben ihren Ursprung in den Gefühlen, die sie in uns auslösen, in unserer Gegenübertragung. Aggressives Verhalten wirkt vielfach ausgesprochen provokativ auf die Umgebung, und auch Erzieher, Lehrer und Psychotherapeuten geraten mit ihren Klienten oft unversehens in eine verhängnisvolle Macht-Ohnmacht-Spirale mit wechselnden Rollen.

Die negativen Gegenübertragungsreaktionen auf aggressive Menschen sind zum Teil so stark, dass sie sich auch in der Fachliteratur niederschlagen. So äußert sich beispielsweise Kernberg (1989b) – um nur einen Exponenten der zeitgenössischen Psychoanalyse zu nennen – ausgesprochen skeptisch über die psychoanalytische Therapie dissozialer Menschen mit starken aggressiven Tendenzen und verweist in dem zitierten Werk und anderen Publikationen immer wieder darauf, dass bei antisozialen Persönlichkeiten psychoanalytisch orientierte Behandlungen kontraindiziert seien. Wenn man sich bei solchen Menschen überhaupt auf eine Psychotherapie einlassen wolle, so sei allenfalls eine stützende Behandlung sinnvoll.

Die Autoren dieses Buches suchen eine Brücke zwischen Pädagogik und Psychoanalyse herzustellen. Wie wir anhand der verschiedenen Praxisfelder von Schule, Heim und Psychotherapie dargestellt haben, bedarf es dabei jeweils spezifischer Modifikationen, welche durch die institutionellen Rahmenbedingungen und die Altersstufe der Klienten bestimmt sind. Die Kombination des psychoanalytischen und des pädagogischen Ansatzes, der traditionell die Auseinandersetzung und Konfrontation mit der Realität stärker in den Mittelpunkt stellt, scheint uns äußerst fruchtbare konzeptionelle Bedingungen zu schaffen, welche aggressiven Menschen in besonderer Weise gerecht werden. Als hilfreich für den Umgang mit aggressiven Menschen haben sich, wie wir an verschiedenen Beispielen gezeigt haben, etwa die Konzepte des szenischen Verstehens (Lorenzer 1973, 1983) und des fördernden Dialogs (Leber 1988) erwiesen, die sich bei Kindern und Jugendlichen ebenso wie bei Erwachsenen anwenden lassen und zu einem vertieften Verständnis der Klienten führen. Die psychoanalytischen Konzepte stellen insbesondere auch insofern eine wesentliche Hilfe für Pädagogen und Therapeuten dar, als sie zu einer Reflexion der Interaktionsprozesse anregen und damit der Entwicklung eines aggressiven Gegenagierens entgegenwirken.

Es ist ein besonderes Anliegen der Autoren, mit ihren Ausführungen zu zeigen, dass der pädagogische und psychotherapeutische Umgang mit aggressiven und teils dissozialen Menschen oftmals zwar schwierig ist, dass uns heute aber Verständnismodelle und Therapiekonzepte zur Verfügung stehen, die eine effiziente pädagogische und therapeutische Arbeit ermöglichen. Möge dieses Buch allen, die sich auf diese schwierigen Beziehungen einlassen, eine Hilfe bei ihrer Arbeit sein.

LITERATURVERZEICHNIS

Aichhorn, A. (1971): Verwahrloste Jugend. Die Psychoanalyse in der Fürsorgeerziehung, Bern, Erstausgabe 1925
Bach, H. (1984a): Schulintegrierte Förderung bei Verhaltensauffälligkeit, Mainz
- (1984b): Verhaltensauffälligkeiten in der Schule, Mainz

Balint, M. (1939): Ichstärke, Ichpädagogik und »Lernen«. In: J. Cremerius (Hrsg.), Psychoanalyse und Erziehungspraxis, Frankfurt/M. 1971
Battegay, R. (1977): Narzissmus und Objektbeziehungen. Über das Selbst zum Objekt, Bern
Bauriedl, Th. (1985): Psychoanalyse ohne Couch: Zur Theorie und Praxis der Angewandten Psychoanalyse, München-Wien-Baltimore
- (1994): Auch ohne Couch. Psychoanalyse als Beziehungstheorie und ihre Anwendungen, Stuttgart
- (2001): Wege aus der Gewalt. Die Befreiung aus dem Netz der Feindbilder, Freiburg im Breisgau

Becker, S. u. Stillke, C. (1987): Von der Bosheit der Frau. In: C. Brede u. a., Befreiung zum Widerstand. Aufsätze zu Feminismus, Psychoanalyse und Politik, Frankfurt/M.
Becker, U. (2001): Zur Integration und sonderpädagogischen Förderung von Schülern mit dem Förderschwerpunkt »emotionale und soziale Entwicklung«, Zeitschrift für Heilpädagogik 51, 13–21
Bettelheim, B. (1975): Die symbolischen Wunden, München
- (1977): Kinder brauchen Märchen, Stuttgart

Blanck, G. u. Blanck, R. (1978): Angewandte Ich-Psychologie, Stuttgart
Brusten, M. u. Müller, S. (1972): Kriminalisierung durch Instanzen sozialer Kontrolle. Analyse von Akten des Jugendamtes, Neue Praxis 2, 174–188
Bryer, J., Nelson, B., Miller, H., Krol, P. (1987): Childhood sexual and physical abuse as factors in adult psychiatric illness. Amer. J. Psychiat. 144, 1426–1430.
Chasseguet-Smirgel, J. (1974): Die weiblichen Schuldgefühle. In: dies. (Hrsg.), Psychoanalyse der weiblichen Sexualität, Frankfurt/M.
Chodorow, N. (1985): Das Erbe der Mütter. Psychoanalyse und Soziologie der Geschlechter, München

Ciompi, L. (1982): Affektlogik, Stuttgart

Clos, R. (1982): Delinquenz – ein Zeichen von Hoffnung?, Frankfurt/M.

- (1987): Wer braucht eine Monsterschule? In: H. Reiser u. H. G. Trescher, Wer braucht Erziehung? Impulse der Psychoanalytischen Pädagogik, Mainz

Datler, W. (1985): Psychoanalytische Repräsentanzenlehre und pädagogisches Handeln. Zu Zulligers Methode der »deutungsfreien Kinderpsychotherapie« und deren möglichen Relevanz für Pädagogik. In: G. Bittner u. Ch. Ertle (Hrsg.), Pädagogik und Psychoanalyse, Würzburg

- (Hrsg.) (1987): Verhaltensauffälligkeit und Schule. Konsequenzen von Schulversuchen für die Pädagogik der »Verhaltensgestörten«, Frankfurt/M.

Deppe-Wolfinger, H. u. a. (1990): Integrative Pädagogik in der Grundschule, München

Dornes, M. (1997): Die frühe Kindheit. Entwicklungspsychologie der ersten Lebensjahre, Frankfurt/M.

Eberwein, H. (Hrsg.) (1988): Behinderte und Nichtbehinderte lernen gemeinsam. Handbuch der Integrationspädagogik, Weinheim u. Basel

Einsele, H. (1982): Wandelt sich die weibliche Kriminalität? In: W. T. Haesler, Weibliche und männliche Kriminalität, Diessenhofen

Eissler, K. R. (1953): The effect of structure of the ego on psychoanalytic technique, J. Am. Psychoanal. Assoc. 1, 104–143

Eron, L., Huesmann, R., Zelli, A. (1991): The Role of Parental Variables in the Learning of Aggression. In: D. Pepler, K. Rubin (Hrsg.): The Development and Treatment of Childhood Aggression. 169–188. Hillsdale/New Jersey.

Fairbairn, W. D. (1952): Psychoanalytic Studies of the Personality, London

Farrington, D. (1991): Childhood Aggression and Adult Violence: Early Precursors and Later Life Outcome. In: D. Pepler, K. Rubin (Hrsg.): The Development and Treatment of Childhood Aggression. 5–29. Hillsdale/New Jersey.

Fatke, R. (1988): Das Life Space Interview (Fritz Redl) – ein therapeutischer Dialog zwischen Erzieher und verhaltensauffälligem Kind. In: G. Iben (Hrsg.), Das Dialogische in der Heilpädagogik, Mainz

Fetscher, R. (1981): Das Selbst und das Ich, Psyche 7, 616–641

Fonagy, P., Moran, G., Target, M. (1993): Aggression and the psychological self. Int. J. Psycho-Anal. 74, 471–485.

Freud, A. (1936): Das Ich und die Abwehrmechanismen, Neuausgabe München 1964

- (1972): Comments on aggression. Int. J. Psychoanal. 63, 163–173
Freud, S. (1905): Drei Abhandlungen zur Sexualtheorie, Gesammelte Werke (GW) Bd. V, S. Fischer, Frankfurt/M.
- (1911): Formulierungen über die zwei Prinzipien des psychischen Geschehens, GW, Bd. VIII
- (1914): Zur Einführung des Narzissmus, GW, Bd. X
- (1915): Triebe und Triebschicksale, GW, Bd. X
- (1916): Trauer und Melancholie, GW, Bd. X
- (1920): Jenseits des Lustprinzips, GW, Bd. XIII
- (1923): Das Ich und das Es, GW, Bd. XIII
- (1930): Das Unbehagen in der Kultur, GW, Bd. XIV
- (1933): Die Weiblichkeit, GW, Bd. XV

Gerspach, M. (1990): Vom falschen Pathos der Fraternisierung. Oder: Wie Integration an ihren inneren Widersprüchen zu scheitern droht, Jahrbuch für Psychoanalytische Pädagogik Bd. 2, Mainz

Goetze, H. u. Neukäter, H. (Hrsg.) (1989): Pädagogik bei Verhaltensstörungen. Handbuch der Sonderpädagogik, Band 6, Berlin

Greenacre, P. (1960): Considerations Regarding the Parent-Infant Relationship. In: P. Greenacre (1971): Emotional Growth. Psychoanalytic Studies of the Gifted and a Great Variety of Other Individuals. Vol. 1, 199–224. New York.

Grinker, R. R., Werble, D., Drye, R. C. (1968): The Borderline Syndrome, New York

Grissemann, H. (1989): Lernbehinderung heute, Bern

Gunderson, J. G. (1984): Borderline Personality Disorder, Washington
- (1989): Borderline Personality Disorders. In: H. I. Kaplan, B. J. Sadock (Hrsg.): Comprehensive Textbook of Psychiatry, Bd. II., 5. Auflage, 1387–1395, Baltimore

Guntrip, H. (1968): Schizoid Phenomena. Object-Relations and the Self, London

Hartmann, H. (1939): Ich-Psychologie und Anpassungsproblem, in: Internationale Zeitschrift für Psychoanalyse 24, 62–135

Havers, N. (1978): Erziehungsschwierigkeiten in der Schule. Klassifikation, Häufigkeit, Ursachen und pädagogisch-therapeutische Maßnahmen, Weinheim u. Basel

Heinemann, E. (1998): Hexen und Hexenangst. Eine psychoanalytische Studie des Hexenwahns der frühen Neuzeit, Göttingen
- (1995): Die Frauen von Palau. Zur Ethnoanalyse einer mutterrechtlichen Kultur, Frankfurt/M.
- (1996): Aggression. Verstehen und bewältigen, Heidelberg, Berlin

- (1997): Das Erbe der Sklaverei. Ethnopsychoanalytische Studie in Jamaika, Frankfurt/M.
- (2003): Psychoanalytische Gedanken zur Ausbildung der Deutschen Psychoanalytischen Vereinigung (DPV). In: F. Nyssen, P. Jüngst (Hrsg.), Kritik der Psychohistorie. Grenzen und Möglichkeiten eines psychologistischen Paradigmas, Gießen

Heinemann, E. und Hopf, H. (2001): Psychische Störungen in Kindheit und Jugend. Symptome – Psychodynamik – Fallbeispiele – psychoanalytische Therapie, Stuttgart

Herberth, F. u. Maurer, J. (Hrsg.) (1997): Die Veränderung beginnt im Therapeuten. Anwendungen der Beziehungsanalyse in der psychoanalytischen Theorie und Praxis. Wissen und Praxis 71, Frankfurt/M.

Herman, J., Perry, C., van der Kolk, B. (1989): Childhood trauma in borderline personality disorder. J. Psychiat. 146, 490–495.

Hopf, H. (1998): Aggression in der analytischen Therapie mit Kindern und Jugendlichen. Theoretische Annahmen und behandlungstechnische Konsequenzen, Göttingen

Jacobson, E. (1973): Das Selbst und die Welt der Objekte, Frankfurt/M., Erstausgabe 1964

Jonsson, G. (1967): Delinquent boys, their parents and grandparents, in: Acta Psychiatrica Scandinavia, Supp. 195 (ad Bd. 43, 167), Kopenhagen

Kernberg, O. F. (1978): Borderline-Störungen und pathologischer Narzissmus, Frankfurt/M.
- (1988): Innere Welt und äußere Realität. Anwendungen der Objektbeziehungstheorie, München-Wien
- (1989a): Objektbeziehungen und Praxis der Psychoanalyse, Stuttgart
- (1989b): Schwere Persönlichkeitsstörungen. Theorie, Diagnose, Behandlungsstrategien, Stuttgart
- (1995): An Interview with Otto Kernberg. Psychoanal. Dialogues 5, 325–363.

Kipp, H. (2001): Das Fehlen von Trauer in der Ätiologie von Verwahrlosung. In: V. Schmid (Hrsg.), Verwahrlosung, Devianz, antisoziale Tendenz. Stränge zwischen Sozial- und Sonderpädagogik, Freiburg

Klein, M. (1972): Das Seelenleben des Kleinkindes und andere Beiträge zur Psychoanalyse, Reinbek bei Hamburg, Erstausgabe 1962 (umfasst Schriften u. a. aus den 40er Jahren)
- (1985): Frühstadien des Ödipuskomplexes. Frühe Schriften 1928–1945, Frankfurt/M.

Kluge, K. J. (1974): Verhaltensauffälligkeiten in Grundschulen. Heilpädagogische Forschung, 5, 1–36

Kohut, H. (1973): Narzissmus, Frankfurt/M.
- (1975): Die Zukunft der Psychoanalyse, Frankfurt/M.
- (1981): Die Heilung des Selbst, Frankfurt/M.

Kury, H. u. Lerchenmüller, H. (Hrsg.) (1983): Schule, psychische Probleme und sozialabweichendes Verhalten – Situationsbeschreibung und Möglichkeiten der Prävention, München

Laplanche, J., Pontalis, J.-B. (1972): Das Vokabular der Psychoanalyse, Frankfurt/M.

Leber, A. (1971): Von der Fürsorgeerziehung zur Soziotherapie, Archiv für Wissenschaft und Praxis der sozialen Arbeit
- (1984): Beziehungsprobleme im pädagogischen Alltag – Überlegungen zur professionellen Erziehung. In: H. Rothenbucher und F. Wurst (Hrsg.), Zeig mir, wie das Leben geht, Salzburg
- (1985): Wie wird man »Psychoanalytischer Pädagoge«? In: G. Bittner u. Chr. Ertle (Hrsg.), Pädagogik und Psychoanalyse. Zur Geschichte, Theorie und Praxis einer interdisziplinären Kooperation, Würzburg
- (1986): Psychoanalyse im pädagogischen Alltag, Vom szenischen Verstehen zum Handeln im Unterricht. In: Westermanns Pädagogische Beiträge, 11, 14–19
- (1988): Zur Begründung des fördernden Dialogs in der psychoanalytischen Heilpädagogik. In: G. Iben (Hrsg.), Das Dialogische in der Heilpädagogik, Mainz
- (1989): Der Konstruktivismus Jean Piagets in seiner Bedeutung für Theorie und Praxis der Psychoanalyse. Vortrag bei der Jubiläumstagung der DGPPT am 7. 10. 1989 in Darmstadt

Leber, A. u.a. (1983): Reproduktion der frühen Erfahrung – Psychoanalytisches Verständnis alltäglicher und nicht alltäglicher Lebenssituationen, Frankfurt/M.

Lichtenberg, J. (1989): Psychoanalysis and Motivation. Hillsdale/London.
- (1992): Haß im Verständnis der Selbstpsychologie: Ein motivationssystemischer Ansatz. In: C. Schöttler, P. Kutter (Hrsg.): Sexualität und Aggression aus der Sicht der Selbstpsychologie. 48–76. Frankfurt/M.

Limentani, A. (1990): Aggression, Sexualität und der Todestrieb. In: Jahrbuch der Psychoanalyse, Bd. 26, 9–30. Stuttgart-Bad Cannstatt

Lorenzer, A. (1972): Kritik des psychoanalytischen Symbolbegriffs, Frankfurt/M.
- (1973): Sprachzerstörung und Rekonstruktion, Vorarbeiten zu einer Metatheorie der Psychoanalyse, Frankfurt/M.
- (1983): Sprache, Lebenspraxis und szenisches Verstehen in der psychoanalytischen Therapie, Psyche 37, 2, 97–115

Lyons-Ruth, K. (1996): Attachment relationships among children with aggressive behavior problems: The role of disorganized early attachment patterns. J. Consult. Clin. Psychol. 64, 64–73

Mahler, M. u. a. (1980): Die psychische Geburt des Menschen. Symbiose und Individuation, Frankfurt/M.

– (1972): Symbiose und Individuation, Bd.1, Stuttgart, Erstausgabe 1968

Masterson, J. F. (1976): Psychotherapy of the Borderline Adult, New York

Mentzos, St. (1984): Neurotische Konfliktverarbeitung, Frankfurt/M.

– (1988): Interpersonale und institutionalisierte Abwehr, Frankfurt/M.

Mertens, W. (1990): Psychoanalyse, 3. Aufl., Stuttgart

Mitscherlich, M. (1987): Die friedfertige Frau. Eine psychoanalytische Untersuchung zur Aggression der Geschlechter, Frankfurt/M.

Neidhardt, W. (1977): Kinder, Lehrer und Konflikte. Vom psychoanalytischen Verstehen zum pädagogischen Handeln, München

Ogden, Th. H. (1988): Die projektive Identifikation, Forum der Psychoanalyse 4, 1–21

Otto, K. (1970): Disziplin bei Mädchen und Jungen, Berlin

Paris, J. (1993) (Hrsg.): Borderline Personality Disorder. Washington DC

Petermann, F. u. Petermann, U. (1988): Training mit aggressiven Kindern, München-Weinheim

Petermann, F. (1995): Aggressives Verhalten. In: R. Oerter, L. Montada (Hrsg.): Entwicklungspsychologie. 3. Aufl., 1016–1023. Weinheim

Piaget, J. (1945): Nachahmung, Spiel und Traum. Die Entwicklung der Symbolfunktion beim Kinde, GW, Bd. V, Stuttgart 1975

– (1970): Abriß der genetischen Epistemologie, Stuttgart 1980

– (1978): Das Weltbild des Kindes, Stuttgart

Rauchfleisch, U. (1981): Dissozial. Entwicklung, Struktur und Psychodynamik dissozialer Persönlichkeiten, Göttingen

– (1989): Zur Persönlichkeit des kriminellen Schülers. In: S. Bäuerle (Hrsg.), Kriminalität bei Schülern, Bd. 1, Stuttgart

– (1990): Die Bedeutung des sozialen Umfeldes für die Psychotherapie von Borderlinepatienten auf »niederem Strukturniveau«, Forum der Psychoanalyse, 6, 175–186

– (1991): Begleitung und Therapie straffälliger Menschen, Mainz

– (1992): Allgegenwart von Gewalt, Göttingen

– (1996): Menschen in psychosozialer Not, Göttingen

– (1999): Außenseiter der Gesellschaft. Psychodynamik und Möglichkeiten zur Psychotherapie Straffälliger, Göttingen

– (2001a) Arbeit im psychosozialen Feld. Beratung, Begleitung, Psychotherapie, Seelsorge. UTB 2272, Göttingen

- (2001b): Schwule. Lesben. Bisexuelle. Lebensweisen, Vorurteile, Einsichten. 3. Aufl., Göttingen
Rauchfleisch, U., Frossard, J., Waser, G., Wiesendanger, K., Roth, W. (2002): Gleich und doch anders. Psychotherapie und Beratung von Lesben, Schwulen, Bisexuellen und ihren Angehörigen, Stuttgart
Redl, F. (1971): Erziehung schwieriger Kinder, München
Redl, F. u. Wineman, D. (1984): Kinder, die hassen, München
- (1986): Steuerung des aggressiven Verhaltens beim Kinde, München
Reiser, H. (1972): Identität und religiöse Einstellung, Grundlagen für einen schülerorientierten Religionsunterricht, Hamburg
- (1975): Aggressive Kinder. In: G. Iben (Hrsg.) Heil- und Sonderpädagogik, Kronberg
- (1987): Sonderschullehrer in hessischen Grundschulen. Ein Ansatz zu integrativer Arbeit bei Lern- und Verhaltensproblemen. In: W. Mutzeck (Hrsg.), Integration verhaltensgestörter Schüler, Weinheim
Rohde-Dachser, Ch. (1983): Das Borderline-Syndrom, Bern
- (1989a): Unbewusste Fantasie und Mythenbildung in psychoanalytischen Theorien über die Differenz der Geschlechter, Psyche 43. Jg., 3, 193–218
- (1989b): Abschied von der Schuld der Mütter, Praxis der Psychotherapie und Psychosomatik 34, 250–260
Roth, J. (1985): Hilfe für Helfer: Balint-Gruppen, München
Schäfer, G. E. (1986): Spiel, Spielraum und Verständigung. Untersuchungen zur Entwicklung von Spiel und Phantasie im Kindes- und Jugendalter, Weinheim u. München
- (1989): Spielphantasie und Spielumwelt. Spielen, Bilden und Gestalten als Prozesse zwischen Innen und Außen, Weinheim u. Basel
Schmidt, D. (1986): Zur Praxis der Aggression. In: Arbeiterwohlfahrt, Arbeitstagung Frühstörung in der sozialpädagogischen Praxis, Würzburg
Sechehaye, M. (1955): Die symbolische Wunscherfüllung, Bern
- (1974): Tagebuch einer Schizophrenen, Frankfurt/M.
Solnit, H. (1972): Aggression: A review on the theory building in psychoanalysis. J. Am. Psychoanal. Assoc. 20, 435–450
Speck, O. (1988): System Heilpädagogik. Eine ökologisch reflexive Grundlegung, München
Spitz, R. (1969): Vom Säugling zum Kleinkind. Naturgeschichte der Mutter-Kind-Beziehung im ersten Lebensjahr, Stuttgart
- (1974): Der Dialog entgleist. Reizüberlastung, Aktionszyklen und Ganzheitseffekt, Psyche 28, 135–156
Stechler, G. (1987): Clinical implications of a psychoanalytic systems model of assertion and aggression. Psychoanal. Inquiry 7, 348–363

- (1990): Psychoanalytic Perspectives on the Self During the Transition Period. In: D. Cicchetti, M. Beeghly (Hrsg.): The Self in Transition. Infancy to Childhood. 17–33, Chicago/London
Stechler, G., Halton, A. (1987): The emergence of assertion and aggression during infancy. A psychoanalytic systems approach. J. Am. Psychoanal. Assoc. 35, 821–838
Stern, D. (1995): The Motherhood Constellation. A Unified View of Parent-Infant Psychotherapy, New York
Thomä, H. (1990): Aggression und Destruktivität jenseits der Triebmythologie, in: Buchheim, P. u. Seifert, Th. (Hrsg.), Zur Psychodynamik und Psychotherapie von Aggression und Destruktion, Berlin-Heidelberg
Trescher, H. G. (1985): Theorie und Praxis der Psychoanalytischen Pädagogik, Frankfurt/M.
Waldinger, R. J. (1987): Intensive Psychodynamic Therapy with Borderline Patients: An Overview, Amer. J. Psychiatry 144, 267–274
Weber, J. Chr. (1988): Die Sprache des Abwesenden. Beiträge der Psychoanalyse Freuds und der genetischen Entwicklungspsychologie Piagets zum Verständnis der behinderten Lesefähigkeit, Heidelberg
Weiss, B., Dodge, K., Bates, J., Pettit, G. (1992): Some consequences of early harsh discipline: Child aggression and a maladaptive social information processing style. Child Developm. 63, 1321–1335
Winnicott, D. W. (1950): Die Beziehung zwischen Aggression und Gefühlsentwicklung. In: D. W. Winnicott (1976): Von der Kinderheilkunde zur Psychoanalyse, 89–109, München
- (1976): Von der Kinderheilkunde zur Psychoanalyse, München
- (1984): Reifungsprozesse und fördernde Umwelt, Frankfurt/M.
- (1987): Vom Spiel zur Kreativität, Stuttgart
- (1988): Aggression. Versagen der Umwelt und antisoziale Tendenz, Stuttgart
Wocken, H. u. Antor, G. (Hrsg.) (1987): Integrationsklassen in Hamburg, Solms
Zulliger, H. (1975): Heilende Kräfte im kindlichen Spiel, Frankfurt/M.

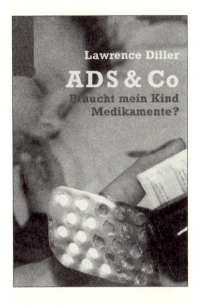

Lawrence H. Diller
**ADS & Co. –
Braucht mein Kind
Medikamente?**
Aus dem
Amerikanischen
von Petra Carstens

272 Seiten
Englische Broschur
ISBN 3-530-40149-8

Impulsiv, unkonzentriert, aggressiv – immer mehr Kinder gelten als psychisch auffällig oder gestört. Obwohl in der Fachwelt heiß diskutiert, erwarten viele Ärzte und Eltern von Medikamenten wie Ritalin eine schnelle einfache Lösung.
Lawrence H. Diller informiert anschaulich über die verschiedenen Krankheitsbilder kindlicher Störungen vom Alter von drei Jahren an bis zur Adoleszenz. Er bietet Checklisten, stellt eigens entwickelte Behandlungstechniken dar und gibt einen Überblick über gängige Psychopharmaka mit ihren Anwendungsgebieten und Nebenwirkungen. Dabei plädiert er – selbst in schwierigen Fällen – eindrücklich für Methoden, die bewusst auf Medikamente verzichten.

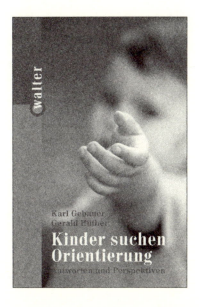

Karl Gebauer /
Gerald Hüther
**Kinder suchen
Orientierung**
Antworten und
Perspektiven

232 Seiten
Englische Broschur
ISBN 3-530-40136-6

Im Sog von virtuellen Realitäten, in der Flut von Reizen und Eindrücken brauchen Kinder Orientierung: Kinder brauchen Halt.
Genauso wie emotionale Geborgenheit brauchen Kinder innere Leitbilder für eine gelingende Entwicklung. Denn innere Orientierungsmuster sind auch bestimmend für die Nutzung des Gehirns, so der Hirnforscher Gerald Hüther und der Pädagoge Karl Gebauer. Nur wer durch Erzählen, Spielen und Gestalten innere Leitbilder aufbaut, wird in der Lage sein, unbekannte neue Probleme selbstsicher zu lösen. Ein eindrucksvolles Plädoyer gegen Orientierungslosigkeit in Zeiten massiver Verunsicherung.